QUESTÃO
DISPUTADA
SOBRE AS
CRIATURAS
ESPIRITUAIS

Coleção
MEDIEVALIA

Copyright da edição brasileira © 2017 É Realizações
Título original: *Sancti Thomae de Aquino. Questio disputata de spiritualibus creturis.*

Editor
Edson Manoel de Oliveira Filho

Coordenação da Coleção Medievalia
Sidney Silveira

Produção editorial e projeto gráfico
É Realizações Editora

Capa e diagramação
Nine Design Gráfico | Mauricio Nisi Gonçalves

Revisão
Geisa Oliveira

Reservados todos os direitos desta obra. Proibida toda e qualquer reprodução desta edição por qualquer meio ou forma, seja ela eletrônica ou mecânica, fotocópia, gravação ou qualquer outro meio de reprodução, sem permissão expressa do editor.

CIP-BRASIL. CATALOGAÇÃO NA PUBLICAÇÃO
SINDICATO NACIONAL DOS EDITORES DE LIVROS, RJ

A669q

Tomás, de Aquino, Santo, 1225?-1274
Questão disputada sobre as criaturas espirituais / Santo Tomás de Aquino ; tradução Carlos Nougué. - 1. ed. - São Paulo : É Realizações, 2017.
256 p. ; 23 cm. (Medievalia)

Tradução de: Sancti Thomae de Aquino : questio disputata de spiritualibus creturis
ISBN 978-85-8033-314-5

1. Filosofia. 2. Filosofia e religião. 3. Teologia. I. Nougué, Carlos. II. Título. III. Série.

17-46321   CDD: 210
                                            CDU: 2-1

27/11/2017   27/11/2017

É Realizações Editora, Livraria e Distribuidora Ltda.
Rua França Pinto, 498 · São Paulo SP · 04016-002
Caixa Postal: 45321 · 04010-970 · Telefax: (5511) 5572 5363
atendimento@erealizacoes.com.br · www.erealizacoes.com.br

Este livro foi impresso na Intergraf Indústria Gráfica em dezembro de 2017. Os tipos são da família Sabon Lt Std e Trajan Regular. O papel do miolo é o Pólen Soft 80 g, e o da capa cartão Triplex 250 g.

QUESTÃO DISPUTADA SOBRE AS CRIATURAS ESPIRITUAIS

SANTO TOMÁS DE AQUINO

Tradução de Carlos Nougué

É Realizações
Editora

Sumário

Apresentação – Substâncias para Além da Matéria 7
Nota Prévia do Tradutor 19

QUESTÃO DISPUTADA SOBRE
AS CRIATURAS ESPIRITUAIS

PROÊMIO |
 QUESTÃO DISPUTADA SOBRE AS CRIATURAS ESPIRITUAIS .... 22 | 23

ARTICULUS 1 | ARTIGO 1 .... 24 | 25

ARTICULUS 2 | ARTIGO 2 .... 52 | 53

ARTICULUS 3 | ARTIGO 3 .... 72 | 73

ARTICULUS 4 | ARTIGO 4 .... 98 | 99

ARTICULUS 5 | ARTIGO 5 .... 114 | 115

ARTICULUS 6 | ARTIGO 6 .... 128 | 129

ARTICULUS 7 | ARTIGO 7 .... 146 | 147

ARTICULUS 8 | ARTIGO 8 .... 152 | 153

ARTICULUS 9 | ARTIGO 9 .... 174 | 175

ARTICULUS 10 | ARTIGO 10 .... 198 | 199

ARTICULUS 11 | ARTIGO 11 .... 222 | 223

Notas 243

Apresentação

Sidney Silveira

Substâncias para além da matéria

1. "De Spiritualibus Creaturis": obra com vieses distintos

A *quaestio disputata* sobre as criaturas espirituais, ou anjos, foi escrita entre os anos 1267 e 1268, e nenhum importante catalogador da obra de Tomás de Aquino, quer antigo, quer moderno, jamais colocou em dúvida a sua autenticidade. É trabalho da lavra do Aquinate, sem sombra de dúvida,[1] composto de onze artigos que, contemplados em seu conjunto, representam a refutação do hilemorfismo universal de matriz aristotélica – neste caso, permeado de acentos neoplatônicos –, o qual na Idade Média ganhou fôlego na pena do filósofo judeu andaluz Avicebrão (Ibn Gabirol), particularmente na obra *Fons Vitae*.[2]

As relações entre matéria e forma são escrutinadas já no começo deste compêndio dialético de Santo Tomás, que, em seu artigo primeiro (*Et primo quaeritur utrum substantia spiritualis creata sit composita ex materia et forma*), composto de 25 objeções e 14 contraobjeções, expõe sumária e magistralmente a sua metafísica do ser que culmina em Deus, o *Ipsum Esse*. Os artigos restantes bebem do manancial deste primeiro, porque neles está pressuposta a tese do Doutor Comum de que todos os entes têm composição de ato e potência, substância e acidentes, mas

---

[1] Manuscritos antigos assinalam que esta questão foi disputada na Itália, provavelmente em Roma, de onde Santo Tomás saiu em dezembro de 1268 para Paris, cidade em que permaneceu até 1272, ano de encerramento da sua segunda docência universitária na capital francesa. Keeler, na conhecida edição crítica que escreveu (L. W. Keeler, *Thomae Aq. Tr. de spiritualibus creaturis, editio critica*, Roma, 1938), situa a redação desta *disputatio* entre 1266 e 1269, mas hoje há um consenso de que o Aquinate a redigiu entre 1267 e 1268.

[2] Para uma primeira aproximação historiográfico-crítica a este problema, indicamos a obra intitulada *Platonisme et Aristotélisme – La Critique d'Ibn Gabirol par Saint Thomas d'Aquin*, de Fernand Brunner.

nem todos a têm de matéria e forma. Este último é o caso das criaturas espirituais, que são compostas – em seu substrato ontológico mais radical – de essência e ser.

Antes de adentrarmos o conteúdo desta *Questão Disputada Sobre as Criaturas Espirituais* que a É Realizações traz à luz pela Coleção Medievalia, convém referir que o horizonte teológico do qual Santo Tomás se vale, neste e noutros tratados, foi estabelecido pelo neoplatônico cristão Pseudo Dionísio Areopagita[3] no clássico *Sobre a Hierarquia Celeste*, nos seguintes pontos:

- A NATUREZA dos anjos como puras inteligências.
- A sua FUNÇÃO de proteger e guiar os homens.
- A sua CLASSIFICAÇÃO em nove coros agrupados em três ordens: a primeira composta de Serafins, Querubins e Tronos; a segunda, de Dominações, Virtudes e Potestades; e a terceira, de Principados, Arcanjos e Anjos.[4]

Nas cerca de trinta e cinco obras em que Santo Tomás aborda, direta ou indiretamente, o tema dos anjos,[5] a hierarquia estabelecida pelo Areopagita é mencionada ou suposta. A partir dela, a angelologia tomista procura estatuir, em termos metafísicos, a radical *espiritualidade* das substâncias separadas, assim como a sua

---

[3] Durante séculos acreditou-se que o autor deste importante *corpus* de teologia e de mística – que Santo Tomás de Aquino tinha na mais elevada conta – fosse São Dionísio, convertido por São Paulo em Atenas, no Areópago. Trata-se de obras de clara inspiração neoplatônica, as quais não tardaram a levantar suspeitas quanto à sua longínqua autenticidade (ou seja, o século I). As primeiras dúvidas surgiram em 533, a propósito de discussões entre monofisistas e ortodoxos católicos fiéis ao Concílio de Calcedônia (451). O ponto de interrogação resultante dessas tertúlias teológicas durou quase um milênio, até que Lorenzo Valla, no ano 1457, na presença de teólogos dominicanos de Roma, colocou seriamente em questão, com sólidos argumentos, que o autor das referidas obras fosse mesmo São Dionísio. Já então o cardeal alemão Nicolau de Cusa manifestara desconfianças com relação à autoria das obras constantes do *Corpus Arepagiticum*. A suspeita perdurou por anos sem-fim, até que, em meados do século XIX, a crítica de textos, enriquecida por novos métodos, demonstrou de maneira cabal que esses escritos pertenciam a um autor contemporâneo dos últimos filósofos da Escola de Atenas, com datação provável entre os séculos V e VI. Por fim, devem-se a dois estudiosos católicos eminentes, H. Koch e J. Stigmayr, as conclusões filológicas que, em 1895, apontaram a impossibilidade de o autor destas obras ser São Dionísio, para além de qualquer dúvida razoável. A Igreja acatou seus argumentos e, desde então, impôs-se o nome de Pseudo Dionísio Areopagita. Cf. GONZALEZ DE CARDEDAL, Olegario. Introducción a las *Obras Completas de Pseudo Dionisio Areopagita*, Madrid, Biblioteca de Autores Cristianos (BAC), 1996, p. 47-64.

[4] PSEUDO DIONÍSIO AREOPAGITA. *De coelesti hierarchia*, Cap. VI.

[5] Cf. Battista MONDIN, *Dicionario Enciclopedico del Piensero di San Tommaso d'Aquino*, Studio Domenicano, Bologna (ITA), Edizione 2000, p.43.

composição ontológica de essência e ato de ser.[6] As demais características destas criaturas são descortinadas, como numa espécie de dominó dedutivo, a partir das propriedades já mencionadas: modo de conhecer intuitivo; irrepetibilidade das formas inteligíveis de que são dotadas; circunstância de só haver um indivíduo angélico em cada espécie; infusão por Deus dos conteúdos noéticos de cada anjo; domínio sobre a matéria; etc.

O embate contra o averroísmo latino também está presente na obra que o leitor tem em mãos. Neste contexto, a alguns pode causar estranheza o fato de o Boi Mudo da Sicília tratar de um tema de antropologia filosófica numa *disputatio* sobre anjos; ocorre que este tratado está no perímetro onde as questões gnosiológicas alcançam dois tipos de entes, homem e anjo, no tocante às operações excelentes de que são capazes, cada qual a seu modo: entender e querer. Ademais, se a tese de Averróis[7] do único intelecto possível para todos os homens estivesse certa, o problema da unidade na multiplicidade esbarraria em aporias irresolvíveis, entre outros fatores porque aquilo que enquadra os indivíduos humanos numa só espécie seria numericamente único, o que é absurdo supor.[8]

Santo Tomás enxerga longe: o problema da tese do único intelecto possível para todos os homens esbarra em questões sem cuja resolução o edifício escolástico erigido no século XIII corria sério risco de desabar. Em resumo, supor uma potência humana para além dos indivíduos humanos *materialiter* considerados problematiza as relações entre matéria e forma, como também a definição de gênero e de espécie. No caso do anjo, o Aquinate já havia demonstrado que uma natureza simples não possui qualquer elemento potencial/material que limite a sua forma; portanto, esta só pode ser limitada consoante o grau intensivo de participação no ser que distingue a sua essência. Em breves palavras, mesmo sendo forma simples sem composição de matéria, a natureza angélica não é seu próprio ser, ou seja, não há identidade perfeita entre essência e ser no anjo.

---

[6] Cf. Battista MONDIN, Op. cit., p. 43.

[7] Defendida, com variações tópicas, por alguns mestres da Faculdade de Artes da Universidade de Paris.

[8] "É impossível que seja uno em número nos indivíduos da mesma espécie aquilo pelo qual se obtém a espécie. Se, com efeito, dois cavalos conviessem no mesmo segundo o número pelo qual tivessem a espécie equina, seguir-se-ia que os dois cavalos seriam um só, o que é impossível. E por isso se diz no livro VII da *Metafísica* [de Aristóteles] que os princípios da espécie, segundo estão determinados, constituem o indivíduo, de modo que, se a razão de homem é que seja de alma e de corpo, da razão deste homem é que seja *desta alma e deste corpo*". TOMÁS DE AQUINO, *Sobre as Criaturas Espirituais*, Art. 11, resp.

A imaterialidade das criaturas espirituais não é, portanto, sinônimo de infinitude, pois nelas *a essência é o limite do ser*.

Mais do que propriamente "angelizar" o homem, fazendo-o conhecer a realidade graças a algo que estaria para além da sua individualidade ânimo-corpórea – a saber, o suposto intelecto possível universal –, a tese averroísta lança por terra, na prática, inúmeras conquistas teóricas, como aquela segundo a qual quanto menos sujeito aos influxos da matéria está um ente, maior é a sua potência operativa e mais perfeito é o seu domínio sobre a própria matéria. Em suma, caso conhecesse a partir de um intelecto possível universal, o intelecto do homem tornar-se-ia formalmente autônomo em relação às potências sensitivas integrantes do seu ato de ser formal, o que vai contra todas as evidências.

Na prática, sabemos que o domínio do homem sobre a matéria passa, necessariamente, pelos escolhos da matéria mesma, a qual o homem *abstrai* no ato do conhecimento, mas não como se ela inexistisse ou como se o processo cognoscitivo humano não dependesse dela em nenhuma instância.

2. Angelologia metafísica

A *Questão Disputada Sobre as Criaturas Espirituais* espraia os seus problemas a dois pontos cardeais da filosofia: metafísica e gnosiologia. Em síntese, a angelologia de Tomás implica finas considerações sobre o real estatuto do ser e do conhecer. Acontece que, nos ambientes filosóficos da contemporaneidade – permeados de imanentismos crassos ou sutis –, é preciso antes de tudo demonstrar que um estudo sobre os anjos cabe, de pleno direito, à filosofia. Nas palavras do tomista brasileiro Luiz Astorga, é pertinente perguntar se o filósofo *enquanto filósofo* deve considerar a substância separada da matéria como existente e, em caso afirmativo, investigar os seus atributos.[9]

---

[9] "Es pertinente preguntar si cabe al filósofo *en tanto que filósofo* el considerar tal sustancia como existente, así como el labor de investigar ciertos aspectos suyos. En esta introducción tratamos de mostrar que el estudio metafísico de las sustancias separadas de la materia, en lo que toca a su origen, naturaleza y operaciones, pertenece al campo de la especulación metafísica propriamente dicha." Luiz Augusto de Oliveira Astorga, *El intelecto de la sustancia separada: su perfección y unidad según Tomás de Aquino*, Ediciones Universidad de Navarra (EUNSA), 2016, p. 17.

Só mesmo uma era antimetafísica, como a nossa, poderia tentar constranger o escopo da filosofia.[10] Providencialmente, isso não aconteceu na época de Santo Tomás – uma das mais profícuas devido a sua abertura dialética a inumeráveis questões. Comecemos por apontá-lo adentrando o problema da existência dos anjos a partir de uma premissa reiterada por Tomás de Aquino em diferentes obras, a saber: depois da bondade divina – que é um fim transcendente e independente das coisas –, o principal bem que pode haver é a perfeição do universo,[11] o qual seria disteleológico se nele não houvesse *graus de ser* integrados harmonicamente. Ora, cabe à inteligência divina produzir o ser em todos os graus, por criação;[12] por conseguinte, sendo a inteligência divina perfeita em máximo grau, o universo também há de ser perfeito a seu modo, pois a perfeição dos efeitos imita a perfeição da causa de que provêm.

Com o propósito de esclarecer este ponto, vale aludir a outra distinção corriqueira para os escolásticos, muito cara ao Aquinate: *perfeito* é aquilo que, para ser o que é, não lhe falta nada.[13] Assim, um homem perfeito não possui apenas as notas distintivas de sua essência – as faculdades da inteligência e da vontade –, mas também todo um conjunto de características genéricas, específicas e diferenciais que distinguem as potências que pode atualizar, sem as quais não seria *perfectum*, pois estaria incompleto essencial ou acidentalmente. Por exemplo, uma das potências da alma humana é a motriz; se num homem x reduzir-se de maneira drástica essa potência anímica, ele não será perfeito na acepção aqui apontada, embora continue *simpliciter* homem, por manter as notas distintivas de sua forma entitativa.

Retomemos agora a premissa inicial. A perfeição do universo é, depois da perfeição divina, o maior bem que há, e este bem se observa na gradação de ser que

---

[10] O simples fato de que seja preciso enfatizar que a filosofia não possui perímetros epistêmicos preestabelecidos indica o quanto ela reduziu o seu horizonte investigativo.
[11] Cf. Tomás de Aquino, *Suma Teológica*, I, q. 22, art. 1, resp.
[12] "Criar é produzir a coisa no ser segundo toda a sua substância" (*producere rem in esse secundum totam suam substantiam*). Tomás de Aquino, *II Sent.*, d. 1, art. 2. À luz desta definição conclui-se: em sentido estrito, *o homem não é capaz de criar*, pois a sua atividade não gera o ser; no máximo, ela alcança a matéria e a forma dos entes.
[13] Cf. Tomás de Aquino, *In X Met.*, lec. 5. Em síntese, *só é perfeito o que está feito*. A propósito desta premissa, vale dizer que, se a tese averroísta do único intelecto possível para todos os homens fosse certa, nenhum homem seria perfeito; afinal, a perfeição ontológica de um ente não pode estar fora dele.

constitui a incomensurável riqueza do universo.[14] Ora, um dos graus de ser é justamente o da potência intelectiva, ou seja, esta possibilidade que alguns entes possuem de assimilar imaterialmente a forma das coisas, sendo isto, propriamente, o *conhecimento*. No homem, essa potência atualiza-se de maneira dificultosa, pois ele precisa dos sentidos corpóreos para fazê-la transitar ao ato, dado que o primeiro objeto de intelecção em nós é a essência das coisas materiais (*quidditas rei materialis*).[15] Logo, se entre o homem e Deus não existissem entes totalmente incorpóreos, haveria um grande hiato nesta gradação de ser que observamos no universo. Sendo assim, o mais razoável é admitir a existência de criaturas imateriais independentes da instância corpórea – que para a teologia são os Anjos, e para a metafísica são as substâncias separadas da matéria.

Outro argumento: no tocante ao ser das coisas existentes no universo, o perfeito tem precedência ontológica com relação ao menos perfeito (como o mais quente em relação ao menos quente). Ora, existindo um tipo de inteligência *per se* dependente do corpo para conhecer, como a alma racional humana, é consequente e lógico concluir que haja, na ordem do ser, um tipo mais perfeito de inteligência, não dependente do corpo para entender. E esta é a inteligência angélica.

A força desta *prova por razoabilidade* – ou por argumentos de conveniência – aumenta de maneira considerável quando quem depara com ela está na posse da prova da existência de Deus[16] – que em Tomás de Aquino é propedêutica – e detém o conhecimento metafísico dos Seus atributos. Então a conclusão se torna evidente, porque a sua contrária, ou seja, a proposição da inexistência das criaturas imateriais, se apresenta como absurda.

Façamos um raciocínio disjuntivo a partir do que foi dito anteriormente:

---

[14] "A perfeição do universo, com efeito, parece tal que não lhe falta nenhuma natureza que seja possível ser." Tomás de Aquino, *Sobre as Criaturas Espirituais*, art. 5, resp.

[15] "(...) o objeto do nosso intelecto, no presente estado, é a essência das coisas materiais" (*objectum intellectus nostri, secundum praesentem statum, est quidditas rei materialis*). Tomás de Aquino, *Suma Teológica*, I, q. 85, art. 8, rep.

[16] Ou *do ser* de Deus, como frisa Tomás, ciente de que o ser é o ato de todos os atos e a perfeição de todas as perfeições, em relação ao qual tudo o mais está em potência. A propósito, o vocábulo "existentia" ocorre poucas vezes em Tomás, em comparação a "esse".

- Ou os anjos existem e perfazem a harmonia que observamos na gradação de ser que há no universo, criado à *imago Dei*, ou a sabedoria divina não é perfeita.
- Ora, é perfeitíssima a sabedoria divina, ordenadora de todas as coisas criadas em vista da absoluta perfeição do universo, espelho da Sua própria perfeição.
- Logo, os anjos existem.

O domínio dos princípios da metafísica aristotélica do ato e da potência, que na obra de Santo Tomás têm como abóboda formal o conceito de participação em Platão – expurgado de suas limitações –, é precondição para que esta demonstração aponte inequivocamente para a repugnância da tese contrária, a da inexistência dos anjos.

3. Gnosiologia

Para responder como os anjos – criaturas separadas da matéria – conhecem, Tomás é levado a recorrer a ricas comparações com o conhecimento humano. Quando o Doutor Comum coteja o intelecto possível com os sentidos, por exemplo, põe-no como a virtude unificadora das potências sensitivas internas, sobretudo as capacidades receptiva (imaginação) e retentora (memória) dos fantasmas,[17] sem os quais o homem não consegue ascender à região da inteligibilidade.[18] Mas não havendo nos anjos imaginação, porque esta depende, fundamentalmente, da recepção sensitiva do dado externo, a qual inexiste na criatura espiritual, o Aquinate diz que a intelecção angélica está para a humana assim como o sentido comum[19] está para os sentidos externos. Em breves palavras, o anjo, ao conhecer,

---

[17] Ou seja, das imagens inteligíveis em potência subministradas pelos sentidos.
[18] Cf. Luiz Augusto de Oliveira Astorga, Op. cit., pp. 95-97.
[19] O primeiro dos sentidos internos é o *sensus communis*, que tem este nome justamente por ser a comum raiz dos sentidos externos (cf. Tomás de Aquino, *Suma Teológica*, I, q. 78, a.4, ad 1). Em síntese, os cinco sentidos externos, ao atualizarem as suas respectivas potências, retornam ao sentido comum como a uma fonte; por isso, alguns escolásticos o chamaram de "consciência sensível", pois o *sensus communis* unifica os dados apreendidos pelos sentidos externos e lhes dá unidade. É, pois, o sentido comum que permite ao homem ter um conhecimento unificado da realidade sensível. Graças ao sentido comum distinguimos, por exemplo, não o branco do negro – que é o que faz a vista –, mas o branco do doce (cf. Tomás de Aquino, *Suma Teológica*, I, q. 78, a.4, ad 2). Como não há disparidade em nossa percepção sensitiva, pois os dados exteriores são percebidos de forma unificada, negar a existência do sentido comum nos deixa numa

unifica os diversos dados que contempla de maneira análoga ao que faz o sentido comum com relação à multiplicidade dos dados externos com que labora.[20]

Outra característica do conhecimento angélico é que se trata de simples intuição (*simplici intuitu*),[21] um olhar abarcador dos diversos substratos inteligíveis dos entes contemplados pelas criaturas imateriais. Por sua vez, o homem, dada a precariedade ontológica de sua inteligência – a qual precisa valer-se, direta ou indiretamente, dos sentidos externos –, conhece por via de discurso ou linguagem justamente por ser racional, quer dizer, por precisar compor e dividir raciocínios, o que é impossível sem o uso de conceitos veiculados por intermédio de signos, sejam estes verbais ou não.

No caso humano, conhecer é *acidente imaterial da potência intelectiva*,[22] razão por que nenhum homem pode dizer: "Eu sou o conhecimento". Diz: "Conheço isto e aquilo". Ou então: "Não conheço". A sua substância não é conhecer, mas potência para conhecer – e tudo o que está em potência para algo não se identifica em sentido absoluto com esse algo. Não se engana, pois, quem define o ente humano como *capax erroris*, porque a nota distintiva da debilidade do seu intelecto é esta considerável potência para o erro, evidência que ninguém, em sã consciência, haverá de negar. A espécie inteligível humana revela a sua debilidade no fato de ser extraída dos entes como que a fórceps, abstraindo os conteúdos noéticos das notas individuantes da matéria. Para o homem, a verdade está primariamente nas coisas, mas formalmente no seu intelecto, que é a medida imaterial do ser das coisas. Porém reiteremos: trata-se de uma medida *qualitativamente precária*, comparada à angélica, porque não exaure a inteligibilidade de nenhum ente.[23]

---

encruzilhada: ou ficamos sem explicar essa percepção unificada, ou temos de colocar a percepção sensitiva e a intelecção num mesmo plano, quer dizer: atualizando as suas potências num só ato indistinto, como dá a entender Xavier Zubiri em sua *inteligencia sentiente*, cujas aporias não é nosso propósito destrinçar aqui.

[20] Cf. Luiz Augusto de Oliveira Astorga, Op. cit., p. 95.

[21] Tomás de Aquino, *Sobre as Criaturas Espirituais*, art. 2, ad 12.

[22] É *acidente* porque não inere na substância como algo essencial dela, pois no homem ser e conhecer não são a mesma coisa. Advirta-se porém que, no caso do anjo, a espécie inteligível é acidente *inseparável de sua substância*, daí tratar-se de um conhecimento que não pode perder-se por circunstâncias como, por exemplo, o esquecimento. O que um anjo conhece pertence a seu intelecto como propriedade inalienável.

[23] "(...) mas o nosso conhecimento é tão débil que nenhum filósofo jamais conseguiu investigar perfeitamente sequer a essência de uma mosca" (*sed cognitio nostra est adeo debilis quod nullus philosophus potuit unquam perfecte investigare naturam unius muscae*). Tomás de Aquino, *Exposição sobre o Símbolo dos Apóstolos*, Proêmio.

Apresentação

A verdade na inteligência do homem tem como causa material o ser das coisas, no sentido de que sem o insumo ontológico da realidade extramental o homem sequer conseguiria pensar. A verdade, para nós, pode então considerar-se em duplo aspecto: *transcendental*, no ente; e *formal*, na inteligência. A verdade transcendental não é outra coisa senão o ente mesmo no exercício do seu ato de ser; a verdade formal é o ente assimilado imaterialmente pela inteligência.

No caso angélico, embora ser e entender também não sejam a mesma coisa, daí Santo Tomás dizer que a essência do anjo não é sua potência intelectiva[24] – pois a identidade absoluta entre ser e conhecer se dá somente em Deus –, ninguém se iluda com esta semelhança de cunho metafísico, pois o anjo é dotado de espécies inteligíveis não extraídas das coisas. Sendo assim, a cognição angélica não é apenas intuitiva, como se assinalou anteriormente; em certo sentido, ela é superior às coisas mesmas. Em síntese, a espécie inteligível angélica unifica, em elevadíssimo grau, o que nas coisas está dividido em diferentes planos ou estratos. A nobreza desta intelecção pode ser mensurada, entre outros fatores, por haver nela certa unidade deiforme, devida ao grau superior de participação do anjo na ordem do ser, comparativamente ao homem. O conhecimento angélico abarca regiões incomensuráveis do ser, ao passo que o saber humano, não desvinculável de todo das potências sensitivas, é parcial, fragmentário, pontual.

A luz intelectual por cujo intermédio o homem assimila a forma dos entes é debilíssima em relação à luz intelectual do anjo, que intelige a realidade mediante poucas espécies inteligíveis. O padrão comparativo foi definido pela escola tomista ao longo dos séculos: Deus intelige toda a realidade num só ato, mediante o Seu próprio ser perfeitíssimo; os anjos superiores inteligem a realidade mediante pouquíssimas espécies inteligíveis; os anjos inferiores, mediante espécies inteligíveis menos universais e, por conseguinte, mais numerosas; o homem intelige a realidade por incontáveis espécies inteligíveis vinculadas, próxima ou distantemente – no ato de intelecção –, às quididades sensíveis.[25]

---

[24] "Donde, a essência do anjo não é sua potência intelectiva" (*Unde essentia Angeli non est eius potentia intellectiva*). Tomás de Aquino, *Suma Teológica*, I, q. 54, art. 3, resp.

[25] No tocante ao conhecimento natural do anjo, nunca é demais repetir que a espécie inteligível não é extraída das coisas, mas se encontra em sua mente como realidade infundida por Deus no momento em que foi criado.

Quando Deus pensa, *cria*; quando o anjo pensa, *intui*; quando o homem pensa, *abstrai*. Em Deus, ser é conhecer tudo perfeitissimamente; no anjo, ser é entender em elevadíssimo grau tudo o que entende; no homem, ser é conhecer dificultosamente, porque o seu ato de intelecção não consegue desvincular-se por completo dos escolhos da matéria. A *ratio unitatis* de toda a ordem do ser se encontra no intelecto divino; em todos os demais intelectos, a razão de unidade dá-se em graus descendentes desde os serafins até os anjos custódios; no homem, cuja cognição tem muito menor alcance, à razão de unidade pode dizer-se precária, se posta em paralelo com o intelecto angélico.

4. Importância desta obra

Após demonstrar, no primeiro artigo desta *disputatio*, que o anjo não é composto de matéria e forma, Santo Tomás desenvolve, nos três artigos subsequentes (2, 3 e 4), o problema da união substancial entre corpo e alma no homem. O Aquinate continua o paralelo anjo/homem entre os artigos 5 e 8, nos quais assinala o caráter incorpóreo das criaturas espirituais. Por fim, nos artigos 9, 10 e 11, volta a centrar baterias dialéticas na antropologia filosófica que lhe foi tão cara, para defender posição frente a diferentes erros difundidos em seu tempo.

Noutro denso escrito sobre os anjos, o *Tractatus de Substantiis Separatis*,[26] Tomás criticara teses de Avicebrão e de Avicena em tópicos nos quais estes autores se afastaram de Platão e de Aristóteles, segundo o seu parecer. Como pano de fundo das divergências que, no século XIII, geraram acalorados debates na Universidade de Paris está a metafísica do ser a que chegou o Doutor Comum, a partir de uma peculiar síntese entre Platão e Aristóteles, assim como entre o *Liber de Causis* – cujo autor nos é desconhecido[27] – e os princípios desenvolvidos pelo mencionado Pseudo Dionísio Areopagita.

---

[26] Que no Brasil veio à luz em edição bilíngue no ano de 2006, pela Sétimo Selo.

[27] Nos séculos XII e XIII, o *Liber de Causis* chegou a ser atribuído a Aristóteles com títulos distintos: *De essentia summae vel purae bonitatis*; *De intelligentiis*; ou ainda *De esse*. Também foi atribuído a Proclo, de cuja *Elementatio Theologica* toma de empréstimo alguns temas. Hoje, após séculos de investigação, há um consenso entre historiadores da filosofia de que o autor deste notável repositório de questões metafísicas e teológicas é desconhecido.

Em todos os lugares de sua obra em que tratou dos anjos, o Aquinate teve de valer-se do rico instrumento da analogia, sem a qual não lhe teria sido possível chegar a tamanha precisão teórica em temas espinhosos como, por exemplo, o da individuação nos entes incorpóreos. Neste ponto, Santo Tomás parte da impossibilidade de multiplicação numérica ou específica naquele cuja essência é seu próprio ser, ou seja, Deus,[28] no qual nenhuma pluralidade é metafisicamente possível; passa pelas naturezas incorpóreas, que não se identificam em sumo grau com o seu próprio ser, nas quais só se pode dar multiplicidade específica, mas não individual numérica, pois um só indivíduo esgota todas as possibilidades da espécie; até chegar ao homem e aos demais entes compostos de matéria e forma, nos quais se dá multiplicidade numérica dentro de cada espécie.

Questão Disputada Sobre as Criaturas Espirituais é uma das mais importantes disputas escritas por Santo Tomás, pelo alcance das resoluções a que chega. Não se trata de um tratado tão exaustivo quanto o *De Angelis*,[29] no qual o Aquinate propõe o seguinte esquema:

DAS CRIATURAS ESPIRITUAIS
  I. Sua natureza. *a)* Em si mesma; *b)* Com relação a: 1- Corpos ou coisas corpóreas; 2- Lugares; 3- Movimento local.
  II. Suas operações. *a)* Intelectiva: 1- A atividade cognoscitiva em si mesma; 2- O meio por cujo intermédio conhecem; 3- O duplo objeto do seu conhecimento: coisas materiais e coisas imateriais; 4- O modo como conhecem; *b)* Volitiva: 1- A vontade dos anjos em si mesma; 2- Seu ato próprio, que é o amor (ou o ódio, nos demônios).
  III. Sua origem: *a)* Em seu ser natural; *b)* Com relação a: graça e glória; e mal de pena e mal de culpa.

A circunstância de Tomás abordar uma maior quantidade de problemas na *Suma Teológica* em relação à *Questão Disputada Sobre as Criaturas Espirituais* em nada depõe contra esta última, o que se pode aferir, entre diversos outros tópicos, pelo tema da incorruptibilidade e da corruptibilidade.

---

[28] "Cuius essentia est ipsum suum esse." Cf. TOMÁS DE AQUINO, *Suma Contra os Gentios*, I, 21.
[29] Cf. Tomás de Aquino, *Suma Teológica*, I, qq. 50-64.

A propósito, diz a certa altura Santo Tomás:

"(...) corruptível e incorruptível não convêm em gênero segundo uma consideração natural porque haja neles modos diversos de ser e diversa razão de potência, ainda que possam convir num gênero lógico, que se toma tão somente segundo uma intenção inteligível".[30]

Em breves palavras, ao indagar se uma realidade imaterial como a alma humana – incorruptível – pode unir-se a um ente corpóreo – corruptível –, o Doutor Angélico assinala, tendo como base o texto do Livro X da *Metafísica* de Aristóteles, como diferem o corruptível e o incorruptível, já que nada pode predicar-se univocamente de ambos. Tomás conclui que o fato de a alma diferir do corpo de maneira análoga a como o incorruptível difere do corruptível não exclui que seja forma substancial dele, dado que a união entre ambos é imediata, ou seja, não se dá por nenhum meio. Há entre corpo e alma uma conveniência de proporção, que é justamente a requerida entre matéria e forma, "pois dois espíritos são dois atos, ao passo que o corpo se compara à alma como a potência ao ato".[31]

Com a publicação desta *Questão Disputada Sobre as Criaturas Espirituais*, a Coleção Medievalia contribui para trazer à baila um tema hoje completamente alheio às discussões filosóficas. Porém o grau de abstração do problema aqui abordado pode ser medido pelas palavras do próprio Tomás, para quem o intelecto humano acha-se, em relação às substâncias separadas da matéria, como o olho do morcego com relação ao sol.[32]

Contemplemos, pois, as criaturas espirituais devidamente munidos da metafísica tomista, porque assim não nos cegaremos com o clarão de inteligibilidade que delas provém.

---

[30] Tomás de Aquino, *Sobre as Criaturas Espirituais*, Art. 2, ad 16.
[31] Tomás de Aquino, *Sobre as Criaturas Espirituais*, Art. 2, ad 10.
[32] Tomás de Aquino, *In II Sent.*, 3.

Nota prévia do tradutor

- Esta tradução se fez do texto da *Quaestio Disputata de Spiritualibus Creaturis* que se encontra em *Corpus Thomisticum, subsidia studii ab Enrique Alarcón collecta et edita*, Pompaelone ad Universitatis Studiorum Navarrensis aedes ab A.D. MM (http://www.corpusthomisticum.org/). Agradecemos penhoradamente a Enrique Alarcón a permissão para que o publicássemos. – Mas também tivemos permanentemente diante dos olhos o texto da Edição Leonina (*Sancti Thomae Aquinatis Opera Omnia. Iussu Edita Leonis XIII P.M.* Romae: Apud Sedem Commissionis Leoninae, 2000, t. 24-2), ao qual por vezes demos preferência.
- As notas bibliográficas extraíram-se de *Las Criaturas Espirituales*, tradução, introdução e notas de Ángel Martínez Casado. In SANTO TOMÁS DE AQUINO, *Opúsculos y Cuestiones Selectas*, edición bilíngue, I, *Filosofía* (1). Madrid: Biblioteca de Autores Cristianos, MMI, p. 669-861.
- As notas do tradutor assinalam-se por (N. T.).
- As notas do coordenador da Coleção Medievalia assinalam-se por (N. C.).

QUESTÃO DISPUTADA SOBRE AS CRIATURAS ESPIRITUAIS

Quaestio Disputata de Spiritualibus Creaturis

Prooemium.

Et primo enim quaeritur: utrum substantia spiritualis sit composita ex materia et forma.

Secundo utrum substantia spiritualis possit uniri corpori.

Tertio utrum substantia spiritualis, quae est anima humana, uniatur corpori per medium.

Quarto utrum tota anima sit in qualibet parte corporis.

Quinto utrum aliqua substantia spiritualis creata, sit non unita corpori.

Sexto utrum substantia spiritualis caelesti corpori uniatur.

Septimo utrum substantia spiritualis corpori aereo uniatur.

Octavo utrum omnes Angeli differant specie ab invicem.

Nono utrum intellectus possibilis sit unus in omnibus hominibus.

Decimo utrum intellectus agens sit unus omnium hominum.

Undecimo utrum potentiae animae sint idem quod animae essentia.

QUESTÃO DISPUTADA SOBRE AS CRIATURAS ESPIRITUAIS

PROÊMIO.

E, em primeiro lugar, indaga-se se a substância espiritual se compõe de matéria e de forma.

Em segundo, se a substância espiritual pode unir-se a um corpo.

Em terceiro, se a substância espiritual que é a alma humana se une ao corpo por algum meio.

Em quarto, se a alma toda está em cada parte do corpo.

Em quinto, se há alguma substância espiritual criada que não esteja unida a um corpo.

Em sexto, se a substância espiritual celeste se une a um corpo.

Em sétimo, se a substância espiritual se une a um corpo aéreo.

Em oitavo, se todos os anjos diferem entre si pela espécie.

Em nono, se o intelecto possível é único em todos os homens.

Em décimo, se o intelecto agente é único para todos os homens.

Em undécimo, se as potências da alma se identificam com a essência da alma.

ARTICULUS 1

Et primo quaeritur utrum substantia spiritualis sit composita ex materia et forma

Et videtur quod sic.

1. Dicit enim Boetius in Lib. de Trin.: *forma simplex, subiectum esse non potest*. Sed substantia spiritualis creata, est subiectum scientiae et virtutis et gratiae. Ergo non est forma simplex. Sed nec est materia simplex, quia sic esset in potentia tantum, non habens aliquam operationem. Ergo est composita ex materia et forma.

2. Praeterea, quaelibet forma creata est limitata et finita. Sed forma limitatur per materiam. Ergo quaelibet forma creata est forma in materia. Ergo nulla substantia creata est forma sine materia.

3. Praeterea, principium mutabilitatis est materia; unde, secundum philosophum, necesse est ut materia imaginetur in re mota. Sed substantia spiritualis creata est mutabilis; solus enim Deus naturaliter immutabilis est. Ergo substantia spiritualis creata habet materiam.

4. Praeterea, Augustinus dicit, XII confessionum, quod Deus fecit materiam communem visibilium et invisibilium. Invisibilia autem sunt substantiae spirituales. Ergo substantia spiritualis habet materiam.

5. Praeterea, philosophus dicit in VIII Metaphys., quod si qua substantia est sine materia, statim est ens et unum; et non est ei alia causa ut sit ens et unum. Sed omne creatum habet causam sui esse et unitatis. Ergo nullum creatum est substantia sine materia. Omnis ergo substantia spiritualis creata, est composita ex materia et forma.

ARTIGO 1

Em primeiro lugar, indaga-se se a substância espiritual se compõe de matéria e de forma[1]

E PARECE QUE SIM.

1. Com efeito, diz Boécio no livro *De Trinitate*:[2] "Uma forma simples não pode ser sujeito". Mas a substância espiritual criada é sujeito de ciência, de virtude e de graça. Logo, não é forma simples. Mas tampouco é matéria simples, porque se o fosse estaria unicamente em potência, sem ter operação alguma. Logo, é composta de matéria e de forma.

2. Ademais, toda forma criada é limitada e finita. Mas a forma é limitada pela matéria. Logo, toda forma criada é uma forma na matéria. Logo, nenhuma forma criada é forma sem matéria.

3. Ademais, o princípio da mutabilidade é a matéria, razão por que, segundo o Filósofo,[3] "é necessário imaginar matéria na coisa movida". Mas a substância espiritual criada é mutável; só Deus, com efeito, é imutável por natureza. Logo, a substância espiritual criada tem matéria.

4. Ademais, diz Agostinho no livro XII das *Confissões*[4] que Deus fez a matéria comum às coisas visíveis e às invisíveis. Ora, as coisas invisíveis são as substâncias espirituais. Logo, a substância espiritual tem matéria.

5. Diz o Filósofo no livro VIII da *Metafísica*[5] que, se alguma substância é sem matéria, imediatamente é ente e uno, e não tem nenhuma outra causa para ser ente e uno. Mas todas as coisas criadas têm causa de sua entidade e de sua unidade. Logo, nenhum ente criado é substância sem matéria. Toda substância espiritual criada, portanto, é composta de matéria e de forma.

6. Praeterea, Augustinus dicit in libro de quaestionibus veteris et novi testamenti, quod prius fuit formatum corpus Adae quam anima ei infunderetur: quia prius est necesse fieri habitaculum quam habitatorem introduci. Comparatur autem anima ad corpus sicut habitator ad habitaculum. Sed habitator est per se subsistens; anima igitur est per se subsistens, et multo fortius Angelus. Sed substantia per se subsistens non videtur esse forma tantum. Ergo substantia spiritualis creata non est forma tantum: est ergo composita ex materia et forma.

7. Praeterea, manifestum est quod anima est susceptiva contrariorum. Hoc autem videtur esse proprium substantiae compositae. Ergo anima est substantia composita, et eadem ratione Angelus.

8. Praeterea, forma est quo aliquid est. Quidquid ergo compositum est ex quo est et quod est, est compositum ex materia et forma. Omnis autem substantia spiritualis creata composita est ex quo est et quod est, ut patet per Boetium in libro de hebdomadibus. Ergo omnis substantia spiritualis creata est composita ex materia et forma.

9. Praeterea, duplex est communitas: una in divinis, secundum quod essentia est communis tribus personis; alia in rebus creatis, secundum quod universale est commune suis inferioribus. Singulare autem videtur primae communitatis, ut id quo distinguuntur ea quae communicant in illo communi, non sit aliud realiter ab ipso communi: paternitas enim qua pater distinguitur a filio, est ipsa essentia, quae est patri et filio communis. In communitate autem universalis oportet quod id quo distinguuntur ea quae continentur sub communi, sit aliud ab ipso communi. In omni ergo creato quod continetur sub aliquo genere communi, necesse est esse compositionem eius quod commune est, et eius per quod commune ipsum restringitur. Substantia autem spiritualis creata est in aliquo genere. Oportet ergo quod in substantia spirituali creata, sit compositio naturae communis, et eius per quod natura communis coarctatur. Haec autem videtur esse compositio formae et materiae. Ergo in substantia spirituali creata, est compositio formae et materiae.

10. Praeterea, forma generis non potest esse nisi in intellectu vel materia. Sed substantia spiritualis creata, ut Angelus, est in aliquo genere. Forma igitur generis illius vel est in intellectu tantum, vel in materia. Sed si Angelus non haberet materiam, non esset in materia. Ergo esset in intellectu tantum; et sic, supposito quod nullus intelligeret Angelum, sequeretur quod Angelus

6. No livro *De Quaestiones Veteris et Novi Testamenti*,[6] diz Agostinho que o corpo de Adão foi formado antes que se lhe infundisse a alma, porque é necessário fazer o habitáculo antes de introduzir o habitante. Compara, portanto, a alma ao corpo como o habitante ao habitáculo. Mas o habitante é subsistente por si; a alma, por conseguinte, é subsistente por si, e muito mais que o anjo. Ora, a substância subsistente por si não parece ser só forma. Logo, a substância espiritual criada não é só forma, senão que é composta de matéria e de forma.

7. Ademais, é manifesto que a alma é susceptiva de contrários. Ora, isto parece ser próprio das substâncias compostas. Logo, a alma é substância composta, e pela mesma razão [o é] o anjo.

8. Ademais, a forma é aquilo pelo qual algo é. Por conseguinte, todo e qualquer composto de *quo est* [pelo qual é] e de *quod est* [(o) que é] é composto de matéria e de forma. Mas toda substância espiritual criada é composta de *quo est* e de *quod est*, como se patenteia pelo dito por Boécio no livro *De Hebdomadibus*.[7] Logo, toda substância espiritual criada é composta de matéria e de forma.

9. Ademais, é dupla a comunidade: uma em Deus, cuja essência é comum às três pessoas; outra nas coisas criadas, enquanto o universal é comum a seus inferiores. Ora, o singular da comunidade divina é que aquilo pelo qual se distinguem as pessoas que [se] comunicam nisso [que lhes é] comum não é realmente outro que o mesmo comum: assim, a paternidade, que é o que distingue do Filho o Pai, é a essência mesma comum ao Pai e ao Filho. Na comunidade do universal, porém, é necessário que aquilo pelo qual se distinguem as coisas que se contêm sob o [que é] comum seja distinto desse mesmo comum. É necessário, portanto, que em todo ente criado que está contido em algum gênero comum haja composição do que tem em comum e do que restringe o mesmo comum. Ora, a substância espiritual criada está em algum gênero. Logo, é necessário que nela haja composição da natureza comum e daquilo pelo qual a natureza comum é limitada. Mas tal composição parece ser a da forma e da matéria. Logo, na substância espiritual criada há composição de forma e de matéria.

10. Ademais, a forma do gênero não pode estar senão no intelecto ou na matéria. Mas a substância espiritual criada, como o anjo, está em algum gênero. A forma de tal gênero, portanto, está ou só no intelecto, ou na matéria. Mas, se o anjo não tivesse matéria, não estaria na matéria. Logo, estaria só no intelecto; e, assim, no suposto de que ninguém inteligisse o anjo, seguir-se-ia que o anjo não

non esset; quod est inconveniens. Oportet igitur dicere, ut videtur, quod substantia spiritualis creata sit composita ex materia et forma.

11. Praeterea, si substantia spiritualis creata esset forma tantum, sequeretur quod una substantia spiritualis esset praesens alteri. Si enim unus Angelus intelligit alium, aut hoc est per essentiam Angeli intellecti, et sic oportebit quod substantia Angeli intellecti sit praesens in intellectu Angeli intelligentis ipsum; aut per speciem, et tunc idem sequitur, si species per quam Angelus ab alio intelligitur, non differt ab ipsa substantia Angeli intellecti. Nec videtur posse dari in quo differat, si substantia Angeli est sine materia, sicut et eius species intelligibilis. Hoc autem est inconveniens quod unus Angelus per sui substantiam sit praesens in alio: quia sola Trinitas mente rationali illabitur. Ergo et primum, ex quo sequitur, est inconveniens, scilicet quod substantia spiritualis creata sit immaterialis.

12. Praeterea, Commentator dicit in XI Metaph., quod si esset arca sine materia, idem esset cum arca quae est in intellectu; et sic videtur idem quod prius.

13. Praeterea, Augustinus dicit, VII super Genes. ad litteram, quod sicut caro habuit materiam, id est terram, de qua fieret, sic fortasse potuit, et antequam ea ipsa natura fieret quae anima dicitur, habere aliquam materiam pro suo genere spiritualem, quae nondum esset anima. Ergo anima videtur esse composita ex materia et forma; et eadem ratione Angelus.

14. Praeterea, Damascenus dicit, quod solus Deus essentialiter immaterialis est et incorporeus. Non ergo substantia spiritualis creata.

15. Praeterea, omnis substantia naturae suae limitibus circumscripta, habet esse limitatum et coarctatum. Sed omnis substantia creata est naturae suae limitibus circumscripta. Ergo omnis substantia creata habet esse limitatum et coarctatum. Sed omne quod coarctatur, aliquo coarctatur. Ergo in qualibet substantia creata est aliquid coarctans, et aliquid coarctatum; et hoc videtur esse forma et materia. Ergo omnis substantia spiritualis est composita ex materia et forma.

16. Praeterea, nihil secundum idem agit et patitur; sed agit unumquodque per formam, patitur autem per materiam. Sed substantia spiritualis creata, ut Angelus, agit dum illuminat inferiorem Angelum, et patitur dum illuminatur a superiori: similiter in anima est intellectus agens et possibilis. Ergo tam Angelus quam anima componitur ex materia et forma.

seria; o que é inconveniente. É necessário dizer, portanto, como parece, que a substância espiritual criada é composta de matéria e de forma.

11. Ademais, se a substância espiritual criada fosse só forma, seguir-se-ia que uma substância espiritual estaria presente em outra. Se pois um anjo inteligisse outro, tal se daria ou pela essência do anjo inteligido, e assim seria necessário que a substância do anjo inteligido estivesse presente no intelecto do mesmo anjo inteligente; ou pela espécie, e então se seguiria o mesmo, se a espécie pela qual o anjo é inteligido por outro não diferisse da mesma substância do anjo inteligido. Não parece, portanto, que possa dar-se algo em que difira, se a substância do anjo for sem matéria, como sua espécie inteligível. É todavia inconveniente que um anjo por sua substância esteja presente em outro: porque só a Trindade penetra a mente racional.[8] Logo, é inconveniente o de que tal se segue, ou seja, que a substância criada seja imaterial.

12. Ademais, diz Averróis, no livro XI da *Metafísica*,[9] que, se houvesse uma arca sem matéria, seria a mesma que a arca que está no intelecto; e assim parece que se teria o mesmo que o anterior.

13. Ademais, diz Agostinho, no livro VIII de *Super Gen. ad Litt.*,[10] que, "assim como a carne teve uma matéria, a terra, da qual foi feita, antes que houvesse alma, assim também pode ter havido uma matéria de algum modo espiritual antes que chegasse a fazer-se a natureza que chamamos alma". Logo, parece que a alma é composta de matéria e de forma, e, pela mesma razão, que também [o é] o anjo.

14. Ademais, diz o Damasceno,[11] que "só Deus é essencialmente imaterial e incorpóreo". Logo, não o é a substância criada.

15. Ademais, toda substância circunscrita a seus limites naturais tem ser limitado e encerrado. Mas toda substância criada é circunscrita a seus limites naturais. Logo, toda substância criada tem ser limitado e encerrado. Mas tudo o que está encerrado tem algo que o encerra. Logo, em toda substância criada há algo que encerra e algo encerrado; e isso parece que é a forma e a matéria. Logo, toda substância espiritual é composta de matéria e de forma.

16. Ademais, nada age e padece segundo o mesmo, senão que cada coisa age pela forma, mas padece pela matéria. Mas a substância espiritual criada, como o anjo, age quando ilumina um anjo inferior, e padece quando é iluminada por um superior: similarmente, na alma o intelecto é agente e possível. Logo, tanto o anjo como a alma se compõem de matéria e de forma.

17. Praeterea, omne quod est, aut est actus purus, aut potentia pura, aut compositum ex actu et potentia. Sed substantia spiritualis non est actus purus, hoc enim solius Dei est; nec etiam potentia pura. Ergo est compositum ex potentia et actu; quod videtur idem ei quod est componi ex materia et forma.

18. Praeterea, Plato in Timaeo inducit Deum summum loquentem diis creatis et dicentem: *voluntas mea maior est nexu vestro*; et inducit haec verba Augustinus in Lib. de Civit. Dei. Dii autem creati videntur esse Angeli. Ergo in Angelis est nexus, sive compositio.

19. Praeterea, in his quae numerantur et essentialiter differunt, est materia: quia materia est principium distinctionis secundum numerum. Sed substantiae spirituales numerantur et essentialiter differunt. Ergo habent materiam.

20. Praeterea, nihil patitur a corpore nisi habens materiam. Sed substantiae spirituales creatae patiuntur ab igne corporeo, ut patet per Augustinum, de Civit. Dei. Ergo substantiae spirituales creatae habent materiam.

21. Praeterea, Boetius in Lib. de unitate et uno, expresse dicit, quod Angelus est compositus ex materia et forma.

22. Praeterea, Boetius dicit in libro de Hebdomad., quod id quod est, aliquid aliud potest habere admixtum. Sed ipsum esse nihil omnino aliud habet admixtum; et idem possumus dicere de omnibus abstractis et concretis. Nam in homine potest aliquid aliud esse quam humanitas, utpote albedo, vel aliquid huiusmodi; sed in ipsa humanitate non potest aliud esse nisi quod ad rationem humanitatis pertinet. Si ergo substantiae spirituales sunt formae abstractae, non poterit in eis esse aliquid quod ad eorum speciem non pertineat. Sed sublato eo quod pertinet ad speciem rei, corrumpitur res. Cum ergo omnis substantia spiritualis sit incorruptibilis, nihil quod inest substantiae spirituali creatae, poterit amittere; et ita erit omnino immobilis; quod est inconveniens.

23. Praeterea, omne quod est in genere participat principia generis. Substantia autem spiritualis creata, est in praedicamento substantiae. Principia autem huius praedicamenti sunt materia et forma, quod patet per Boetium in Comment. praedicamentorum, qui dicit quod Aristoteles relictis extremis, scilicet materia et forma, agit de medio, scilicet de composito; dans intelligere quod substantia quae est praedicamentum, de qua ibi agit, sit composita ex materia et forma. Ergo substantia spiritualis creata, est composita ex materia et forma.

17. Ademais, tudo quanto é, ou é ato puro, ou é potência pura, ou é composto de ato e de potência.[12] Mas a substância espiritual não é ato puro, porque isto é próprio somente de Deus; nem, todavia, é potência pura. Logo, é um composto de potência e de ato; e isto parece o mesmo que compor-se de matéria e de forma.

18. Ademais, no *Timeu*[13] Platão introduz o deus sumo falando aos deuses criados e dizendo: "Minha vontade é maior que vosso nexo [ou composição]"; e Agostinho introduz estas palavras no livro *A Cidade de Deus*.[14] Ora, parece que os deuses criados são anjos. Logo, nos anjos há nexo ou composição.

19. Ademais, há matéria nas coisas que se numeram e que diferem essencialmente: porque a matéria é princípio de distinção segundo o número. Mas as substâncias espirituais numeram-se e diferenciam-se essencialmente. Logo, têm matéria.

20. Ademais, não padece nada de um corpo senão o que tem matéria. Mas as substâncias espirituais criadas padecem do fogo corpóreo, como o mostra Agostinho em *A Cidade de Deus*.[15] Logo, as substâncias espirituais criadas têm matéria.

21. Ademais, diz Boécio expressamente, no livro *De Unitate et Uno*,[16] que o anjo é composto de matéria e de forma.

22. Ademais, diz Boécio, no livro *De Hebdomadibus*,[17] que o que é pode ter algo outro que lhe seja misturado. Mas o mesmo ser[18] não tem nada outro [ou seja, distinto dele] misturado; e o mesmo podemos dizer de todos os abstratos e de todos os concretos. Pois no homem pode haver algo outro que a humanidade, por exemplo a brancura, ou algo assim; mas na própria humanidade não pode haver nada além do que pertence à razão de humanidade. Se pois as substâncias espirituais são formas abstratas, não poderá haver nelas nada que não pertença à sua espécie. Mas, se se suprime o que pertence à essência da coisa, corrompe-se a coisa. Logo, porque toda substância espiritual é incorruptível, nada do que se dê na substância espiritual criada poderá perder-se; e assim esta será de todo imóvel, o que é inconveniente.

23. Ademais, tudo o que está num gênero participa dos princípios do gênero. Ora, a substância espiritual criada está no predicamento da substância. Mas os princípios deste predicamento são a matéria e a forma, como o mostra Boécio no *Commentum Praedicamentorum*,[19] quando assinala que Aristóteles, deixando de lado os extremos, ou seja, a matéria e a forma, trata do meio, ou seja, do composto, dando a entender que a substância que é predicamento, da qual trata aqui, é composta de matéria e de forma. Logo, a substância espiritual criada é composta de matéria e de forma.

24. Praeterea, omne quod est in genere componitur ex genere et differentia. Differentia autem sumitur a forma, genus autem a materia, ut patet in VIII Metaphys. Cum ergo substantia spiritualis sit in genere, videtur quod sit composita ex materia et forma.

25. Praeterea, id quod est primum in quolibet genere, est causa eorum quae sunt post; sicut primus actus est causa omnis entis in actu. Ergo eadem ratione omne illud quod est in potentia quocumque modo, habet hoc a potentia prima, quae est potentia pura, scilicet a prima materia. Sed aliqua potentia est in substantiis spiritualibus creatis; quia solus Deus est actus purus. Ergo substantia spiritualis creata habet hoc a materia: quod non posset esse, nisi materia esset pars eius. Est ergo composita ex materia et forma.

Sed contra.

1. Est quod Dionysius dicit IV cap. de Divin. Nomin. de Angelis, quod sunt incorporei et immateriales.

2. Sed dices, quod dicuntur immateriales, quia non habent materiam subiectam quantitati et transmutationi. – Sed contra est quod ipse praemittit, quod ab universa materia sunt mundi.

3. Praeterea, secundum philosophum in IV Physic., locus non quaeritur nisi propter motum; et similiter nec materia quaereretur nisi propter motum. Secundum ergo quod aliqua habent motum, secundum hoc quaerenda est in eis materia; unde illa quae sunt generabilia et corruptibilia, habent materiam ad esse; quae autem sunt transmutabilia secundum locum habent materiam ad ubi. Sed substantiae spirituales non sunt transmutabiles secundum esse. Ergo non est in eis materia ad esse; et sic non sunt compositae ex materia et forma.

4. Praeterea, Hugo de sancto Victore dicit super angelicam hierarchiam Dionysii, quod in substantiis spiritualibus idem est quod vivificat et quod vivificatur. Sed id quod vivificat est forma; quod autem vivificatur, est materia: forma enim dat esse materiae, vivere autem viventibus est esse. Ergo in Angelis non differt materia et forma.

5. Praeterea, Avicenna et Algazel dicunt quod substantiae separatae, quae spirituales substantiae dicuntur, sunt omnino a materia denudatae.

24. Ademais, tudo o que está num gênero se compõe de gênero e de diferença. A diferença, porém, toma-se da forma, e o gênero da matéria, como se patenteia no livro VIII da *Metafísica*.[20] Como portanto a substância espiritual está num gênero, parece que é composta de matéria e de forma.

25. Ademais, o que é primeiro em qualquer gênero é causa de tudo o que é posterior; assim, o ato primeiro é causa de todo ente em ato. Logo, pela mesma razão, tudo o que está de algum modo em potência tem-no da potência primeira, que é potência pura, ou seja, a *materia prima*. Mas alguma potência há nas substâncias espirituais criadas; porque só Deus é ato puro. Logo, a substância espiritual criada tem isto da matéria: o que não seria possível sem que a matéria fosse parte sua. É pois composta de matéria e de forma.

Mas contrariamente:

1. Está o que diz Dionísio no capítulo IV de *De Div. Nomin.*[21] acerca dos anjos, ou seja, que são incorpóreos e imateriais.

2. Mas dirás que se dizem imateriais porque não têm matéria sujeita a quantidade e a transmutação. – Mas contrariamente está o que ele mesmo disse antes, ou seja, que são desprovidos de toda e qualquer matéria.

3. Ademais, segundo o Filósofo no livro IV da *Física*,[22] o lugar não se busca senão por causa do movimento; e, semelhantemente, tampouco a matéria se buscaria senão por causa do movimento. Pelo fato das coisas terem movimento, há, segundo isto, que buscar nelas matéria; por isso as coisas que são gerais e corruptíveis têm matéria para ser; as que porém são transmutáveis segundo o lugar têm matéria para localizar-se. Logo, não há nelas matéria para ser; e assim não são compostas de matéria e de forma.

4. Ademais, Hugo de São Vítor diz em *Super Angelicam Hierarchiam*, de Dionísio,[23] que nas substâncias espirituais são o mesmo o que vivifica e o que é vivificado. Mas o que vivifica é a forma; o que porém é vivificado é a matéria: a forma, com efeito, dá o ser à matéria, e o ser dos viventes é o viver. Logo, nos anjos não há diferença de matéria e de forma.

5. Ademais, dizem Avicena[24] e Algazel[25] que as substâncias separadas, que se dizem substâncias espirituais, são de todos despidas de matéria.

6. Praeterea, philosophus dicit in III de anima, quod lapis non est in anima, sed species lapidis: quod videtur esse propter simplicitatem animae, ut scilicet in ea materialia esse non possint. Ergo anima non est composita ex materia et forma.

7. Praeterea, in libro de causis dicitur, quod intelligentia est substantia quae non dividitur. Sed omne quod componitur, dividitur. Ergo intelligentia non est substantia composita.

8. Praeterea, in his quae sunt sine materia, idem est intellectus et quod intelligitur. Sed id quod intelligitur, est forma intelligibilis omnino immaterialis. Ergo substantia intelligens est absque materia.

9. Praeterea, Augustinus dicit in libro de Trinit., quod anima se tota intelligit. Non autem intelligit per materiam: ergo materia non est aliquid eius.

10. Praeterea, Damascenus dicit, quod anima est simplex. Non ergo composita ex materia et forma.

11. Praeterea, spiritus rationalis magis appropinquat primo simplicissimo, scilicet Deo, quam spiritus brutalis. Sed spiritus brutalis non est compositus ex materia et forma. Ergo multo minus spiritus rationalis.

12. Praeterea, plus appropinquat primo simplici substantia angelica quam forma materialis. Sed forma materialis non est composita ex materia et forma. Ergo nec substantia angelica.

13. Praeterea, forma accidentalis est ordine dignitatis infra substantiam. Sed Deus facit aliquam formam accidentalem subsistere sine materia, ut patet in sacramento altaris. Ergo fortius facit aliquam formam in genere substantiae subsistere sine materia; et hoc maxime videtur substantiae spiritualis.

14. Praeterea, Augustinus dicit, XII Confess.: *duo fecisti, domine: unum prope te*, id est substantiam angelicam; *aliud prope nihil*, scilicet materiam. Sic ergo materia non est in Angelo, cum contra ipsum dividatur.

Respondeo. Dicendum quod circa hanc quaestionem contrarie aliqui opinantur. Quidam enim asserunt, substantiam spiritualem creatam, esse compositam ex materia et forma; quidam vero hoc negant. Unde ad huius veritatis inquisitionem, ne in ambiguo procedamus, considerandum est quid nomine materiae significetur. Manifestum est enim quod cum potentia et

6. Ademais, diz Aristóteles no livro III de *De Anima*[26] que não é a pedra o que está na alma, mas a espécie da pedra: o que parece ser por causa da simplicidade da alma, dado que, com efeito, nela não pode haver coisas materiais. Logo, a alma não é composta de matéria e de forma.

7. Ademais, diz-se no livro *De Causis*[27] que a inteligência é substância que não se divide. Mas tudo o que se compõe se divide. Logo, a inteligência não é substância composta.

8. Ademais, nos entes que são sem matéria, são o mesmo o intelecto e o que se intelige. Mas o que se intelige é forma inteligível de todo imaterial. Logo, a substância inteligente é sem matéria.

9. Ademais, diz Agostinho no livro *De Trin.*[28] que a alma se intelige toda a si mesma. Não intelige, porém, pela matéria: logo, a matéria não é algo seu.

10. Ademais, diz o Damasceno[29] que a alma é simples. Não é composta, por conseguinte, de matéria e de forma.

11. Ademais, o espírito racional aproxima-se mais do primeiro simplicíssimo, ou seja, Deus, que o espírito brutal. Mas o espírito brutal não é composto de matéria e de forma. Logo, muito menos o espírito racional.

12. Ademais, a substância angélica aproxima-se mais do primeiro simples que a forma material. Mas a forma material não é composta de matéria e de forma. Logo, tampouco a substância angélica.

13. Ademais, a forma acidental é na ordem da dignidade inferior à substância. Mas Deus faz alguma forma acidental subsistir sem matéria, como se patenteia no sacramento do altar. Logo, com mais razão faz alguma forma no gênero da substância subsistir sem matéria: e isto parece maximamente próprio da substância espiritual.

14. Ademais, diz Agostinho nas *Confissões:*[30] "Duas coisas fizeste, Senhor. Uma próxima de ti", isto é, a substância angélica, "e outra próxima do nada", ou seja, a matéria. Assim, portanto, não há matéria no anjo, dado que é incompatível com ele.

RESPONDO. Deve dizer-se que acerca desta questão alguns opinam contrariamente. Com efeito, uns asseveram que a substância espiritual criada é um composto de matéria e de forma; outros todavia o negam.[31] Por isso, para que não

actus dividant ens, et cum quodlibet genus per actum et potentiam dividatur; id communiter materia prima nominatur quod est in genere substantiae, ut potentia quaedam intellecta praeter omnem speciem et formam, et etiam praeter privationem; quae tamen est susceptiva et formarum et privationum, ut patet per August. XII Confess. et I super Genes. ad litteram, et per philosophum in VII Metaph. Sic autem accepta materia (quae est propria eius acceptio et communis), impossibile est quod materia sit in substantiis spiritualibus. Licet enim in uno et eodem, quod quandoque est in actu quandoque in potentia, prius tempore sit potentia quam actus; actus tamen naturaliter est prior potentia. Illud autem quod est prius, non dependet a posteriori, sed e converso. Et ideo invenitur aliquis primus actus absque omni potentia; nunquam tamen invenitur in rerum natura potentia quae non sit perfecta per aliquem actum; et propter hoc semper in materia prima est aliqua forma. A primo autem actu perfecto simpliciter, qui habet in se omnem plenitudinem perfectionis, causatur esse actu in omnibus; sed tamen secundum quemdam ordinem. Nullus enim actus causatus habet omnem perfectionis plenitudinem; sed respectu primi actus, omnis actus causatus est imperfectus. Quanto tamen aliquis actus est perfectior, tanto est Deo propinquior. Inter omnes autem creaturas Deo maxime appropinquant spirituales substantiae, ut patet per Dionysium IV cap. caelestis Hierar.; unde maxime accedunt ad perfectionem primi actus, cum comparentur ad inferiores creaturas sicut perfectum ad imperfectum, et sicut actus ad potentiam. Nullo ergo modo haec ratio ordinis rerum habet quod substantiae spirituales ad esse suum requirant materiam primam, quae est incompletissimum inter omnia entia: sed sunt longe supra totam materiam et omnia materialia elevatae. Hoc etiam manifestum apparet, si quis propriam operationem substantiarum spiritualium consideret. Omnes enim spirituales substantiae intellectuales sunt. Talis autem est uniuscuiusque rei potentia, qualis reperitur perfectio eius; nam proprius actus propriam potentiam requirit: perfectio autem cuiuslibet intellectualis substantiae, in quantum huiusmodi, est intelligibile prout est in intellectu. Talem igitur potentiam oportet in substantiis spiritualibus requirere, quae sit proportionata ad susceptionem formae intelligibilis. Huiusmodi autem non est potentia materiae primae: nam materia prima recipit formam contrahendo ipsam ad esse individuale; forma vero intelligibilis est in intellectu

procedamos com ambiguidade na inquirição da verdade, deve considerar-se o que se significa pelo nome *matéria*. É manifesto, com efeito, que, assim como a potência e o ato dividem o ente, assim também todo e qualquer gênero se divide pelo ato e pela potência; e comumente se chama *materia prima* ao que está no gênero da substância como certa potência inteligida para além de toda espécie e de toda forma, e ainda para além de toda privação; a qual, no entanto, é susceptiva tanto de forma como de privação, como é patenteado por Agostinho no livro XII das *Confissões*[32] e no livro I de *Super Gen. ad Litt.*,[33] e pelo Filósofo no livro VII da *Metafísica*.[34] Ora, entendida assim a matéria (ou seja, em sua acepção própria e comum), é impossível que haja matéria nas substâncias espirituais. Com efeito, conquanto em uma e mesma coisa, que ora está em ato ora em potência, a potência venha temporalmente antes que o ato, o ato porém é naturalmente anterior à potência. O que todavia é anterior não depende do posterior; mas não o inverso. E por isso se encontra um ato primeiro sem potência alguma; nunca, no entanto, se encontra na natureza das coisas potência que não seja perfeita por algum ato; e por isso mesmo há sempre na matéria alguma forma. Mas o ser em ato de todas as coisas é causado pelo ato primeiro e perfeito *simpliciter*, que tem em si a plenitude da perfeição; mas segundo determinada ordem. Com efeito, nenhum ato causado tem a plenitude da perfeição, senão que, com respeito ao ato primeiro, todo ato causado é imperfeito. Quanto porém mais perfeito é um ato, tanto mais próximo é de Deus. Ora, entre todas as criaturas, as que mais se aproximam de Deus são as substâncias espirituais, como é patenteado por Dionísio no capítulo IV de *Caelestis Hierar.*;[35] daí que sejam as que maximamente se acercam da perfeição do ato primeiro, comparando-se às criaturas inferiores como o perfeito ao imperfeito, e como o ato à potência. De modo algum, por conseguinte, esta razão de ordem das coisas implica que as substâncias espirituais requeiram a *materia prima* para seu ser, porque a *materia prima* é o mais incompleto de todos os entes, senão que estão muito acima de toda matéria e se elevam sobre todas as coisas materiais. Isto também aparece de modo manifesto se alguém considera a operação própria das substâncias espirituais. Com efeito, todas as substâncias espirituais são intelectuais. Mas a potência de cada coisa é tal qual requer sua perfeição, porque o ato próprio requer potência própria: ora, a perfeição das substâncias espirituais, enquanto são tais, é o inteligível tal qual se encontra no intelecto. É preciso, portanto, supor nas substâncias espirituais uma potência que seja proporcionada à recepção de formas

absque huiusmodi contractione. Sic enim intelligit intellectus unumquodque intelligibile, secundum quod forma eius est in eo. Intelligit autem intellectus intelligibile praecipue secundum naturam communem et universalem; et sic forma intelligibilis in intellectu est secundum rationem suae communitatis. Non est ergo substantia intellectualis receptiva formae ex ratione materiae primae, sed magis per oppositam quamdam rationem. Unde manifestum fit quod in substantiis spiritualibus illa prima materia quae de se omni specie caret, eius pars esse non potest. Si tamen quaecumque duo se habent ad invicem ut potentia et actus, nominentur materia et forma, nihil obstat dicere, ut non fiat vis in verbis, quod in substantiis spiritualibus est materia et forma. Oportet enim in substantia spirituali creata esse duo, quorum unum comparatur ad alterum ut potentia ad actum. Quod sic patet. Manifestum est enim quod primum ens, quod Deus est, est actus infinitus, utpote habens in se totam essendi plenitudinem, non contractam ad aliquam naturam generis vel speciei. Unde oportet quod ipsum esse eius non sit esse quasi inditum alicui naturae quae non sit suum esse; quia sic finiretur ad illam naturam. Unde dicimus, quod Deus est ipsum suum esse. Hoc autem non potest dici de aliquo alio: sicut enim impossibile est intelligere quod sint plures albedines separatae; sed si esset albedo separata ab omni subiecto et recipiente, esset una tantum; ita impossibile est quod sit ipsum esse subsistens nisi unum tantum. Omne igitur quod est post primum ens, cum non sit suum esse, habet esse in aliquo receptum, per quod ipsum esse contrahitur; et sic in quolibet creato aliud est natura rei quae participat esse, et aliud ipsum esse participatum. Et cum quaelibet res participet per assimilationem primum actum in quantum habet esse, necesse est quod esse participatum in unoquoque comparetur ad naturam participantem ipsum, sicut actus ad potentiam. In natura igitur rerum corporearum materia non per se participat ipsum esse, sed per formam; forma enim adveniens materiae facit ipsam esse actu, sicut anima corpori. Unde in rebus compositis est considerare duplicem actum, et duplicem potentiam. Nam primo quidem materia est ut potentia respectu formae, et forma est actus eius; et iterum natura constituta ex materia et forma, est ut potentia respectu ipsius esse, in quantum est susceptiva eius. Remoto igitur fundamento materiae, si remaneat aliqua forma determinatae naturae per se subsistens, non in materia, adhuc comparabitur ad suum esse ut potentia ad

inteligíveis. Mas não é assim a potência da *materia prima*: porque a *materia prima* recebe a forma contraindo-a ao ser individual; a forma inteligível, todavia, está no intelecto sem tal contração. Assim, com efeito, o intelecto intelige todos os inteligíveis porque a forma deles está nele. Mas o intelecto intelige o inteligível precipuamente segundo a natureza comum e universal; e assim a forma inteligível está no intelecto segundo a razão de sua comunidade. A substância espiritual, portanto, não é receptiva da forma em razão da *materia prima*, mas antes por uma razão oposta. Por isso se faz manifesto que a *materia prima*, que de si carece de toda espécie, não pode ser parte das substâncias espirituais. Se, no entanto, duas coisas quaisquer se têm entre si como potência e ato, chamam-se matéria e forma, e pois nada obsta a que se diga, sem forçar os termos, que nas substâncias espirituais há matéria e forma. É necessário, com efeito, que na substância espiritual criada haja duas coisas que se comparem uma à outra como a potência ao ato – o que se patenteia assim. É manifesto, com efeito, que o primeiro ente, que é Deus, é ato infinito, porquanto tem em si a plenitude do ser, não contraída a nenhuma natureza de gênero ou de espécie. Por isso é necessário que seu mesmo ser não seja um ser como inserto em alguma natureza que não seja seu ser, porque assim se limitaria a essa natureza. Por isso dizemos que Deus é seu próprio ser. Mas isto não pode dizer-se de nenhum outro: assim, com efeito, é impossível inteligir que haja várias brancuras separadas; senão que, se houvesse uma brancura separada de todo sujeito e recipiente, haveria uma só; assim é impossível que o próprio ser subsistente não seja um só. Tudo pois o que é depois do primeiro ente, por não ser seu ser, tem o ser recebido em algo, pelo qual o mesmo ser se contrai; e, assim, em todo o criado uma coisa é a natureza da coisa que participa do ser, e outra o próprio ser participado. E, como toda e qualquer coisa participa por assimilação do primeiro ato enquanto tem ser, é necessário que em todas as coisas o ser participado se compare à mesma natureza participante como o ato à potência. Na natureza das coisas corpóreas, por conseguinte, a matéria não participa por si mesma do ser, mas pela forma; com efeito, a forma que advém à matéria fá-la ser em ato, como a alma ao corpo. Por isso, nas coisas compostas há que considerar um duplo ato e uma dupla potência. Pois, de fato, antes de tudo a matéria é como a potência com respeito ao ato, e a forma é ato seu; e depois a natureza constituída de matéria e de forma é como a potência com respeito ao próprio ser, enquanto é susceptiva dele. Removido pois o fundamento da matéria, se permanece alguma forma de

actum: non dico autem ut potentiam separabilem ab actu, sed quam semper suus actus comitetur. Et hoc modo natura spiritualis substantiae, quae non est composita ex materia et forma, est ut potentia respectu sui esse; et sic in substantia spirituali est compositio potentiae et actus, et per consequens formae et materiae; si tamen omnis potentia nominetur materia et omnis actus nominetur forma. Sed tamen hoc non est proprie dictum secundum communem usum nominum.

1. AD PRIMUM ERGO dicendum, quod ratio formae opponitur rationi subiecti. Nam omnis forma, in quantum huiusmodi, est actus; omne autem subiectum comparatur ad id cuius est subiectum, ut potentia ad actum. Si quae ergo forma est quae sit actus tantum, ut divina essentia, illa nullo modo potest esse subiectum; et de hac Boetius loquitur. Si autem aliqua forma sit quae secundum aliquid sit in actu, et secundum aliquid in potentia; secundum hoc tantum erit subiectum, secundum quod est in potentia. Substantiae autem spirituales, licet sint formae subsistentes, sunt tamen in potentia, in quantum habent esse finitum et limitatum. Et quia intellectus est cognoscitivus omnium secundum sui rationem, et voluntas est amativa universalis boni; remanet semper in intellectu et voluntate substantiae creatae potentia ad aliquid quod est extra se. Unde si quis recte consideret, substantiae spirituales non inveniuntur esse subiectae nisi accidentium quae pertinent ad intellectum et voluntatem.

2. AD SECUNDUM dicendum quod duplex est limitatio formae. Una quidem secundum quod forma speciei limitatur ad individuum, et talis limitatio formae est per materiam. Alia vero secundum quod forma generis limitatur ad naturam speciei; et talis limitatio formae non fit per materiam, sed per formam magis determinatam, a qua sumitur differentia; differentia enim addita super genus contrahit ipsum ad speciem. Et talis limitatio est in substantiis spiritualibus, secundum scilicet quod sunt formae determinatarum specierum.

3. AD TERTIUM dicendum quod mutabilitas non invenitur in substantiis spiritualibus secundum earum esse, sed secundum intellectum et voluntatem. Sed talis mutabilitas non est ex materia, sed ex potentialitate intellectus et voluntatis.

determinada natureza subsistente por si, não na matéria, ainda se compara a seu ser como a potência ao ato: não digo, porém, como potência separável do ato, mas enquanto sempre se acompanha de seu ato. E desse modo a natureza da substância espiritual, a qual não é composta de matéria e de forma, é como a potência com respeito a seu ser;[36] e, assim, na substância espiritual há composição de potência e de ato, e por conseguinte de forma e de matéria[37] – se todavia se chama matéria a toda potência, e se se chama forma a todo ato.

1. QUANTO AO PRIMEIRO, portanto, deve dizer-se que a razão de forma se opõe à razão de sujeito. Pois toda forma, enquanto tal, é ato; mas todo sujeito se compara àquilo de que é sujeito, como a potência ao ato. Se pois há alguma forma que seja só ato, como a essência divina, de modo algum pode ser sujeito; e desta é que fala Boécio. Se porém há alguma forma que segundo algo está em ato, e segundo algo em potência, só será sujeito segundo isto, ou seja, enquanto está em potência. Mas as substâncias espirituais, ainda que sejam formas subsistentes, estão porém em potência, enquanto têm ser finito e limitado. E, porque o intelecto é cognoscitivo de todas as coisas segundo a razão destas, e a vontade é amativa do bem universal, permanece sempre no intelecto e na vontade da substância criada potência para algo que está fora dela. Por isso, se se considera retamente, não se encontram substâncias espirituais que sejam sujeitos de outros acidentes que os pertencentes ao intelecto e à vontade.

2. QUANTO AO SEGUNDO, deve dizer-se que é dupla a limitação da forma. Uma, com efeito, segundo a qual a forma da espécie se limita ao indivíduo, e tal limitação da forma se dá pela matéria. A outra, porém, segundo a qual a forma do gênero se limita à natureza da espécie; e tal limitação da forma não se faz pela matéria, mas pela forma mais determinada, pela qual se atribui a diferença; a diferença adicionada ao gênero, com efeito, contrai-o à espécie. E há tal limitação nas substâncias espirituais, justo enquanto são formas de espécies determinadas.

3. QUANTO AO TERCEIRO, deve dizer-se que não se encontra mutabilidade nas substâncias espirituais segundo seu ser, mas segundo o intelecto e a vontade. Mas tal mutabilidade não provém da matéria, mas da potencialidade do intelecto e da vontade.

4. Ad quartum dicendum quod non est intentio Augustini dicere, quod sit eadem numero materia visibilium et invisibilium, cum ipse dicat duplicem informitatem intelligi per caelum et terram, quae dicuntur primo creata; ut per caelum intelligatur substantia spiritualis adhuc informis, per terram autem materia rerum corporalium, quae in se considerata informis est, quasi omni specie carens: unde etiam dicitur inanis et vacua, vel invisibilis et incomposita secundum aliam litteram. Caelum autem non describitur inane et vacuum. Per quod manifeste apparet quod materia, quae caret omni specie, non est pars substantiae angelicae. Sed informitas substantiae spiritualis est secundum quod nondum est conversa ad verbum a quo illuminatur, quod pertinet ad potentiam intelligibilem. Sic ergo materiam communem visibilium et invisibilium nominat utrumque, prout est informe suo modo.

5. Ad quintum dicendum quod philosophus loquitur ibi non de causa agente, sed de causa formali. Illa enim quae sunt composita ex materia et forma, non statim sunt ens et unum, sed materia est ens in potentia et fit ens actu per adventum formae, quae est ei causa essendi. Sed forma non habet esse per aliam formam. Unde si sit aliqua forma subsistens, statim est ens et unum, nec habet causam formalem sui esse; habet tamen causam influentem ei esse, non autem causam moventem, quae reducat ipsam de potentia praeexistenti in actum.

6. Ad sextum dicendum quod licet anima sit per se subsistens, non tamen sequitur quod sit composita ex materia et forma, quia per se subsistere potest convenire etiam formae absque materia. Cum enim materia habeat esse per formam, et non e converso; nihil prohibet aliquam formam sine materia subsistere, licet materia sine forma esse non possit.

7. Ad septimum dicendum quod esse susceptivum contrariorum est substantiae in potentia aliqualiter existentis, sive sit composita ex materia et forma, sive sit simplex. Substantia autem spiritualium non est subiectum contrariorum, nisi pertinentium ad voluntatem et intellectum, secundum quae est in potentia, ut ex dictis patet.

8. Ad octavum dicendum quod non idem est componi ex quod est et quo est, et ex materia et forma. Licet enim forma possit dici quo aliquid est, tamen materia non proprie potest dici quod est, cum non sit nisi in potentia. Sed quod est, est id quod subsistit in esse, quod quidem in substantiis corporeis est

4. Quanto ao quarto, deve dizer-se que não é intenção de Agostinho dizer que sejam a mesma segundo o número a matéria das coisas visíveis e a das coisas invisíveis, pois ele mesmo diz que é dupla a informidade inteligida por céu e por terra, que é dita a primeira criada; como por céu se intelige a substância espiritual ainda informe, por terra se intelige a matéria das coisas corporais, a qual, considerada em si, é informe, enquanto carente de toda espécie: por isso também se diz ou "inane e vazia", ou "invisível e incomposta" segundo outra letra. O céu, no entanto, não se descreve como inane e vazio. Por isso aparece manifestamente que a matéria, que carece de toda espécie, não é parte da substância angélica. Mas a informidade da substância espiritual decorre de ainda não se ter voltado para o verbo pelo qual é iluminada, o que pertence à potência inteligível. Se pois ele chama matéria comum à das coisas visíveis e à das coisas invisíveis, é porque são informes cada uma a seu modo.

5. Quanto ao quinto, deve dizer-se que o Filósofo fala ali não de causa agente, mas de causa formal. Com efeito, as coisas compostas de matéria e de forma não são imediatamente ente e uno, senão que a matéria é ente em potência e se faz ente em ato pelo advento da forma, que é sua causa de ser. Mas a forma não tem ser por outra forma. Por isso, se há alguma forma subsistente, imediatamente é ente e uno, sem ter causa formal de seu ser; tem todavia causa influente em seu ser, mas não causa movente que a reduza de uma potência preexistente a ato.

6. Quanto ao sexto, deve dizer-se que de que a alma seja por si subsistente não se segue, porém, que seja composta de matéria e de forma, porque subsistir por si pode convir também à forma sem matéria. Com efeito, dado que a matéria tem ser pela forma, e não ao contrário, nada proíbe que alguma forma subsista sem matéria, ainda que não possa haver matéria sem forma.

7. Quanto ao sétimo, deve dizer-se que ser susceptivo de contrários é próprio da substância existente de algum modo em potência, quer seja composta de matéria e de forma, quer seja simples. Mas a substância dos entes espirituais não é sujeito de contrários pertencentes à vontade e ao intelecto, segundo os quais está em potência, como se patenteia do dito.

8. Quanto ao oitavo, deve dizer-se que ser composto de *quod est* e de *quo est* não é o mesmo que ser composto de matéria e de forma.[38] Conquanto, com efeito, a forma possa dizer-se aquilo pelo qual algo é, a matéria, porém, não pode dizer-se propriamente *quod est*, porque não é senão em potência. Mas *quod est*

ipsum compositum ex materia et forma, in substantiis autem incorporeis est ipsa forma simplex; quo est autem, est ipsum esse participatum, quia in tantum unumquodque est, in quantum ipse esse participat. Unde et Boetius sic utitur istis vocabulis in libro de Hebdomad., dicens, quod in aliis praeter primum, non idem est quod est et esse.

9. AD NONUM dicendum quod sub aliquo communi est aliquid dupliciter: uno modo sicut individuum sub specie; alio modo sicut species sub genere. Quandocumque igitur sub una communi specie sunt multa individua, distinctio multorum individuorum est per materiam individualem, quae est praeter naturam speciei; et hoc in rebus creatis. Quando vero sunt multae species sub uno genere, non oportet quod formae quibus distinguuntur species ad invicem, sint aliud secundum rem a forma communi generis. Per unam enim et eamdem formam hoc individuum collocatur in genere substantiae, et in genere corporis, et sic usque ad specialissimam speciem. Si enim secundum aliquam formam hoc individuum habeat quod sit substantia, de necessitate oportet quod aliae formae supervenientes, secundum quas collocatur in inferioribus generibus et speciebus, sint formae accidentales. Quod ex hoc patet. Forma enim accidentalis a substantiali differt, quia forma substantialis facit hoc aliquid, forma autem accidentalis advenit rei iam hoc aliquid existenti. Si igitur prima forma, per quam collocatur in genere, facit individuum esse hoc aliquid; omnes aliae formae advenient individuo subsistenti in actu, et ita erunt formae accidentales. Sequetur etiam quod per adventum posteriorum formarum, quibus collocatur aliquid in specie specialissima vel subalterna, non sit generatio, neque per subtractionem corruptio, simpliciter, sed secundum quid. Cum enim generatio sit transmutatio ad esse rei, illud simpliciter generari dicitur quod simpliciter fit ens de non ente in actu, sed ente in potentia tantum. Si igitur aliquid fiat de praeexistenti in actu, non generabitur simpliciter ens, sed hoc ens; et eadem ratio est de corruptione. Est ergo dicendum quod formae rerum sunt ordinatae, et una addit super alteram in perfectione. Et hoc patet per philosophum in VIII Metaph., qui dicit quod definitiones et species rerum sunt sicut numeri, in quibus species multiplicantur per additionem unitatis; tum etiam hoc per inductionem appareat gradatim species rerum multiplicari secundum perfectum et imperfectum. Sic igitur per hoc excluditur positio

é aquilo que subsiste no ser, o que, se de fato é o próprio composto de matéria e de forma nas substâncias corpóreas, é todavia nas substâncias incorpóreas a própria forma simples; *quo est*, no entanto, é o próprio ser participado, porque cada coisa não é senão enquanto participa do ser. Por isso também Boécio usa assim estes vocábulos no livro *De Hebdomadibus*, ao dizer que em todos os entes salvo o primeiro não são o mesmo *quod est* e o ser.

9. QUANTO AO NONO, deve dizer-se que sob algo comum pode estar-se duplamente: de um modo, como o indivíduo sob a espécie; de outro modo, como a espécie sob o gênero. Toda vez, portanto, que sob uma espécie comum estão muitos indivíduos, a distinção dos muitos indivíduos se dá pela matéria individual, que está fora da natureza da espécie; isso nas coisas criadas. Quando todavia há muitas espécies sob um gênero, não é necessário que as formas que distinguem as espécies entre si sejam outras *secundum rem* que a forma do gênero comum. Por uma e mesma forma, com efeito, este indivíduo é colocado no gênero da substância, no gênero do corpo, e assim até à espécie especialíssima. Se, com efeito, segundo alguma forma este indivíduo tem o ser substância, é preciso, de necessidade, que as outras formas supervenientes, segundo as quais se colocam em gêneros e espécies inferiores, sejam formas acidentais. E isto se patenteia do fato de que a forma acidental difere da forma substancial porque, enquanto a forma substancial faz *hoc aliquid*,[39] a forma acidental advém à coisa já existente como *hoc aliquid*. Se portanto a primeira forma, pela qual se coloca num gênero, faz o indivíduo ser *hoc aliquid*, todas as outras formas, porém, advêm ao indivíduo subsistente em ato, e serão por conseguinte formas acidentais. Segue-se também que pelo advento das formas posteriores, pelas quais algo se coloca na espécie especialíssima ou em uma subalterna, não haja geração nem, por subtração, corrupção *simpliciter*, mas só *secundum quid*. Dado, com efeito, que a geração é transmutação ao ser coisa, diz-se *simpliciter* gerar quando *simpliciter* se faz um ente de um ente não em ato, mas tão só ente em potência. Se portanto algo se faz de um preexistente em ato, não se gerará *simpliciter* um ente, mas este ente; e a mesma razão quanto à corrupção. Deve dizer-se, por conseguinte, que as formas das coisas são ordenadas, e uma supera a outra por adição de perfeição. E isto é patenteado pelo Filósofo no livro VIII da *Metafísica*,[40] onde diz que as definições e as espécies das coisas são como os números, nos quais as espécies se multiplicam por adição de unidade; e também por indução, em que aparece que as espécies das coisas se multiplicam

Avicebron in Lib. fontis vitae, quod materia prima, quae omnino sine forma consideratur, primo recipit formam substantiae; qua quidem supposita in aliqua sui parte, super formam substantiae recipit aliam formam, per quam fit corpus; et sic deinceps usque ad ultimam speciem. Et in illa parte in qua non recipit formam corpoream, est substantia incorporea, cuius materiam non subiectam quantitati aliqui nominant materiam spiritualem. Ipsam autem materiam iam perfectam per formam substantiae, quae est subiectum quantitatis et aliorum accidentium, dicit esse clavem ad intelligendum substantias incorporeas. Non enim ex hoc contingit quod aliquod individuum sit corpus inanimatum et aliud corpus animatum, per hoc quod individuum animatum habet formam aliquam, cui substernatur forma substantialis corporis; sed quia hoc individuum animatum habet formam perfectiorem, per quam habet non solum subsistere et corpus esse, sed etiam vivere, aliud autem habet formam imperfectiorem, per quam non attingit ad vitam, sed solum ad subsistere corporaliter.

10. Ad decimum dicendum quod forma generis de cuius ratione est materia, non potest esse extra intellectum nisi in materia, ut forma plantae aut metalli. Sed hoc genus substantiae, non est tale de cuius ratione sit materia; alioquin non esset metaphysicum, sed naturale. Unde forma huius generis non dependet a materia secundum suum esse, sed potest inveniri etiam extra materiam.

11. Ad undecimum dicendum quod species intelligibilis quae est in intellectu Angeli intelligentis, differt ab Angelo intellecto non secundum abstractum a materia et materiae concretum, sed sicut ens intentionale ab ente quod habet esse ratum in natura; sicut differt species coloris in oculo a colore qui est in pariete.

12. Ad duodecimum dicendum quod si arca esset sine materia per se subsistens, esset intelligens seipsam; quia immunitas a materia est ratio intellectualitatis. Et secundum hoc arca sine materia non differret ab arca intelligibili.

13. Ad decimumtertium dicendum quod Augustinus inducit illud inquirendo: quod patet ex hoc quod illam positionem improbat.

14. Ad decimumquartum dicendum quod solus Deus dicitur immaterialis et incorporeus, quia omnia eius simplicitati comparata, possunt reputari quasi corpora materialia, licet in se sint incorporea et immaterialia.

gradativamente segundo perfeito e imperfeito. Assim, pois, pelo dito se exclui a posição de Avicebrão no livro *Fons Vitae*, segundo a qual a *materia prima*, se se considera de todo sem forma, recebe antes de tudo a forma de substância; suposta esta, com efeito, em alguma parte sua, [a *materia prima*] recebe sobre a forma de substância outra forma, pela qual se faz corpo; e assim sucessivamente até à última espécie. E, na parte em que não recebe a forma corpórea, é substância corpórea, cuja matéria, não sujeita a nenhuma quantidade, é chamada matéria espiritual. Mas diz que a matéria já perfeita pela forma de substância, a qual é sujeito de quantidade e de outros acidentes, é a chave para inteligir as substâncias incorpóreas. Com efeito, que um indivíduo seja corpo inanimado e outro corpo animado não se deve a que o indivíduo animado tenha uma forma sustentada pela forma substancial do corpo, senão a que o indivíduo animado tem uma forma mais perfeita, pela qual não só tem o subsistir e o ser corpo, mas ainda o viver, enquanto outro tem uma forma mais imperfeita, pela qual não chega à vida, mas só a subsistir corporalmente.

10. Quanto ao décimo, deve dizer-se que a forma de um gênero de cuja razão faz parte a matéria não pode dar-se fora do intelecto senão na matéria, como a forma da planta ou a do metal. Mas este gênero de substância [o da substância espiritual] não é tal que de sua razão faça parte a matéria; do contrário, não seria metafísico, mas natural. Por isso, a forma deste gênero não depende da matéria segundo seu ser, senão que pode encontrar-se também fora da matéria.

11. Quanto ao undécimo, deve dizer-se que a espécie inteligível que está no intelecto do anjo inteligente difere do anjo inteligido não como o abstraído da matéria difere do concreto da matéria, mas como o ente intencional do ente que tem ser fixado na natureza; assim difere a espécie da cor no olho da cor que está na parede.

12. Quanto ao duodécimo, deve dizer-se que, se a arca fosse por si subsistente sem matéria, inteligir-se-ia a si mesma; porque a carência de matéria é a razão da intelectualidade. E segundo isto a arca sem matéria não diferiria da arca inteligível.

13. Quanto ao décimo terceiro, deve dizer-se que Agostinho o induz inquerindo: o que se patenteia de que ele improva tal posição.

14. Quanto ao décimo quarto, deve dizer-se que só Deus se diz imaterial e incorpóreo porque, comparadas todas as coisas à sua simplicidade, podem

15. Ad decimumquintum dicendum quod esse substantiae spiritualis creatae est coarctatum et limitatum non per materiam, sed per hoc quod est receptum et participatum in natura determinatae speciei, ut dictum est.

16. Ad decimumsextum dicendum, quod agit et patitur substantia spiritualis creata, non secundum formam vel materiam, sed secundum quod est in actu vel potentia.

17. Ad decimumseptimum dicendum quod substantia spiritualis nec est actus purus, nec potentia pura, sed habens potentiam cum actu; non tamen composita ex materia et forma, ut ex dictis patet.

18. Ad decimumoctavum dicendum quod Plato appellat deos secundos, non Angelos, sed corpora caelestia.

19. Ad decimumnonum dicendum quod materia est principium distinctionis secundum numerum in eadem specie, non autem distinctionis specierum. Angeli autem non sunt multi numero in eadem specie; sed multitudo eorum est sicut multae naturae specierum per se subsistentes.

20. Ad vicesimum dicendum quod substantiae spirituales non patiuntur ab igne corporeo per modum alterationis materialis, sed per modum alligationis, ut Augustinus dicit. Unde non oportet quod habeant materiam.

21. Ad vicesimumprimum dicendum quod liber de unitate et uno non est Boetii, ut ipse stilus indicat.

22. Ad vicesimumsecundum dicendum quod forma separata, in quantum est actus, non potest aliquid extraneum habere admixtum, sed solum in quantum est in potentia. Et hoc modo substantiae spirituales, in quantum sunt in potentia secundum intellectum et voluntatem, recipiunt aliqua accidentia.

23. Ad vicesimumtertium dicendum quod intentio Boetii non est dicere, quod de ratione substantiae, quod est genus, sit esse compositum ex materia et forma, cum substantia sit de consideratione metaphysici, non naturalis; sed intendit dicere, quod cum forma et materia non pertineant ad genus substantiae tamquam species; sola substantia, quae est compositum, collocatur in genere ut species.

24. Ad vicesimumquartum dicendum quod in rebus compositis ex materia et forma, genus sumitur a materia, et differentia a forma; ita tamen quod per materiam non intelligatur materia prima, sed secundum quod per formam recipit quoddam esse imperfectum et materiale respectu esse specifici; sicut esse

considerar-se como corpos materiais, ainda quando em si sejam incorpóreas e imateriais.

15. QUANTO AO DÉCIMO QUINTO, deve dizer-se que o ser da substância espiritual criada é encerrado e limitado não pela matéria, mas por ser recebido e participado na natureza de determinada espécie, como se disse.

16. QUANTO AO DÉCIMO SEXTO, deve dizer-se que a substância espiritual criada age e padece não segundo a forma ou a matéria, mas enquanto está em ato ou em potência.

17. QUANTO AO DÉCIMO SÉTIMO, deve dizer-se que a substância espiritual não é ato puro nem potência pura, senão que tem potência com ato; não é porém composta de matéria e de ato, como se patenteia do dito.

18. QUANTO AO DÉCIMO OITAVO, deve dizer-se que Platão chamava deuses segundos não aos anjos, mas aos corpos celestes.

19. QUANTO AO DÉCIMO NONO, deve dizer-se que a matéria é princípio de distinção segundo o número na mesma espécie, mas não de distinção de espécies. Ora, os anjos não são muitos segundo o número em uma mesma espécie, senão que sua multidão é como a de muitas naturezas de espécies subsistentes por si.

20. QUANTO AO VIGÉSIMO, deve dizer-se que as substâncias espirituais não padecem do fogo corpóreo por modo de alteração material, mas por modo de ligação, como diz Agostinho.[41] Por isso não é necessário que tenham matéria.

21. QUANTO AO VIGÉSIMO PRIMEIRO, deve dizer-se que o livro *De Unitate et Uno* não é de Boécio, como indica seu mesmo estilo.

22. QUANTO AO VIGÉSIMO SEGUNDO, deve dizer-se que a forma separada, enquanto é ato, não pode ter mesclado algo estranho, mas só enquanto está em potência. E desse modo as substâncias espirituais, enquanto estão em potência segundo o intelecto e a vontade, recebem alguns acidentes.

23. QUANTO AO VIGÉSIMO TERCEIRO, deve dizer-se que a intenção de Boécio não é dizer que da razão de substância, que é gênero, é ser composta de matéria e de forma, enquanto a substância é da consideração da metafísica, não da ciência natural; senão que tem a intenção de dizer que, porque a forma e a matéria não pertencem ao gênero da substância como espécies, só a substância que é composta se coloca no gênero como espécie.

24. QUANTO AO VIGÉSIMO QUARTO, deve dizer-se que nas coisas compostas de matéria e de forma o gênero se toma da matéria, e a diferença da forma; de

animalis est imperfectum et materiale respectu hominis. Tamen illud duplex esse non est secundum aliam et aliam formam, sed secundum unam formam, quae homini dat non solum hoc quod est esse animal, sed hoc quod est esse hominem. Anima autem alterius animalis dat ei solum esse animal; unde animal commune non est unum numero, sed ratione tantum; quia non ab una et eadem forma homo est animal et asinus. Subtracta ergo materia a substantiis spiritualibus, remanebit ibi genus et differentia non secundum materiam et formam, sed secundum quod consideratur in substantia spirituali tam id quod est commune sibi et imperfectioribus substantiis, quam etiam id quod est sibi proprium.

25. AD VICESIMUMQUINTUM dicendum quod quanto aliquid est plus in actu, tanto perfectius est; quanto autem aliquid est plus in potentia, tanto est imperfectius. Imperfecta autem a perfectis sumunt originem, et non e converso. Unde non oportet quod omne quod quocumque modo est in potentia, hoc habeat a pura potentia quae est materia. Et in hoc videtur fuisse deceptus Avicebron in libro fontis vitae, dum credidit quod omne illud quod est in potentia vel subiectum, quodammodo hoc habeat ex prima materia.

modo, porém, que por matéria não se intelija a *materia prima*, senão enquanto pela forma recebe certo ser imperfeito e material com respeito ao ser específico; assim, o ser do animal é imperfeito e material com respeito ao homem. No entanto, tal duplo ser não é segundo tal e tal forma, mas segundo uma [só] forma, que no homem dá não só o que é ser animal, mas o que é ser homem. Mas a alma de outro animal dá-lhe só o ser animal; por isso o animal comum não é uno segundo o número, mas só segundo a razão, porque não é por uma única e mesma forma que o homem e o asno são animais. Subtraída, portanto, a matéria das substâncias espirituais, permanece nelas o gênero e a diferença não segundo matéria e forma, mas enquanto se considera na substância espiritual tanto o que lhe é comum a ela e às substâncias mais imperfeitas como, ainda, o que lhe é próprio.

25. QUANTO AO VIGÉSIMO QUINTO, deve dizer-se que, quanto mais algo está em ato, tanto mais perfeito é; quanto porém mais está em potência, tanto mais imperfeito é. Ora, as coisas imperfeitas têm origem nas perfeitas, e não ao revés. Por isso não é necessário que tudo o que de algum modo está em potência o receba da pura potência que é a matéria. E nisto parece que se enganou Avicebrão no livro *Fons Vitae*, ao crer que tudo o que está em potência ou é sujeito o tem de algum modo da *materia prima*.

ARTICULUS 2

Secundo quaeritur utrum substantia spiritualis possit uniri corpori

Et videtur quod non.

1. Dicit enim Dionysius cap. I de Divin. Nomin., quod incorporalia sunt incomprehensibilia a corporalibus. Sed omnis forma comprehenditur a materia, cum sit actus eius. Ergo substantia spiritualis incorporea non potest esse forma corporis.

2. Praeterea, secundum philosophum in libro de somno et vigilia cuius est potentia eius est actio. Sed operatio propria substantiae spiritualis est intelligere, quae non potest esse corporis: quia non contingit intelligere per organum corporeum, ut probatur in III de anima. Ergo potentia intellectiva non potest esse forma corporis; ergo neque substantia spiritualis, in qua fundatur talis potentia, potest esse forma corporis.

3. Praeterea, quod advenit alicui post esse completum, advenit ei accidentaliter. Sed substantia spiritualis habet in se esse subsistens. Si igitur adveniat ei corpus, adveniet ei accidentaliter. Non ergo potest ei uniri ut forma substantialis.

4. Sed dicebat, quod anima, in quantum est spiritus, est per se subsistens; in quantum autem est anima, unitur ut forma.- Sed contra, anima secundum suam essentiam est spiritus; aut igitur secundum suam essentiam est forma corporis, aut secundum aliquid additum essentiae. Si autem secundum aliquid additum essentiae, cum omne illud quod advenit alicui supra essentiam suam sit accidentale, sequitur quod anima per aliquod accidens uniatur corpori; et sic homo est ens per accidens, quod est inconveniens. Ergo unitur ei per suam essentiam, in quantum est spiritus.

ARTIGO 2

Em segundo, indaga-se se a substância espiritual pode unir-se a um corpo[42]

E PARECE QUE NÃO.

1. Com efeito, diz Dionísio no capítulo I de *De Div. Nomin.*[43] que as coisas incorpóreas são incompreensíveis para as corpóreas. Mas toda forma se compreende pela matéria, porque é ato desta. Logo, a substância espiritual incorpórea não pode ser forma de um corpo.

2. Ademais, segundo o Filósofo no livro *De Somno et Vigilia*,[44] a ação é do mesmo que tem a potência. Mas a operação própria da substância espiritual é inteligir, que não pode ser de um corpo: porque o inteligir não se dá por órgão corpóreo, como se prova no livro III de *De Anima.*[45] Logo, a potência intelectiva não pode ser forma de um corpo; logo, tampouco a substância espiritual, na qual se funda tal potência, pode ser forma de um corpo.

3. Ademais, o que advém a algo posteriormente ao ser completo advém-lhe acidentalmente. Mas a substância espiritual tem em si o ser subsistente. Se pois lhe advém um corpo, advém-lhe acidentalmente. Não pode, por conseguinte, unir-se ao corpo como forma substancial.

4. Mas dizia que a alma, enquanto é espírito, é subsistente por si; enquanto porém é alma, une-se como forma. – Mas, contrariamente, a alma segundo sua essência é espírito; é forma do corpo, ou segundo sua essência, ou segundo algo adicionado à essência. Se porém o é segundo algo adicionado à essência, como tudo o que advém sobre sua essência é acidental, segue-se que a alma se une ao corpo por algum acidente; e assim o homem é ente *per accidens*, o que é inconveniente. Logo, une-se a ele por sua essência, enquanto é espírito.

5. Praeterea, forma non est propter materiam, sed materia propter formam. Unde anima non unitur corpori ut perficiatur corpus; sed magis corpus, si anima est forma, unitur ei propter animae perfectionem. Sed anima ad sui perfectionem non indiget corpore, cum sine corpore possit esse et intelligere. Ergo anima non unitur corpori ut forma.

6. Praeterea, unio formae et materiae est naturalis. Sed unio animae ad corpus non est naturalis, sed miraculosa; dicitur enim in libro de spiritu et anima: *plenum fuit miraculo quod tam diversa et tam divisa ad invicem potuerunt coniungi*. Ergo anima non unitur corpori ut forma.

7. Praeterea, secundum philosophum in libro de caelo, omnis debilitatio est praeter naturam. Quidquid ergo debilitat aliquid, non unitur ei naturaliter. Sed anima debilitatur per unionem corporis; et quantum ad esse, quia corpus praegravat animam, ut dicitur in libro de spiritu et anima, et quantum ad operationem; quia non potest se cognoscere, nisi retrahendo se ab omnibus corporeis nexibus, ut in eodem libro dicitur. Ergo unio animae ad corpus non est naturalis; et sic idem quod prius.

8. Praeterea, Commentator dicit in VIII Metaph., quod cum id quod est in potentia, fit actu, hoc non fit per aliquod additum. Sed cum anima unitur corpori, additur corpori aliquod extrinsecum; quia anima creatur a Deo, et corpori infunditur. Ergo anima non est actus seu forma corporis.

9. Praeterea, forma educitur de potentia materiae. Sed substantia spiritualis non potest educi de potentia materiae corporalis. Ergo substantia spiritualis non potest uniri corpori ut forma.

10. Praeterea, maior est convenientia spiritus ad spiritum quam spiritus ad corpus. Sed spiritus non potest esse forma alterius spiritus. Ergo neque substantia spiritualis potest esse forma corporis.

11. Praeterea, Augustinus dicit, quod anima et Angelus sunt natura pares, officio dispares. Sed Angelus non potest esse forma corporis. Ergo neque anima.

12. Praeterea, Boetius dicit in libro de duabus naturis: *natura est unumquodque informans specifica differentia*. Sed eadem est specifica differentia animae et Angeli, scilicet rationale. Ergo eadem natura utriusque; et sic idem quod prius.

13. Praeterea, anima eodem modo se habet ad totum et partes; quia est tota in toto, et tota in qualibet parte. Sed substantia spiritualis, quae est

5. Ademais, a forma não é pela matéria, senão que a matéria é que é pela forma. Por isso a alma não se une ao corpo para que o corpo se perfaça, senão que antes o corpo, se a alma é forma, se une a ela pela perfeição da alma. Mas a alma não necessita para sua perfeição do corpo, porque sem o corpo pode ser e inteligir. Logo, a alma não se une ao corpo como forma.

6. Ademais, a união da forma e da matéria é natural. No entanto, a união da alma ao corpo não é natural, mas miraculosa; diz-se, com efeito, no livro *De Spiritu et Anima*:[46] "Foi um completo milagre que coisas tão diversas e tão separadas entre si tivessem podido unir-se". Logo, a alma não se une ao corpo como forma.

7. Ademais, segundo o Filósofo no livro *De Caelo*,[47] "toda debilitação é à margem da natureza". Qualquer coisa, pois, que debilita algo não se une a este naturalmente. Mas a alma se debilita pela união ao corpo, tanto quanto ao ser, porque o corpo sobrepesa a alma, como se diz no livro *De Spiritu et Anima*, como quanto à operação, porque só pode conhecer-se a si mesma retraindo-se de todos os nexos [ou vínculos] corpóreos, como se diz no mesmo livro.[48] Logo, a união da alma ao corpo não é natural; e assim o mesmo que antes.

8. Ademais, diz o Comentador no livro VIII da *Metafísica*[49] que, quando algo que está em potência se faz ato, isto não se faz por nenhuma adição. Mas, quando a alma se une ao corpo, adiciona-se ao corpo algo extrínseco, porque a alma é criada por Deus e infundida no corpo. Logo, a alma não é ato ou forma do corpo.

9. Ademais, a forma eduz-se da potência da matéria. Mas a substância espiritual não pode ser eduzida da potência da matéria corporal. Logo, a substância espiritual não pode unir-se ao corpo como forma.

10. Ademais, há maior conveniência de espírito a espírito que de espírito a corpo. Mas o espírito não pode ser forma de outro espírito. Logo, tampouco a substância espiritual pode ser forma de um corpo.

11. Ademais, diz Agostinho[50] que a alma e o anjo são de "natureza par, ofício díspar". Mas o anjo não pode ser forma de um corpo. Logo, tampouco a alma.

12. Ademais, diz Boécio no livro *De Duabus Naturis*:[51] "A natureza é o que informa cada coisa com a diferença específica". Mas a diferença específica da alma é a mesma que a do anjo, ou seja, racional. Logo, a natureza das duas é a mesma; e assim o mesmo que antes.

13. Ademais, a alma tem-se igualmente com respeito ao todo e às partes, porque está toda no todo, e toda em cada parte. Mas a substância espiritual, que é

intellectus, nullius partis corporis est actus, ut dicitur in III de anima. Ergo substantia spiritualis non est forma totius corporis.

14. Praeterea, forma naturalis existens in corpore, non operatur extra corpus. Sed anima existens in corpore operatur extra corpus: dicitur enim in Concilio Anquirensi de mulieribus quae putant se ad Dianam de nocte ire, quod eis advenit in spiritu quod putant se in corpore pati; et sic etiam spiritus eorum extra corpus operatur. Non ergo substantia spiritualis unitur corpori ut forma naturalis eius.

15. Praeterea, in libro de articulis fidei dicitur: *neque forma sine materia, neque materia sine forma subiectum esse potest*. Sed corpus est subiectum aliquorum accidentium. Ergo corpus non est materia sine forma. Si igitur substantia spiritualis advenit ei ut forma, sequeretur quod duae formae erunt in uno et eodem; quod est impossibile.

16. Praeterea, corruptibile et incorruptibile differunt genere, nec aliquid de eis dicitur univoce, ut patet per philosophum et Commentatorem eius in X Metaph. Plus ergo differt corruptibile et incorruptibile quam duo contraria, quae sunt species unius generis. Boetius enim dicit quod unum contrarium non iuvat aliud ad esse. Ergo substantia spiritualis cum sit incorruptibilis, non iuvat corpus corruptibile ad esse, et ita non est forma eius, cum forma det esse materiae.

17. Praeterea, quidquid unitur alteri per id quod non est de essentia eius, non unitur ei ut forma. Sed intellectus unitur corpori per phantasmata, quod non est de substantia intellectus, ut Commentator dicit in III de anima. Ergo substantia spiritualis, quae est intellectus, non unitur corpori ut forma.

18. Praeterea, omnis substantia spiritualis est intellectualis. Omnis autem substantia intellectualis est abstracta a materia, cum per immunitatem a materia sit aliquid intellectuale. Nulla ergo substantia spiritualis est forma in materia; et ita non potest uniri corpori ut forma.

19. Praeterea, ex materia et forma fit unum. Si igitur substantia spiritualis unitur corpori ut forma, oportet quod ex substantia spirituali et corpore fiat unum. Formae intelligibiles quae recipiuntur in intellectu, reciperentur in materia corporali; quod est impossibile: quia formae receptae in materia corporali, sunt intelligibiles tantum in potentia. Non ergo substantia spiritualis unitur corpori ut forma.

intelecto, "não é ato de nenhuma parte do corpo", como se diz no livro III de *De Anima*.⁵² Logo, a substância espiritual não é forma de todo o corpo.

14. Ademais, a forma natural existente num corpo não opera para além do corpo. Mas a alma existente no corpo opera para além do corpo: com efeito, diz-se no Concílio de Ancira,⁵³ acerca das mulheres que pensam que se reúnem com Diana de noite, que lhes advém no espírito o que pensam que padecem no corpo; e assim o espírito também opera para além do corpo. A substância espiritual, portanto, não se une ao corpo como sua forma natural.

15. Ademais, diz-se no livro *De Articulis Fidei*:⁵⁴ "Nem a forma sem matéria nem a matéria sem forma podem ser sujeito". Mas o corpo é sujeito de alguns acidentes. Logo, o corpo não é matéria sem forma. Se pois a substância espiritual lhe adviesse como forma, seguir-se-ia que haveria duas formas em um e mesmo [corpo], o que é impossível.

16. Ademais, corruptível e incorruptível diferem em gênero, e nada pode dizer-se univocamente dos dois, como se patenteia pelo dito pelo Filósofo e por seu Comentador no livro X da *Metafísica*.⁵⁵ O corruptível e o incorruptível, portanto, diferem mais que dois contrários, que são espécies de um mesmo gênero. Diz Boécio,⁵⁶ com efeito, que um contrário não ajuda o outro a ser. Logo, a substância espiritual, por ser incorruptível, não ajuda o corpo corruptível a ser, e assim não é sua forma, porque a forma dá o ser à matéria.

17. Ademais, tudo o que se une a outro pelo que não é de sua essência não se une a ele como forma. Mas o intelecto se une ao corpo pelos fantasmas, que não são da substância do intelecto, como diz o Comentador no livro III de *De Anima*.⁵⁷ Logo, a substância espiritual, que é intelecto, não se une ao corpo como forma.

18. Ademais, toda substância espiritual é intelectual. Ora, toda substância intelectual é abstraída da matéria, porque algo é intelectual por carência de matéria. Nenhuma substância espiritual, por conseguinte, é forma na matéria; e assim não pode unir-se ao corpo como forma.

19. Ademais, da matéria e da forma faz-se algo uno. Se pois a substância espiritual se une ao corpo como forma, é necessário que da substância espiritual e do corpo se faça algo uno. As formas inteligíveis que se recebem no intelecto então se receberiam na matéria corporal, o que é impossível: porque as formas recebidas na matéria corporal só são inteligíveis em potência. As substâncias espirituais, por conseguinte, não se unem ao corpo como forma.

Articulus 2

SED CONTRA, est quod Dionysius dicit IV cap. de Divin. Nomin., quod anima est substantia intellectualis habens vitam indeficientem. Sed anima est forma corporis, ut patet per eius definitionem, quae ponitur in II de anima. Ergo aliqua substantia spiritualis, sive intellectualis, unitur corpori ut forma.

RESPONDEO. Dicendum quod difficultas huius quaestionis ex hoc accidit, quia substantia spiritualis est quaedam res per se subsistens. Formae autem debetur esse in alio, id est in materia, cuius est actus et perfectio. Unde contra rationem substantiae spiritualis esse videtur quod sit corporis forma; et propter hoc Gregorius Nyssenus in suo libro quem de anima fecit, imposuit Aristoteli quod posuit animam non per se subsistentem esse, et corrumpi corrupto corpore, quia posuit eam entelechiam, idest actum vel perfectionem physici corporis. Sed tamen si quis diligenter consideret, evidenter apparet quod necesse est aliquam substantiam formam humani corporis esse. Manifestum est enim quod huic homini singulari, ut Socrati vel Platoni, convenit intelligere. Nulla autem operatio convenit alicui nisi per aliquam formam in ipso existentem, vel substantialem vel accidentalem; quia nihil agit aut operatur nisi secundum quod est actu. Est autem unumquodque actu per formam aliquam vel substantialem vel accidentalem, cum forma sit actus; sicut ignis est actu ignis per igneitatem, actu calidus per calorem. Oportet igitur principium huius operationis quod est intelligere, formaliter inesse huic homini. Principium autem huius operationis non est forma aliqua cuius esse sit dependens a corpore, et materiae obligatum sive immersum; quia haec operatio non fit per corpus, ut probatur in III de anima; unde principium huius operationis habet operationem sine communicatione materiae corporalis. Sic autem unumquodque operatur secundum quod est; unde oportet quod esse illius principii sit esse elevatum supra materiam corporalem, et non dependens ab ipsa. Hoc autem proprium est spiritualis substantiae. Oportet ergo dicere, si praedicta coniungantur, quod quaedam spiritualis substantia, sit forma humani corporis. Quidam vero concedentes quod intelligere sit actus spiritualis substantiae, negaverunt illam spiritualem substantiam uniri corpori ut forma. Quorum Averroes posuit intellectum possibilem, secundum esse, separatum a corpore. Vidit tamen quod nisi esset aliqua unio eius ad hunc hominem, actio

ARTIGO 2

Mas CONTRARIAMENTE está o que diz Dionísio no capítulo IV de *De Div. Nomin.*,[58] a saber, que a alma é substância intelectual que tem vida indeficiente [ou seja, que nunca falta ou que é perdurável]. Mas a alma é a forma do corpo, como se patenteia por sua definição, que se põe no livro II de *De Anima*.[59] Logo, alguma substância espiritual, ou intelectual, se une ao corpo como forma.

RESPONDO. Deve dizer-se que a dificuldade desta questão provém de que a substância espiritual é certa coisa subsistente por si. Ora, as formas devem ser em outro, isto é, na matéria, de que são ato e perfeição. Por isso, parece ser contra a razão de substância espiritual que seja forma do corpo; e por isso Gregório de Nissa, em seu livro *De Anima*,[60] atribuiu a Aristóteles o pôr que a alma não é subsistente por si e se corrompe quando se corrompe o corpo, por ter posto que ela é a entelequia, isto é, o ato ou a perfeição do corpo físico. Se todavia o consideramos diligentemente, aparece evidentemente que é necessário que alguma substância seja a forma do corpo humano. É manifesto, com efeito, que a este homem singular, como Sócrates ou Platão, convém inteligir. Ora, nenhuma operação convém a nada senão por alguma forma existente nele, ou substancial ou acidental; porque nada age ou opera senão enquanto está em ato. Mas toda e qualquer coisa está em ato por alguma forma ou substancial ou acidental, porque a forma é ato: assim, o fogo é em ato fogo pela igneidade, e é quente em ato pelo calor. É necessário, portanto, que o princípio da operação que é inteligir se dê formalmente neste homem. Mas o princípio desta operação não é uma forma cujo ser seja dependente do corpo e esteja submetido à matéria e imerso nela, porque esta operação não se faz pelo corpo, como se prova no livro II de *De Anima*;[61] daí que o princípio desta operação tenha operação sem comunicação com a matéria corporal. Se no entanto toda e qualquer coisa opera segundo o que é, então é necessário que o ser desse princípio seja ser elevado sobre a matéria corporal e não dependente dela. Mas isto é próprio da substância espiritual. É necessário dizer, portanto, se se conjuga com o já dito, que certa substância espiritual é a forma do corpo humano. No entanto, alguns defensores de que o inteligir seja o ato da substância espiritual negaram que a substância espiritual se une ao corpo como forma. Entre estes está Averróis,[62] que pôs que o intelecto possível, segundo o ser, é separado do corpo. Viu todavia que, se não houvesse uma união sua a este homem, sua ação não poderia pertencer

eius ad hunc hominem pertinere non posset. Si enim sint duae substantiae omnino disiunctae, una agente vel operante, alia non dicitur operari. Unde posuit intellectum illum, quem dicebat separatum omnino secundum esse a corpore, continuari cum hoc homine per phantasmata, hac ratione, quia species intelligibilis, quae est perfectio intellectus possibilis, fundatur in phantasmatibus a quibus abstrahitur. Sic ergo habet duplex esse: unum in intellectu possibili, cuius est forma; et aliud in phantasmatibus, a quibus abstrahitur. Phantasmata autem sunt in hoc homine, quia virtus imaginativa est virtus in corpore, id est habens organum corporale. Ipsa ergo species intelligibilis est medium coniungens intellectum possibilem homini singulari. Sed haec continuatio nullo modo sufficit ad hoc quod hic homo singularis intelligat. Ut enim Aristoteles dicit in Lib. III de anima, phantasmata comparantur ad intellectum possibilem sicut color ad visum. Sic igitur species intelligibilis a phantasmatibus abstracta, est in intellectu possibili, sicut species coloris in sensu visus; sic autem est in phantasmatibus intelligibilis species sicut species visibilis est in colore parietis. Per hoc autem quod species visibilis, quae est forma visus, fundatur in colore parietis, non coniungitur visus parieti ut videnti, sed ut viso; non enim per hoc paries videt, sed videtur. Non enim hoc facit cognoscentem, ut sit in eo forma cuius similitudo est in potentia cognoscente; sed ut sit in ipso cognoscitiva potentia. Neque igitur hic homo per hoc erit intelligens quod sunt in eo phantasmata, quorum similitudo, quae est species intelligibilis, est in intellectu possibili; sed sequitur per hoc quod sua phantasmata sint aliorum intellecta. Sed oportet ipsum intellectum possibilem, qui est potentia intelligens, formaliter inesse huic homini ad hoc quod hic homo intelligat. Videtur etiam in ipsa ratione continuationis defecisse; cum species intelligibilis non sit unum cum intellectu possibili, nisi in quantum est abstracta a phantasmatibus: sic enim solum est intellecta in actu; secundum autem quod est in phantasmatibus, est intellecta solum in potentia. Per hoc igitur magis demonstratur disiunctio intellectus possibilis a phantasmatibus quam continuatio. Oportet enim illa esse omnino disiuncta, quorum uni aliquid uniri non potest, nisi fuerit ab altero separatum. Hac igitur opinione reiecta tanquam impossibili, considerandum est quod Plato efficacius posuit hunc hominem intelligere, nec tamen substantiam spiritualem uniri corpori ut formam. Ut enim Gregorius Nyssenus narrat, Plato posuit substantiam intellectivam, quae dicitur anima,

a este homem. Se, com efeito, são duas substâncias de todo disjuntas, uma das quais agente ou operante, não se poderia dizer que a outra operasse. Por isso pôs que esse intelecto, que dizia de todo separado do corpo segundo o ser, se continua com este homem pelos fantasmas, pela razão de que a espécie inteligível, que é a perfeição do intelecto possível, se funda nos fantasmas, de que é abstraída. Assim, portanto, tem duplo ser: um no intelecto possível, de que é forma; e outro nos fantasmas, de que é abstraída. Mas os fantasmas estão neste homem, porque a virtude imaginativa é virtude no corpo, isto é, tem órgão corporal. A mesma espécie inteligível, portanto, é meio que conjunta o intelecto possível ao homem singular. Mas esta continuação de modo algum é suficiente para que o homem singular inteliga. Como, com efeito, diz Aristóteles no livro III de *De Anima*,[63] os fantasmas comparam-se ao intelecto possível como a cor à visão. Assim, pois, a espécie inteligível abstraída dos fantasmas está no intelecto possível como a espécie da cor está no sentido da visão; a espécie inteligível, todavia, está nos fantasmas como a espécie visível está na cor da parede. Ora, pelo fato de que a espécie visível, que é forma da visão, se funda na cor da parede, a visão não se conjunta à parede como vidente, mas como visto; por isso, com efeito, a parede não vê, senão que é vista. Com efeito, o homem não se faz cognoscente pelo fato de que esteja nele a forma de cuja similitude é em potência cognoscente; mas pelo fato de que há nele a potência cognoscitiva. Tampouco, portanto, este homem será inteligente pelo fato de que haja nele fantasmas, cuja similitude, que é a espécie inteligível, está no intelecto possível; mas segue-se disso que seus fantasmas são inteligidos por ele.[64] Mas é necessário que o próprio intelecto possível, que é em potência inteligente, seja formalmente inerente a este homem para que este homem inteliga. Parece ainda que se enganou no próprio argumento da continuação, porque a espécie inteligível não é algo uno com o intelecto possível senão enquanto é abstraída dos fantasmas: assim, com efeito, só é inteligida em ato; mas, enquanto está nos fantasmas, é inteligida só em potência. Por isso, portanto, mais se demonstra a disjunção do intelecto possível com respeito aos fantasmas do que sua continuação. Com efeito, é necessário que duas coisas estejam de todo separadas para que possam unir-se entre si.[65] Rejeitada pois esta opinião por impossível, deve considerar-se que mais eficazmente Platão pôs que este homem inteligem, sem que, todavia, a substância espiritual se una ao corpo como forma. Como, com efeito, refere Gregório de Nissa,[66] Platão pôs que a substância intelectiva que se diz alma se une ao corpo por

uniri corpori per quemdam spiritualem contactum: quod quidem intelligitur secundum quod movens vel agens tangit motum aut passum, etiam si sit incorporeum. Ex qua ratione dicit Aristoteles in I de generatione quod quaedam tangunt et non tanguntur, quia agunt et non patiuntur. Unde dicebat Plato, ut dictus Gregorius refert, quod homo non est aliquid compositum ex anima et corpore, sed est anima utens corpore, ut intelligatur esse in corpore quodammodo sicut nauta in navi. Quod videtur tangere Aristoteles in II de anima. Sic igitur et hic homo intelligit in quantum hic homo est ipsa substantia spiritualis, quae est anima, cuius actus proprius est intelligere; hac tamen substantia forma corporis non existente. Sed ad huius rationis improbationem unum sufficiat, quod Aristoteles in II de anima inducit directe contra hanc positionem. Si enim anima non uniretur corpori ut forma, sequeretur quod corpus et partes eius non haberent esse specificum per animam; quod manifeste falsum apparet: quia recedente anima non dicitur oculus aut caro et os nisi aequivoce, sicut oculus pictus vel lapideus. Unde manifestum est quod anima est forma et quod quid erat esse huius corporis, id est a qua hoc corpus habet rationem suae speciei. Qualiter autem hoc esse possit inquirendum est. Considerandum est autem quod quanto aliqua forma est perfectior, tanto magis supergreditur materiam corporalem; quod patet inducenti in diversis formarum ordinibus. Forma enim elementi non habet aliquam operationem nisi quae fit per qualitates activas et passivas; quae sunt dispositiones materiae corporalis. Forma autem corporis mineralis habet aliquam operationem excedentem qualitates activas et passivas, quae consequitur speciem ex influentia corporis caelestis; ut quod magnes attrahit ferrum, et quod sapphyrus curat apostema. Ulterius autem anima vegetabilis habet operationem, cui quidem deserviunt qualitates activae et passivae organicae; sed tamen supra posse huiusmodi qualitatum, ipsa effectum proprium sortitur nutriendo et augendo usque ad determinatum terminum, et alia huiusmodi complendo. Anima autem sensitiva ulterius habet operationem, ad quam nullo modo se extendunt qualitates activae et passivae, nisi quatenus exiguntur ad compositionem organi per quod talis operatio exercetur, ut videre, audire, appetere et huiusmodi. Perfectissima autem formarum, id est anima humana, quae est finis omnium formarum naturalium, habet operationem omnino excedentem materiam, quae non fit per organum corporale, scilicet intelligere.

certo contato espiritual: o que, com efeito, se intelige enquanto o movente ou agente toca o movido ou padecente, ainda que [aquele] seja incorpóreo. Por essa razão diz Aristóteles no livro I de *De Generatione*[67] que certas coisas tocam e não são tocadas, porque agem e não padecem. Por isso dizia Platão, como refere o dito por Gregório, que o homem não é algo composto de alma e de corpo, senão que é uma alma que utiliza um corpo, o que se intelige como estando no corpo como um nauta numa nau – o que Aristóteles parece tocar no livro II de *De Anima*.[68] Assim, pois, este homem intelige enquanto este homem é a mesma substância espiritual, que é a alma, cujo ato próprio é inteligir; esta substância, no entanto, não existe como forma do corpo. Para refutar porém esse argumento, é suficiente o que Aristóteles, no livro II de *De Anima*,[69] induz diretamente contra essa posição. Se, com efeito, [a alma] não se unisse ao corpo como forma, seguir-se-ia que o corpo e suas partes não teriam ser específico pela alma, o que aparece manifestamente falso: porque, afastada a alma, não diremos olho ou carne e osso senão equivocamente, como o olho pintado ou esculpido. Por isso é manifesto que a alma é a forma e *quod quid erat esse*[70] este corpo, isto é, o de que este corpo tem a razão de sua espécie. Deve-se porém inquirir de que modo isso é possível. E há que considerar que, quanto mais perfeita é uma forma, tanto mais está acima da matéria corporal, o que se patenteia se se considera nas diversas ordens de formas. Com efeito, a forma do elemento não tem nenhuma operação além da que se faz pelas qualidades ativas e passivas, que são disposições da matéria corporal. Ora, a forma do corpo mineral tem alguma operação que excede as qualidades ativas e passivas, e que é consecutiva à espécie por influência do corpo celeste, assim como o ímã atrai o ferro, e como a safira cura os abscessos. Ademais, porém, a alma vegetativa[71] tem uma operação para a qual se serve das qualidades ativas e passivas orgânicas; mas, para além do poder de tais qualidades, ela mesma alcança um efeito próprio nutrindo e fazendo crescer até determinado termo, e cumprindo outras coisas semelhantes. A alma sensitiva, todavia, tem ademais uma operação a que de modo algum se estendem as qualidades ativas e passivas senão enquanto se exigem para a composição do órgão pelo qual tal operação se exerce, como ver, ouvir, apetecer e outras que tais. Mas a mais perfeita das formas, isto é, a alma humana, que é o fim de todas as formas naturais, tem uma operação que excede totalmente a matéria e pois não é feita por órgão corporal, ou seja, o inteligir. E, como o ser da coisa é proporcionado à sua operação, como se disse, dado que toda coisa opera

Et quia esse rei proportionatur eius operationi, ut dictum est, cum unumquodque operetur secundum quod est ens; oportet quod esse animae humanae superexcedat materiam corporalem, et non sit totaliter comprehensum ab ipsa, sed tamen aliquo modo attingatur ab ea. In quantum igitur supergreditur esse materiae corporalis, potens per se subsistere et operari, anima humana est substantia spiritualis; in quantum vero attingitur a materia, et esse suum communicat illi, est corporis forma. Attingitur autem a materia corporali ea ratione quod semper supremum infimi ordinis attingit infimum supremi, ut patet per Dionysium VII cap. de Divin. Nomin.; et ideo anima humana quae est infima in ordine substantiarum spiritualium, esse suum communicare potest corpori humano, quod est dignissimum, ut fiat ex anima et corpore unum sicut ex forma et materia. Si vero substantia spiritualis esset composita ex materia et forma, impossibile esset quod esset forma corporalis: quia de ratione materiae est quod non sit in alio, sed quod ipsa sit primum subiectum.

1. AD PRIMUM ERGO dicendum quod substantia spiritualis, licet non comprehendatur a corpore, attingitur tamen aliqualiter ab eo, ut dictum est.

2. AD SECUNDUM dicendum quod intelligere est operatio animae humanae secundum quod superexcedit proportionem materiae corporalis, et ideo non fit per aliquod organum corporale. Potest tamen dici, quod ipsum coniunctum, id est homo, intelligit, in quantum anima, quae est pars eius formalis, habet hanc operationem propriam, sicut operatio cuiuslibet partis attribuitur toti; homo enim videt oculo, ambulat pede, et similiter intelligit per animam.

3. AD TERTIUM dicendum quod anima habet esse subsistens, in quantum esse suum non dependet a corpore, utpote supra materiam corporalem elevatum. Et tamen ad huius esse communionem recipit corpus, ut sic sit unum esse animae et corporis, quod est esse hominis. Si autem secundum aliud esse uniretur sibi corpus, sequeretur quod esset unio accidentalis.

4. AD QUARTUM dicendum quod anima secundum suam essentiam est forma corporis, et non secundum aliquid additum. Tamen in quantum attingitur a corpore, est forma; in quantum vero superexcedit corporis proportionem, dicitur spiritus, vel spiritualis substantia.

enquanto é ente, é necessário que o ser da alma humana sobre-exceda a matéria corporal, e não esteja totalmente compreendido nesta, ainda que de algum modo seja alcançado por ela. Enquanto, pois, sobre-excede o ser da matéria corporal, podendo subsistir e operar por si, a alma humana é substância espiritual; enquanto, todavia, é alcançada pela matéria, e comunica a esta seu ser, é forma do corpo. Mas é alcançada pela matéria corporal em razão de que sempre o supremo da ordem ínfima alcança o ínfimo da ordem suprema, como se patenteia pelo dito por Dionísio no capítulo VIII de *De Div. Nomin.*;[72] e por isso mesmo a alma humana, que é ínfima na ordem das substâncias espirituais, pode comunicar seu ser ao corpo humano, que é digníssimo, para fazer da alma e do corpo algo uno como de forma e de matéria. Se porém a substância espiritual fosse composta de matéria e de forma, seria impossível que fosse forma corporal: porque é da razão da matéria que não seja em outro, senão que seja o primeiro sujeito.

1. Quanto ao primeiro, portanto, deve dizer-se que a substância espiritual, conquanto não esteja compreendida no corpo, é alcançada porém de algum modo por ele, como se disse.

2. Quanto ao segundo, deve dizer-se que inteligir é uma operação da alma humana enquanto sobre-excede a proporção da matéria corporal, e por isso não se faz por nenhum órgão corporal. Pode dizer-se, todavia, que o mesmo conjunto, ou seja, o homem, intelige, porquanto a alma, que é sua parte formal, tem tal operação própria, assim como a operação de cada uma das partes se atribui ao todo; o homem, com efeito, vê com os olhos, anda com os pés, e similarmente intelige com a alma.

3. Quanto ao terceiro, deve dizer-se que a alma tem ser subsistente enquanto seu ser não depende do corpo, dado que se eleva sobre a matéria corporal. E, no entanto, para a comunhão deste ser recebe o corpo, para que assim seja uno o ser da alma e do corpo, o que é ser homem. Se porém o corpo se lhe unisse segundo outro ser, seguir-se-ia que seria uma união acidental.

4. Quanto ao quarto, deve dizer-se que é segundo sua essência que a alma é forma do corpo, e não segundo algo adicionado. Enquanto porém é alcançada pelo corpo, é forma; mas, enquanto sobre-excede a proporção do corpo, diz-se espírito, ou substância espiritual.

5. Ad quintum dicendum quod nulla pars habet perfectionem naturae separata a toto. Unde anima, cum sit pars humanae naturae, non habet perfectionem suae naturae nisi in unione ad corpus. Quod patet ex hoc quod in virtute ipsius animae est quod fluant ab ea quaedam potentiae quae non sunt actus organorum corporalium, secundum quod excedit corporis proportionem; et iterum quod fluant ab ea potentiae quae sunt actus organorum, in quantum potest contingi a materia corporali. Non est autem aliquid perfectum in sua natura, nisi actu explicari possit quod in eo virtute continetur. Unde anima, licet possit esse et intelligere a corpore separata, tamen non habet perfectionem suae naturae cum est separata a corpore ut Augustinus dicit, XII super Genes. ad litteram.

6. Ad sextum dicendum quod miraculum non accipitur ibi secundum quod dividitur contra naturalem operationem, sed secundum quod etiam ipsa naturalia opera miracula dicuntur, prout ab incomprehensibili divina virtute procedunt. Et hoc modo dicit Augustinus super Ioan., quod mirabilius est quod Deus ex paucis granis tantam segetum multitudinem producit, quae sufficiat ad totius humani generis satietatem, quam quod ex quinque panibus quinque millia hominum satiavit.

7. Ad septimum dicendum quod illud per quod debilitatur aliquid, praeintellecta sua natura, non est naturale. Contingit tamen plerumque quod aliquid est pertinens ad naturam alicuius, ex quo tamen sequitur in eo aliqua debilitatio aut defectus: sicut componi ex contrariis est naturale animali, ex quo sequitur in eo mors et corruptio. Et similiter naturale est animae quod indigeat phantasmatibus ad intelligendum; ex quo tamen sequitur quod diminuatur in intelligendo a substantiis superioribus. Quod autem dicitur, quod anima a corpore praegravatur, hoc non est ex eius natura, sed ex eius corruptione, secundum illud Sapient. IX: *corpus quod corrumpitur aggravat animam*. Quod vero dicitur quod abstrahit se a nexibus corporalibus ut se intelligat, intelligendum est quod abstrahit se ab eis quasi ab obiectis, quia anima intelligitur per remotionem omnis corporeitatis; non tamen ab eis abstrahitur secundum esse. Quinimmo, quibusdam corporeis organis laesis, non potest anima directe nec se nec aliud intelligere, ut quando laeditur cerebrum.

8. Ad octavum dicendum quod quanto aliqua forma est altior, tanto plus indiget a potentiori agente produci. Unde cum anima humana sit

5. Quanto ao quinto, deve dizer-se que, separada do todo, nenhuma parte tem a perfeição da natureza. Por isso a alma, por ser parte da natureza humana, não tem a perfeição de sua natureza senão em união com o corpo – o que se patenteia de que na mesma virtude da alma está que fluam dela certas potências que não são atos de órgãos corporais, enquanto ela excede a proporção do corpo; e ainda que fluam dela potências que são atos de órgãos, enquanto pode ser atingida pela matéria corporal. Não há porém nada perfeito em sua natureza se não pode desdobrar em ato o que contém em sua virtude. Por isso a alma, conquanto possa ser e inteligir separada do corpo, não tem todavia a perfeição de sua natureza quando está separada do corpo, como diz Agostinho no livro XII de *Super Gen. ad Litt.*[73]

6. Quanto ao sexto, deve dizer-se que milagre não se entende aí enquanto se divide contra operação natural, mas enquanto também as mesmas obras naturais se dizem milagres, na medida em que procedem da incompreensível virtude divina. E, desse modo, diz Agostinho em *In Ioann.*[74] que é mais milagre que Deus produza de poucos grãos multidão de messes suficiente para saciar a todo o gênero humano do que o ter saciado cinco mil homens com cinco pães.

7. Quanto ao sétimo, deve dizer-se que aquilo pelo qual algo se debilita, preinteligida sua natureza, não é natural. Mas sucede muitas vezes que algo pertence à natureza de uma coisa e, no entanto, disso se segue nesta alguma debilitação ou defeito: assim como é natural ao animal compor-se de contrários e disso se seguem nele a morte e a corrupção. E semelhantemente é natural à alma necessitar de fantasmas para inteligir, do que porém se segue que seja inferior no inteligir às substâncias superiores. Quando todavia se diz que o corpo sobrepesa a alma, não se diz porque tal decorra de sua natureza, mas de sua corrupção, segundo aquilo de Sabedoria 9,15:[75] "O corpo que se corrompe agrava a alma". Quando porém se diz que para inteligir-se ela se abstrai dos nexos [ou vínculos] corporais, deve entender-se que se abstrai deles como de objetos, porque a alma se intelige por remoção de toda a corporeidade; não todavia que se abstraia deles segundo o ser. Mais ainda, se se lesam certos órgãos corporais, não pode a alma inteligir-se diretamente a si nem a nenhuma outra coisa, como quando se lesa o cérebro.

8. Quanto ao oitavo, deve dizer-se que, quanto mais alta é uma forma, tanto mais necessita ser produzida por um agente mais potente. Por isso, como a alma humana é a mais alta de todas as formas, é produzida pelo agente mais potente, ou seja, Deus; mas de outro modo que as outras formas pelos demais agentes. Pois

altissima omnium formarum, producitur a potentissimo agente, scilicet Deo; alio tamen modo quam aliae formae a quibuscumque agentibus. Nam aliae formae non sunt subsistentes: unde esse non est earum, sed eis aliqua sunt; unde fieri earum est secundum quod materia vel subiectum reducitur de potentia in actum: et hoc est educi formam de potentia materiae absque additione alicuius extrinseci. Sed ipsa anima habet esse subsistens; unde sibi proprie debetur fieri, et corpus trahitur ad esse eius. Et propter hoc dicitur quod est ab extrinseco, et quod non educitur de potentia materiae.

9. Unde patet solutio ad nonum.

10. Ad decimum dicendum quod spiritus magis convenit cum spiritu quam corpore convenientia naturae; sed convenientia proportionis, quae requiritur inter formam et materiam, magis convenit spiritus cum corpore quam spiritus cum spiritu: cum duo spiritus sint duo actus, corpus autem comparetur ad animam sicut potentia ad actum.

11. Ad undecimum dicendum quod Angelus et anima sunt pares natura generis, in quantum utrumque est intellectualis substantia. Sed Angelus natura speciei est superior, ut patet per Dionysium, IV cap. Caelest. hierarchiae.

12. Ad duodecimum dicendum quod rationale proprie acceptum est differentia animae, non Angeli, sed magis intellectuale, ut Dionysius utitur; quia Angelus non cognoscit veritatem per discursum rationis, sed simplici intuitu, quod est proprie intelligere. Si tamen rationale large accipiatur tunc dicendum est, quod non est ultima differentia specifica, sed dividitur per alias specificas differentias, propter diversos gradus intelligendi.

13. Ad decimumtertium dicendum quod intellectus non dicitur esse actus partis alicuius corporis, in quantum est potentia non utens organo; ipsa tamen substantia animae unitur corpori ut forma, sicut dictum est.

14. Ad decimumquartum dicendum quod illis mulieribus discursus dicitur accidere in spiritu; non quod spiritus, id est substantia animae, extra corpus operetur; sed quia in spiritu, hoc est in phantastico animae, huiusmodi visa formantur.

15. Ad decimumquintum dicendum quod materia sine forma, proprie loquendo non potest esse subiectum, secundum quod subiectum proprie dicitur aliquid ens actu; sed quod corpus animatum sit ens actu, ut possit esse subiectum, non habet ab alia forma quam ab anima, ut infra patebit.

as outras formas não são subsistentes: razão por que o ser não é seu; mas algumas coisas são suas; por isso seu fazer-se é segundo a redução da matéria ou sujeito a ato: e isto é eduzir da potência da matéria a forma sem nenhuma adição extrínseca. Mas a mesma alma tem ser subsistente; por isso se deve a ela propriamente o fazer-se, e o corpo é levado a seu ser. E por isso mesmo se diz que é *ab extrinseco* [de fora, que vem de fora], e que não é eduzida da potência da matéria.

9. Com isso patenteia-se a solução AO NONO.

10. QUANTO AO DÉCIMO, deve dizer-se que o espírito convém mais com um espírito do que com o corpo com *conveniência de natureza*; mas, com *conveniência de proporção*, que se requer entre forma e matéria, o espírito mais convém com o corpo do que o espírito com um espírito: porque dois espíritos são dois atos, mas o corpo se compara à alma como a potência ao ato.

11. QUANTO AO UNDÉCIMO, deve dizer-se que a alma e o anjo são pares pela natureza do gênero, enquanto ambos são substâncias intelectuais. Mas o anjo é superior pela natureza da espécie, como se patenteia pelo que diz Dionísio no capítulo IV de *Cael. Hierar.*[76]

12. QUANTO AO DUODÉCIMO, deve dizer-se que, tomado propriamente, racional é a diferença da alma, não do anjo, cuja diferença é antes "intelectual", como usa Dionísio, porque o anjo não conhece a verdade por discurso da razão, mas por um simples olhar, o que é propriamente inteligir. Se todavia racional se toma em sentido lato, deve dizer-se que não é a última diferença específica, senão que se divide por outras diferenças específicas, por causa dos diversos graus de inteligir.

13. QUANTO AO DÉCIMO TERCEIRO, deve dizer-se que não se diz que o intelecto é ato de alguma parte do corpo, enquanto é potência que não se serve de órgão; no entanto, a mesma substância da alma une-se ao corpo como forma, como se disse.

14. QUANTO AO DÉCIMO QUARTO, deve dizer-se que se diz que o vaivém de tais mulheres acontece no espírito não porque o espírito, isto é, a substância da alma, opere fora do corpo, mas porque tais visões se formam no espírito, isto é, no fantástico da alma.

15. QUANTO AO DÉCIMO QUINTO, deve dizer-se que, falando propriamente, a matéria sem forma não pode ser sujeito, enquanto sujeito se diz propriamente de algum ente em ato; que porém o corpo animado seja ente em ato, justamente para poder ser sujeito, não o tem senão da forma que é a alma, como se patenteará mais adiante [a. 3].

16. Ad decimumsextum dicendum quod corruptibile et incorruptibile non conveniunt in genere secundum considerationem naturalem, propter diversum modum essendi, et diversam rationem potentiae in utroque; licet possint convenire in genere logico, quod accipitur secundum intentionem intelligibilem solum. Anima autem, licet sit incorruptibilis, non tamen est in alio genere quam corpus; quia cum sit pars humanae naturae, non competit sibi esse in genere vel specie, vel esse personam aut hypostasim, sed composito. Unde etiam nec hoc aliquid dici potest, si per hoc intelligatur hypostasis vel persona, vel individuum in genere aut specie collocatum. Sed si hoc aliquid dicatur omne quod potest per se subsistere, sic anima est hoc aliquid.

17. Ad decimumseptimum dicendum quod illa positio Commentatoris est impossibilis, ut ostensum est.

18. Ad decimumoctavum dicendum quod de ratione substantiae intellectualis est, quod sit immunis a materia a qua dependeat eius esse, sicut totaliter comprehensum a materia. Unde nihil prohibet animam esse substantiam intellectualem et formam corporis, ut supra dictum est.

19. Ad decimumnonum dicendum quod ex anima humana et corpore ita fit unum, quod tamen anima superexcedat corporis proportionem; et ex ea parte qua corpus excedit, attribuitur ei potentia intellectiva. Unde non oportet quod species intelligibiles quae sunt in intellectu, recipiantur in materia corporali.

16. Quanto ao décimo sexto, deve dizer-se que corruptível e incorruptível não convêm em gênero segundo uma consideração natural porque haja neles modos diversos de ser e diversa razão de potência, ainda que possam convir num gênero lógico, que se toma tão somente segundo uma intenção inteligível. A alma, contudo, ainda que seja incorruptível, não está porém em outro gênero que o do corpo, porque, sendo parte da natureza humana, não lhe compete estar num gênero ou numa espécie, ou ser pessoa ou hipóstase, mas ao composto. Daí que tampouco a possamos dizer "*hoc aliquid*", se por isto se entende hipóstase ou pessoa, ou indivíduo colocado num gênero ou numa espécie. Se todavia "*hoc aliquid*" se diz de tudo o que pode subsistir por si, então a alma é *hoc aliquid*.

17. Quanto ao décimo sétimo, deve dizer-se que esta posição do Comentador é impossível, como se mostrou.

18. Quanto ao décimo oitavo, deve dizer-se que é da razão da substância intelectual que seja isenta de matéria de que dependa seu ser, como [seria se fosse] totalmente compreendida pela matéria. Por isso nada proíbe que a alma seja substância intelectual e forma do corpo, como anteriormente se disse.

19. Quanto ao décimo nono, deve dizer-se que da alma humana e do corpo se faz, sim, algo uno, mas a alma ultrapassa a proporção do corpo; e, pela parte que excede o corpo, atribui-se-lhe a potência intelectiva. Por isso não é necessário que as espécies inteligíveis que estão no intelecto se recebam na matéria corporal.

ARTICULUS 3

Tertio quaeritur utrum substantia spiritualis, quae est anima humana, uniatur corpori per medium

Et videtur quod sic.

1. Dionysius enim dicit, quod suprema coniunguntur infimis per media. Sed inter substantiam spiritualem et corpus sunt media anima vegetabilis et sensibilis. Ergo substantia spiritualis, quae est anima rationalis, unitur corpori mediante vegetabili et sensibili.

2. Praeterea, philosophus dicit in II de anima, quod est actus corporis organici potentia vitam habentis. Corpus ergo physicum organicum potentia vitam habens comparatur ad animam ut materia ad formam. Sed hoc, scilicet corpus physicum organicum, non est nisi per aliquam formam substantialem. Ergo illa forma substantialis, quaecumque sit, praecedit in materia substantiam spiritualem, quae est anima rationalis; et eadem ratione aliae formae consequentes, quae sunt anima sensibilis et vegetabilis.

3. Praeterea, quamvis materia non sit genus nec differentia forma, quia neutrum eorum praedicatur de composito, genus autem et differentia de specie praedicantur; tamen, secundum philosophum in VIII Metaphys. genus sumitur a materia et differentia a forma. Sed genus hominis est animal, quod sumitur a natura sensitiva; differentia vero rationale, quod sumitur ab anima rationali. Natura ergo sensitiva se habet ad animam rationalem ut materia ad formam. Sed natura sensitiva perficitur per animam sensitivam. Ergo anima sensitiva praeexistit animae rationali in natura; et eadem ratione omnes aliae formae praecedentes.

ARTIGO 3

Em terceiro, indaga-se se a substância espiritual que é a alma humana se une ao corpo por algum meio[77]

E PARECE QUE SIM.

1. Com efeito, diz Dionísio no cap. XIII de *Cael. Hierar.*[78] que as coisas supremas se conjuntam às ínfimas pelas intermédias. Mas entre a substância espiritual e o corpo são intermédias a alma vegetal e a animal. Logo, a substância espiritual que é a alma racional une-se ao corpo mediante a alma vegetal e a animal.

2. Ademais, diz o Filósofo no livro II de *De Anima*[79] que [a alma] "é ato de um corpo orgânico que tem vida em potência". Por conseguinte, o corpo físico orgânico que tem vida em potência compara-se à alma como a matéria à forma. Mas isto, ou seja, o corpo físico orgânico, não é senão por alguma forma substancial. Logo, tal forma substancial, qualquer que seja, precede na matéria a substância espiritual que é a alma racional; e, pela mesma razão, as outras formas conseguintes, que são a alma sensível e a vegetal.

3. Ademais, conquanto a matéria não seja gênero nem a forma seja diferença, porque nenhuma delas se predica do composto, o gênero todavia e a diferença predicam-se da espécie; no entanto, segundo o Filósofo no livro VIII da *Metafísica*,[80] o gênero se toma da matéria, e a espécie da forma. Mas o gênero de homem é "animal", que se toma da natureza sensitiva, enquanto a diferença [de homem] é "racional", que se toma da alma racional. A natureza sensitiva, portanto, compara-se à alma racional como a matéria à forma. Mas a natureza sensitiva perfaz-se pela alma sensitiva. Logo, a alma sensitiva preexiste à alma racional na natureza; e, pela mesma razão, todas as outras formas precedentes.

4. Praeterea, ut probatur in VIII Phys., omne movens seipsum dividitur in duas partes, quarum una est movens et alia mota. Sed homo et quodlibet animal est movens seipsum; pars autem eius movens est anima: pars autem mota non potest esse materia nuda, sed oportet esse corpus; quia omne quod movetur est corpus, ut probatur VI Phys. Corpus autem est per aliquam formam. Praeexistit ergo aliqua forma in materia ante animam; et sic idem quod prius.

5. Praeterea, Damascenus dicit, quod tanta est simplicitas divinae essentiae, ut non congruat verbum uniri carni nisi mediante anima. Distinctio ergo secundum simplex et compositum impedit quod aliqua non possunt coniungi sine medio. Sed anima rationalis et corpus maxime distant secundum simplex et compositum. Ergo oportet quod uniantur per medium.

6. Praeterea, Augustinus dicit in libro de spiritu et anima, quod anima quae vere spiritus est, et caro quae vere corpus est, in suis extremitatibus facile et convenienter coniunguntur idest in phantastico animae, quod corpus non est sed simile corpori et sensualitate corporis, quae vere spiritus est, quia sine anima fieri non potest. Coniungitur anima corpori per duo media, scilicet per phantasticum et sensualitatem.

7. Praeterea, in eodem libro dicitur: *cum anima sit incorporea, per subtiliorem naturam corporis sui, id est per ignem et aerem (...) corpus administrat.* Eadem autem ratione corpus administrat qua ei unitur: deficientibus enim his quibus administrat corpus, anima discedit a corpore, ut Augustinus dicit, VII super Genes. ad Litt. Ergo anima unitur corpori per medium.

8. Praeterea, ea quae maxime differunt, non coniunguntur nisi per medium. Sed corruptibile et incorruptibile maxime differunt, ut dicitur in X Metaphys. Anima ergo humana, quae est incorruptibilis, non unitur corpori corruptibili nisi per medium.

9. Praeterea, philosophus quidam dicit in libro de differentia spiritus et animae, quod anima unitur corpori mediante spiritu. Unitur ergo ei per medium.

10. Praeterea, quae sunt diversa per essentiam non uniuntur sine medio. Oportet enim aliquid esse quod faciat ea unum, ut patet VIII Metaph. Sed anima et corpus differunt per essentiam. Ergo non possunt uniri nisi per medium.

4. Ademais, como se prova no livro VII da *Física*,[81] tudo o que se move a si mesmo se divide em duas partes, uma das quais é movente e a outra movida. Mas o homem e todo e qualquer animal se movem a si mesmos; a parte sua movente, porém, é a alma, enquanto a parte movida não pode ser a matéria nua,[82] senão que é necessário que seja o corpo, porque tudo o que se move é corpo, como se prova no livro VI da *Física*.[83] Ora, o corpo é por alguma forma. Por conseguinte, preexiste à alma alguma forma na matéria; e assim o mesmo que antes.

5. Ademais, diz o Damasceno[84] que é tanta a simplicidade da essência divina, que não conviria que o verbo se unisse à carne senão mediante a alma. Portanto, a distinção segundo simples e composto impede que algumas coisas possam conjuntar-se sem meio. Mas a alma racional e o corpo distam maximamente segundo o simples e o composto. Logo, é necessário que se unam por um meio.

6. Ademais, diz Agostinho[85] no livro *De Spiritu et Anima* que "a alma que é verdadeiramente espírito e a carne que é verdadeiramente corpo se conjuntam fácil e convenientemente em suas extremidades, isto é, no fantástico da alma, que não é corpo mas se assemelha ao corpo, e na sensualidade do corpo, que é verdadeiramente espírito, porque sem a alma não pode fazer-se". Logo, conjunta-se a alma ao corpo por dois meios, ou seja, a fantasia e a sensualidade.

7. Ademais, diz-se no mesmo livro: "Como a alma é incorpórea, pela natureza mais subtil de seu corpo, isto é, o fogo e o ar (...) governa o corpo". Mas pela mesma razão administra o corpo por onde se une a ele: faltando, com efeito, isso por que administra o corpo, a alma se separa do corpo, como diz Agostinho no livro VII de *Super Gen. ad Litt*.[86] Logo, a alma une-se ao corpo por um meio.

8. Ademais, as coisas que diferem maximamente não se conjuntam senão por um meio. Mas corruptível e incorruptível diferem maximamente, como se diz no livro X da *Metafísica*.[87] Por conseguinte, a alma humana, que é incorruptível, não se une a um corpo corruptível senão por um meio.

9. Ademais, diz certo filósofo, no livro *De Differentia Spiritus et Animae*,[88] que a alma se une ao corpo mediante o espírito. Une-se a ele, portanto, por um meio.

10. Ademais, coisas que são diversas por essência não se unem sem um meio. É necessário, com efeito, haver algo que as faça algo uno, como se patenteia no livro VIII da *Metafísica*.[89] Mas a alma e o corpo diferem por essência. Logo, não podem unir-se senão por um meio.

11. Praeterea, anima unitur corpori, ut perficiatur per huiusmodi unionem: quia forma non est propter materiam, sed materia propter formam. Perficitur autem anima ex unione corporis praecipue quantum ad intelligere phantasticum; in quantum scilicet intelligit abstrahendo a phantasmatibus. Ergo unitur corpori per phantasmata, quae non sunt neque de essentia corporis, neque de essentia animae. Ergo anima unitur corpori per medium.

12. Praeterea, corpus ante adventum animae rationalis in materno utero habet aliquam formam. Adveniente autem anima rationali, non est dicere quod illa forma deficiat; quia neque cedit in nihilum, neque esset dare in quid rediret. Ergo forma aliqua praeexistit in materia ante animam rationalem.

13. Praeterea, in embryone ante adventum animae rationalis apparent opera vitae, ut patet in XVI de animalibus. Sed opera vitae non sunt nisi ab anima. Ergo alia anima praeexistit in corpore ante adventum animae rationalis; et sic videtur quod anima rationalis uniatur corpori mediante alia anima.

14. Praeterea, cum abstrahentium non sit mendacium, ut dicitur in II Physic., oportet corpus de quo mathematici loquuntur, aliqualiter esse. Cum ergo non sit separatum a sensibilibus, sequitur quod sit in sensibilibus. Sed ad hoc quod sit corpus, requiritur forma corporeitatis. Ergo forma corporeitatis ad minus praeintelligitur in corpore humano, quod est corpus sensibile, ante animam humanam.

15. Praeterea, in VII Metaph., dicitur quod omnis definitio habet partes, et quod partes definitionis sunt formae. In quolibet ergo definito oportet esse plures formas. Cum ergo homo sit quoddam definitum, necesse est in eo ponere plures formas; et ita aliqua forma praeexistit ante animam rationalem.

16. Praeterea, nihil dat quod non habet. Sed anima rationalis non habet corporeitatem, cum sit incorporea. Ergo non dat homini corporeitatem; et ita oportet quod homo habeat hoc ab alia forma.

17. Praeterea, Commentator dicit, quod materia prima prius recipit formas universales quam particulares, utpote prius formam corporis quam formam animati corporis; et sic deinceps. Cum ergo anima humana, sit ultima forma et maxime specifica, videtur quod praesupponat alias formas universales in materia.

18. Praeterea, Commentator dicit in libro de substantia orbis, quod dimensiones praeexistunt in materia ante formas elementares. Sed dimensiones

11. Ademais, a alma une-se ao corpo para perfazer-se por tal união: porque a forma não é pela matéria, mas a matéria pela forma. Mas a alma perfaz-se pela união com o corpo precipuamente quanto ao inteligir fantástico,⁹⁰ ou seja, enquanto intelige abstraindo dos fantasmas. Logo, une-se ao corpo pelos fantasmas, que não são da essência do corpo nem da essência da alma. Logo, a alma une-se ao corpo por um meio.

12. Ademais, antes do advento da alma racional no útero materno, o corpo tem alguma forma. Adveniente porém a alma racional, não há que dizer que tal forma desaparece, porque não cai no nada nem haveria nada a que retornasse. Logo, alguma forma preexiste na matéria antes da alma racional.

13. Ademais, antes do advento da alma racional, aparecem no embrião operações vitais, como se patenteia no livro XVI de *De Generatione Animalium*.⁹¹ Mas as operações vitais não são senão pela alma. Logo, outra alma preexiste no corpo antes do advento da alma racional; e assim parece que a alma racional se une ao corpo mediante outra alma.

14. Ademais, como no que abstrai não há falsidade, como se diz no livro II da *Física*,⁹² é necessário que o corpo de que falam os matemáticos seja de algum modo. Como pois não está separado das coisas sensíveis, segue-se que esteja nas coisas sensíveis. Mas, para que seja corpo, requer-se uma forma de corporeidade. Logo, preintelige-se ao menos uma forma de corporeidade no corpo humano, que é corpo sensível, antes da alma racional.

15. Ademais, diz-se no livro VII da *Metafísica*⁹³ que toda definição tem partes, e que as partes da definição são formas. Em tudo o que é definido, por conseguinte, é necessário que haja muitas formas. Como pois o homem é algo definido, é necessário pôr nele muitas formas; e assim alguma forma preexiste à alma racional.

16. Ademais, nada dá o que não tem. Mas a alma racional não tem corporeidade, por ser incorpórea. Logo, não dá a corporeidade ao homem; e assim é necessário que o homem a tenha de outra forma.

17. Ademais, diz o Comentador⁹⁴ que a *materia prima* recebe as formas universais antes que às particulares: por exemplo, a forma do corpo antes que à forma do corpo animado; e assim sucessivamente. Como pois a alma humana é a última forma e a maximamente específica, parece que pressupõe outras formas universais na matéria.

18. Ademais, diz o Comentador no livro *De Substantia Orbis*⁹⁵ que as dimensões preexistem na matéria às formas elementares. Mas as dimensões são acidentes,

sunt accidentia, et praesupponunt aliquam formam substantialem in materia; alioquin esse accidentale praecederet esse substantiale. Ergo ante formam simplicis elementi praeexistit in materia aliqua alia forma substantialis; multo igitur fortius ante animam rationalem.

19. Praeterea, secundum philosophum in libro de generatione facilius aer convertitur in ignem quam aqua, propter hoc quod convenit cum eo in una qualitate, scilicet calore. Cum ergo ex aere fit ignis, oportet quod maneat idem calor specie: quia si differret specie calor ignis et calor aeris, essent octo qualitates primae, et non quatuor tantum. Eadem enim ratio esset de aliis qualitatibus, quarum quaelibet in duobus elementis invenitur. Si ergo dicatur quod remaneat idem specie sed differens numero, non erit facilior conversio aeris in ignem quam aquae in ignem; quia forma ignis habebit corrumpere duas qualitates in aere sicut in aqua. Relinquitur ergo quod sit idem calor numero. Sed hoc non potest esse nisi praeexistente aliqua forma substantiali, quae utrobique remanet una et conservat subiectum caloris unum: non enim potest esse accidens unum numero, nisi subiectum fuerit unum. Oportet ergo dicere quod ante formam corporis simplicis, praeintelligatur in materia aliqua forma substantialis. Multo igitur magis ante animam rationalem.

20. Praeterea, materia prima, quantum est de se, indifferenter se habet ad omnes formas. Si igitur non praeexistant quaedam formae et dispositiones ante alias per quas approprietur ad hanc formam vel ad illam, non magis recipietur in ea haec forma quam illa.

21. Praeterea, materia unitur formae per potentiam qua ei potest subesse. Sed potentia illa non est idem quod essentia materiae: sic enim esset aequalis simplicitatis cum Deo, qui est sua potentia. Cadit ergo aliquid medium inter materiam et animam, et quamlibet aliam formam.

Sed contra.

1. Est in libro de ecclesiasticis dogmatibus: *neque duas in homine animas dicimus, unam animalem, quae corpus vivificet; aliam spiritualem, quae rationem ministret.* Ex hoc sic arguitur. Sicut homo est in genere animalis, ita est in genere animati corporis et substantiae. Sed per unam et eamdem formam, quae est anima, est homo et animal, ut ex praedicta auctoritate patet. Ergo

e pressupõem alguma forma substancial na matéria; do contrário, o ser acidental precederia o ser substancial. Logo, à forma do elemento simples preexiste na matéria alguma outra forma substancial; com muito mais razão, por conseguinte, [preexiste alguma forma substancial] à alma racional.

19. Ademais, segundo o Filósofo no livro *De Generatione*,[96] é mais fácil que o ar se converta em fogo que a água, porque convém com ele em uma qualidade, ou seja, o calor. Quando pois do ar se faz fogo, é necessário que permaneça o mesmo calor em espécie: porque, se diferisse em espécie o calor do fogo do calor do ar, haveria oito qualidades primeiras, e não só quatro. E, com efeito, a mesma razão seria a das outras qualidades, cada uma das quais se encontra em dois elementos. Se, portanto, se dissesse que permanece o mesmo em espécie mas difere em número, não seria mais fácil a conversão do ar em fogo que a da água em fogo, porque a forma do fogo teria de corromper duas qualidades no ar como na água. Resta, por conseguinte, que seja o mesmo calor em número. Mas isso não é possível sem que preexista alguma forma substancial, que em ambos permaneça una e conserve uno ao sujeito do calor: não pode, com efeito, haver acidente uno em número sem que o sujeito seja uno. É necessário dizer portanto que, antes da forma do corpo simples, se preintelige na matéria alguma forma substancial. Logo, muito mais antes da alma racional.

20. Ademais, a *materia prima*, enquanto tal, tem-se indiferentemente a todas as formas. Se pois não preexistissem certas formas e disposições antes de outras pelas quais se apropriasse a esta ou àquela forma, [a *materia prima*] não receberia em si mais esta forma que aquela.

21. Ademais, a matéria une-se à forma pela potência pela qual pode subestar. Mas tal potência não é a mesma coisa que a essência da matéria: assim, com efeito, seria igual em simplicidade a Deus, que é sua potência. Logo, há algum meio entre a matéria e a alma, e qualquer outra forma.

Mas contrariamente:

1. Está escrito no livro *De Ecclesiasticis Dogmatibus*:[97] "Não falamos de duas almas no homem, uma animal, que vivifique o corpo, outra espiritual, que ministre [ou proporcione] a razão". Por isso, argui-se assim. Tal como o homem está no gênero animal, assim também está no gênero do corpo animado e no da substância. Mas por uma e mesma forma, que é a alma, é homem e animal, como se patenteia pelo dito pela

eadem ratione per unam et eamdem formam collocatur in omnibus generibus superioribus; et sic non praeexistit ante animam aliqua forma in materia.

2. Praeterea, plus distat Deus et anima, quam anima et corpus. Sed in mysterio incarnationis verbum unitum est animae immediate. Ergo multo fortius anima potest uniri corpori immediate.

3. Praeterea, medium oportet participare cum utroque extremorum. Sed non potest esse aliquid quod partim sit corporale et partim spirituale. Ergo non potest aliquid cadere medium inter animam et corpus.

4. Praeterea, Magister dicit in prima distinctione II libri sententiarum, quod unio animae ad corpus est exemplum illius beatae unionis qua anima beata coniungitur Deo. Sed illa coniunctio fit sine medio. Ergo et ista unio.

5. Praeterea, philosophus dicit in I de anima, quod corpus non continet animam, sed magis anima corpus; et dicit ibidem Commentator, quod anima est causa continuitatis corporis. Sed continuitas corporis dependet a forma substantiali, per quam corpus est corpus. Ergo ipsa anima rationalis est forma in homine, qua corpus est corpus.

6. Praeterea, efficacior est et virtuosior anima rationalis quam forma simplicis elementi. Sed a forma simplicis elementi habet corpus simplex quidquid substantialiter est. Ergo multo fortius ab anima corpus humanum; et sic non praeexistit aliqua forma vel aliquid medium.

RESPONDEO. Dicendum quod huius quaestionis veritas aliqualiter dependet ex praemissa. Si enim anima rationalis unitur corpori solum per contactum virtualem, ut motor, ut aliqui posuerunt, nihil prohibebat dicere quod sunt multa media inter animam et corpus; et magis inter animam et materiam primam. Si vero ponatur anima uniri corpori ut forma, necesse est dicere, quod uniatur ei immediate. Omnis enim forma sive substantialis sive accidentalis, unitur materiae vel subiecto. Unumquodque enim secundum hoc est unum, secundum quod est ens. Est autem unumquodque ens actu per formam, sive secundum esse substantiale, sive secundum esse accidentale: unde omnis forma est actus; et per consequens est ratio unitatis, qua aliquid est unum. Sicut igitur non est dicere quod sit aliquod aliud medium quo materia habeat esse per suam formam, ita non potest dici quod sit aliquod

referida autoridade. Logo, pela mesma razão, por uma e mesma forma é colocado em todos os gêneros superiores; e assim não preexiste à alma nenhuma forma na matéria.

2. Ademais, mais distam Deus e a alma que a alma e o corpo. Mas, no mistério da encarnação do Verbo, este se uniu à alma imediatamente. Logo, com muito mais razão pode dar-se um meio entre a alma e o corpo.

3. Ademais, é necessário que o meio participe de ambos os extremos. Mas não pode ser algo que em parte seja corporal, em parte seja espiritual. Logo, não pode dar-se meio entre a alma e o corpo.

4. Ademais, diz o Mestre [Pedro Lombardo] na primeira distinção do livro II de *Sententiarum*[98] que a união da alma ao corpo é exemplo da beata [ou bem-aventurada] união pela qual a alma beata [ou bem-aventurada] se conjunta a Deus. Mas esta conjunção se faz sem meio. Logo, também aquela união [a da alma e do corpo].

5. Ademais, diz o Filósofo no livro I de *De Anima*[99] que o corpo não contém a alma, senão que antes a alma é que contém o corpo; e diz no mesmo lugar o Comentador que a alma é a causa da continuidade do corpo. Mas a continuidade do corpo depende da forma substancial, pela qual o corpo é corpo. Logo, a mesma alma racional é no homem a forma pela qual o corpo é corpo.

6. Ademais, a alma racional é mais eficaz e mais virtuosa que a forma do elemento simples. Mas pela forma do elemento simples o corpo simples tem tudo quanto substancialmente é. Logo, com muito mais razão [tem-no] o corpo humano; e assim não preexiste nenhuma forma ou nenhum meio.

Respondo. Deve dizer-se que a verdade desta questão depende de algum modo de uma premissa. Se, com efeito, como alguns puseram, a alma racional se une ao corpo só por contato virtual, como motor, nada proibiria dizer que há muitos meios entre a alma e o corpo; e mais ainda entre a alma e a *materia prima*. Se todavia se põe que a alma se une ao corpo como forma, é necessário dizer que se une a ele imediatamente. Toda forma, com efeito, substancial ou acidental, se une à matéria ou sujeito. Toda e qualquer coisa, de fato, é enquanto é ente. Mas toda e qualquer coisa é ente em ato pela forma, ou segundo o ser substancial, ou segundo o ser acidental: daí que toda forma seja ato; e, por conseguinte, razão da unidade por que algo é uno. Assim, pois, como não se pode dizer que haja algum outro

aliud medium uniens formam materiae vel subiecto. Secundum igitur quod anima est forma corporis, non potest esse aliquid medium inter animam et corpus. Secundum vero quod est motor, sic nihil prohibet ponere ibi multa media; manifeste enim anima per cor movet alia membra, et etiam per spiritum movet corpus. Sed tunc dubium restat, quid sit proprium subiectum animae, quod comparetur ad ipsam sicut materia ad formam. Circa hoc est duplex opinio. Quidam enim dicunt, quod sunt multae formae substantiales in eodem individuo, quarum una substernitur alteri; et sic materia prima non est immediatum subiectum ultimae formae substantialis, sed subiicitur ei mediantibus formis mediis; ita quod ipsa materia, secundum quod est sub forma prima, est subiectum proximum formae secundae; et sic deinceps usque ad ultimam formam. Sic igitur subiectum animae rationalis proximum, est corpus perfectum anima sensitiva; et huic unitur anima rationalis ut forma. Alia opinio est, quod in uno individuo non est nisi una forma substantialis et secundum hoc oportet dicere quod per formam substantialem, quae est forma humana, habet hoc individuum non solum quod sit homo, sed quod sit animal, et quod sit vivum, et quod sit corpus, et substantia et ens. Et sic nulla alia forma substantialis praecedit in hoc homine animam humanam, et per consequens nec accidentalis; quia tunc oporteret dicere, quod materia prius perficiatur per formam accidentalem quam substantialem, quod est impossibile; oportet enim omne accidens fundari in substantia. Harum autem duarum opinionum diversitas ex hoc procedit, quod quidam ad inquirendam veritatem de natura rerum, processerunt ex rationibus intelligibilibus, et hoc fuit proprium Platonicorum; quidam vero ex rebus sensibilibus, et hoc fuit proprium philosophiae Aristotelis, ut dicit Simplicius in commento super praedicamenta. Consideraverunt Platonici ordinem quemdam generum et specierum, et quod semper superius potest intelligi sine inferiori; sicut homo sine hoc homine, et animal sine homine, et sic deinceps. Existimaverunt etiam quod quidquid est abstractum in intellectu, sit abstractum in re; alias videbatur eis quod intellectus abstrahens esset falsus aut vanus, si nulla res abstracta ei responderet; propter quod etiam crediderunt mathematica esse abstracta a sensibilibus, quia sine eis intelliguntur. Unde posuerunt hominem abstractum ab his hominibus; et sic deinceps usque ad ens et unum et bonum, quod posuerunt summam rerum virtutem. Viderunt

meio pelo qual a matéria tenha o ser por sua forma, assim tampouco se pode dizer que haja algum outro meio que una a forma à matéria ou sujeito. Enquanto pois a alma é forma do corpo, não pode haver nenhum meio entre a alma e o corpo. Enquanto porém é motor, nada proíbe pôr aí numerosos meios; manifestamente, com efeito, a alma move os membros pelo coração,[100] e move o corpo pelo espírito. Mas então resta uma dúvida, a saber, qual é o sujeito próprio da alma, que se compare a ela como a matéria à forma. Quanto a isto, há dupla opinião. Alguns, com efeito, dizem que há muitas formas substanciais no mesmo indivíduo, cada uma das quais subjaz a outra; e assim a *materia prima* não é o sujeito imediato da forma substancial última, senão que se subordina a ela mediante formas médias; de modo que a mesma matéria, enquanto está sob a primeira forma, é sujeito próximo da forma segunda; e assim sucessivamente até à forma última. Assim, pois, o sujeito próximo da alma racional é o corpo perfeito [= que se perfez] pela alma sensitiva; e a ele a alma racional une-se como forma. A outra opinião é que em um indivíduo não há senão uma forma substancial, e segundo isto é necessário dizer que pela forma substancial que é a forma humana tem este indivíduo não só que seja homem, mas que seja animal, e que seja vivo, e que seja corpo, e substância e ente. E assim nenhuma outra forma substancial precede neste homem à alma humana, e por conseguinte nem [nenhuma] acidental, porque então [ou seja, se tal se desse] seria necessário dizer que a matéria é perfeita primeiramente pela forma acidental que pela forma substancial, o que é impossível; é necessário, com efeito, que todo e qualquer acidente se funde na substância. Mas a diversidade dessas duas opiniões procede de que uns, ao inquirir a verdade da natureza das coisas, partiram das razões inteligíveis, o que era próprio dos platônicos; outros, porém, [partiram] das coisas sensíveis, e isto era próprio da filosofia de Aristóteles, como diz Simplício no *Commento super Praedicamenta*.[101] Os platônicos consideraram certa ordem de gêneros e de espécies, e que o superior pode sempre inteligir-se sem o inferior, assim como homem sem este homem, e animal sem homem, e assim sucessivamente. Estimaram também que tudo o que é abstraído no intelecto está abstraído também *in re* [na coisa]; parecia-lhes aliás que o intelecto abstrator seria falso ou vão se não lhe respondesse nenhuma coisa abstrata; por isso mesmo também creram que os entes matemáticos estão abstraídos [ou separados] dos sensíveis, porque se inteligem sem estes. Daí que tenham posto o homem abstraído [ou separado] destes homens; e assim sucessivamente até ao ente uno e bom, que

enim quod semper inferius particularius est suo superiori, et quod natura superioris participatur in inferiori: participans autem se habet ut materiale ad participatum; unde posuerunt quod inter abstracta quanto aliquid est universalius, tanto est formalius. Quidam vero secundum eamdem viam ingredientes, ex opposito posuerunt quod quanto aliqua forma est universalior, tanto est magis materialis. Et haec est positio Avicebron in libro fontis vitae; posuit enim materiam primam absque omni forma, quam vocavit materiam universalem, et dixit eam communem substantiis spiritualibus et corporalibus, cui dixit advenire formam universalem quae est forma substantiae. Materiam autem sic sub forma substantiae existentem in aliquo suo dixit recipere formam corporeitatis, alia parte eius, quae pertinet ad spirituales substantias, sine huiusmodi forma remanente; et sic deinceps posuit in materia formam sub forma secundum ordinem generum et specierum usque ad ultimam speciem specialissimam. Et haec positio, quamvis videatur discordare a prima, tamen secundum rei veritatem cum ea concordat, et est sequela eius. Posuerunt enim Platonici quod quanto aliqua causa est universalior et formalior, tanto eius perfectio in aliquo individuo magis est substrata; unde effectum primi abstracti, quod est bonum, posuerunt materiam primam, ut supremo agenti respondeat primum subiectum; et sic deinceps secundum ordinem causarum abstractarum et formarum participatarum in materia, sicut universalius abstractum est formalius, ita universalior forma participata est materialior. Sed haec positio, secundum vera philosophiae principia, quae consideravit Aristoteles, est impossibilis. Primo quidem, quia nullum individuum substantiae esset simpliciter unum. Non enim fit simpliciter unum ex duobus actibus, sed ex potentia et actu, in quantum id quod est potentia fit actu; et propter hoc homo albus non est simpliciter unum, sed animal bipes est simpliciter unum, quia hoc ipsum quod est animal est bipes. Si autem esset seorsum animal et seorsum bipes, homo non esset unum sed plura, ut philosophus argumentatur in III et VIII Metaph. Manifestum est ergo, quod si multiplicarentur multae formae substantiales in uno individuo substantiae, individuum substantiae non esset unum simpliciter, sed secundum quid, sicut homo albus. Secundo vero, quia in hoc consistit ratio accidentis quod sit in subiecto, ita tamen quod per subiectum intelligatur aliquod ens actu, et non in potentia tantum; secundum quem modum forma substantialis

puseram como a suma virtude das coisas. Viram, com efeito, que sempre o inferior é mais particular que seu superior, e que a natureza do superior é participada no inferior: mas o participante tem-se como material com respeito ao participado; por isso eles puseram que, entre os abstratos, quanto mais algo é universal, tanto mais formal é. Outros, no entanto, seguindo a mesma via, puseram, em oposição, que, quanto mais universal é uma forma, tanto mais material é. E esta é a posição de Avicebrão no livro *Fons Vitae*:[102] ele pôs, com efeito, a *materia prima* sem nenhuma forma, à qual chamou matéria universal, e disse que a matéria é comum às substâncias espirituais e às corporais, e que lhe advém uma forma universal que é a forma da substância. Disse porém que a matéria assim existente, sob a forma da substância, em alguma parte sua recebe a forma da corporeidade, enquanto outra parte sua, que pertence às substâncias espirituais, permanece sem tal forma; e, prosseguindo assim, pôs na matéria a forma sob uma forma segundo a ordem dos gêneros e das espécies, até à última espécie especialíssima. E esta posição, conquanto pareça discordar da primeira, segundo todavia a verdade da coisa concorda com ela, e é sequela sua. Com efeito, puseram os platônicos que, quanto mais universal e mais formal é uma causa, tanto mais é subtraída sua perfeição num indivíduo; por isso puseram que a *materia prima* é efeito do primeiro abstrato, que é o bem, para que ao primeiro agente correspondesse o primeiro sujeito; e assim sucessivamente segundo a ordem das causas abstratas e das formas participadas na matéria: assim como o abstrato mais universal é o mais formal, assim também a forma participada mais universal é a mais material. Mas esta posição, segundo os verdadeiros princípios da Filosofia, os quais Aristóteles considerou, é impossível. Em primeiro lugar, de fato, porque nenhum indivíduo da substância seria *simpliciter* uno. Com efeito, não se faz algo *simpliciter* uno de dois atos, mas sim de potência e de ato, enquanto aquilo que está em potência se faz ato; e por isso homem branco não é *simpliciter* uno, mas animal bípede é *simpliciter* uno, porque isso mesmo que é animal é bípede. Se porém o animal fosse separadamente animal e separadamente bípede, o homem não seria uno, mas muitos, como argumenta o Filósofo no livro III e no IV da *Metafísica*.[103] É manifesto por conseguinte que, se se multiplicassem muitas formas substanciais em um indivíduo da substância, o indivíduo da substância não seria uno *simpliciter*, mas *secundum quid*, como homem branco. – Em segundo lugar, todavia, porque nisto consiste a razão de acidente, ou seja, estar num sujeito, de modo porém que por sujeito se entenda um

non est in subiecto sed in materia. Cuicumque ergo formae substernitur aliquod ens actu quocumque modo, illa forma est accidens. Manifestum est autem quod quaelibet forma substantialis, quaecumque sit, facit ens actu et constituit; unde sequitur quod sola prima forma quae advenit materiae sit substantialis, omnes vero subsequenter advenientes sint accidentales. Nec hoc excluditur per hoc quod quidam dicunt, quod prima forma est in potentia ad secundam; quia omne subiectum comparatur ad suum accidens ut potentia ad actum. Completior etiam esset forma corporis quae praestaret susceptibilitatem vitae, quam illa quae non praestaret. Unde si forma corporis inanimati facit ipsum esse subiectum, multo magis forma potentia vitam habentis facit ipsum esse subiectum; et sic anima esset forma in subiecto, quod est ratio accidentis. Tertio, quia sequeretur quod in adeptione postremae formae non esset generatio simpliciter, sed secundum quid tantum. Cum enim generatio sit transmutatio de non esse in esse, id simpliciter generatur quod fit ens simpliciter loquendo, de non ente simpliciter. Quod autem praeexistit ens actu non potest fieri ens simpliciter, sed potest fieri ens hoc, ut album vel magnum, quod est fieri secundum quid. Cum igitur forma praecedens in materia faciat esse actu, subsequens forma non faciet esse simpliciter, sed esse hoc, ut esse hominem vel asinum vel plantam; et sic non erit generatio simpliciter. Et propter hoc omnes antiqui, qui posuerunt materiam primam esse aliquid actu, ut ignem, aerem aut aquam, aut aliquid medium, dixerunt quod fieri nihil erat nisi alterari; et Aristoteles eorum dubitationem solvit ponendo materiam esse in potentia tantum, quam dicit esse subiectum generationis et corruptionis simpliciter. Et quia materia nunquam denudatur ab omni forma, propter hoc quandocumque recipit unam formam, perdit aliam, et e converso. Sic ergo dicimus quod in hoc homine non est alia forma substantialis quam anima rationalis; et quod per eam homo non solum est homo, sed animal et vivum et corpus et substantia et ens. Quod quidem sic considerari potest. Forma enim est similitudo agentis in materia. In virtutibus autem activis et operativis hoc invenitur quod quanto aliqua virtus est altior, tanto in se plura comprehendit, non composite sed unite; sicut secundum unam virtutem sensus communis se extendit ad omnia sensibilia, quae secundum diversas potentias sensus proprii apprehendunt. Perfectioris autem agentis est inducere perfectiorem formam. Unde perfectior forma facit per

ente em ato, e não um somente em potência; segundo este modo, a forma substancial não está num sujeito, mas na matéria. Por conseguinte, se algum ente em ato subjaz de algum modo a alguma forma, tal forma é acidente. É manifesto, contudo, que toda forma substancial, qualquer que seja, faz o ente em ato e o constitui; donde se segue que só a primeira forma que advém à matéria é substancial, enquanto todas as advenientes subsequentemente são acidentais. Não se exclui por isso o que dizem alguns, a saber, que a primeira forma está em potência para a segunda, porque todo sujeito se compara a seu acidente como a potência ao ato. Ademais, seria mais completa a forma do corpo que prestasse a suscetibilidade à vida que a que não a prestasse. Por isso, se a forma do corpo inanimado o faz ser sujeito, muito mais a forma do que tem vida em potência o faz ser sujeito; e assim a alma seria uma forma num sujeito, o que é a razão do acidente. – Em terceiro lugar, porque se seguiria que na aquisição da derradeira forma não haveria geração *simpliciter*, mas só *secundum quid*. Com efeito, como a geração é transmutação do não ser em ser, *simpliciter* se gera o que se faz ente *simpliciter* de não ente *simpliciter*. O que porém preexiste como ente em ato não pode fazer-se ente *simpliciter*, senão que pode fazer-se este ente, como branco ou grande, o que é fazer-se *secundum quid*. Como pois a forma precedente na matéria faz o ser em ato, a forma subsequente não fará ser *simpliciter*, mas ser isto, como ser homem ou asno ou planta; e assim não será geração *simpliciter*. E por isso todos os antigos que puseram a *materia prima* como algo em ato, como fogo, ar ou água, ou algum meio, disseram que fazer-se não seria senão alterar-se; e Aristóteles resolveu suas dúvidas pondo a matéria como estando só em potência, dizendo-a sujeito *simpliciter* de geração e de corrupção. E, porque a matéria nunca se despe de forma, por isso mesmo, quando recebe uma forma, perde a outra, e ao revés. Assim, pois, dizemos que neste homem não há outra forma substancial que a alma racional; e que por ela o homem não só é homem, mas é animal e vivente e corpo e substância e ente – o que pode considerar-se assim. A forma, com efeito, é similitude do agente na matéria. Mas nas virtudes ativas e operativas se encontra que, quanto mais alta é uma virtude, tanto mais compreende em si, não compositamente, mas unitariamente, assim como segundo uma única virtude o sentido comum se estende a todos os sensíveis, que os sentidos próprios apreendem segundo diversas potências. Mas é próprio do agente mais perfeito induzir a forma mais perfeita. Por isso a forma mais perfeita faz de uma só vez tudo quanto as inferiores fazem em várias:

unum omnia quae inferiores faciunt per diversa, et adhuc amplius: puta, si forma corporis inanimati dat materiae esse et esse corpus, forma plantae dabit ei et hoc et insuper vivere; anima vero sensitiva et hoc, insuper et sensibile esse; anima vero rationalis et hoc, et insuper rationale esse. Sic enim inveniuntur differre formae rerum naturalium secundum perfectum et magis perfectum, ut patet intuenti. Propter quod species comparantur numeris, ut dicitur in VIII Metaph.: quorum species per additionem et subtractionem unitatis variantur. Unde etiam Aristoteles in II de anima dicit, quod vegetativum est in sensitivo, et sensitivum in intellectivo, sicut trigonum in tetragono, et tetragonum in pentagono; pentagonum enim virtute continet tetragonum: habet enim hoc et adhuc amplius; non autem quod seorsum in pentagono sit id quod est tetragoni, et id quod est pentagoni proprium, tanquam duae figurae. Sic etiam anima intellectiva virtute continet sensitivam, quia habet hoc et adhuc amplius; non tamen ita quod sint duae animae. Si autem diceretur quod anima intellectiva differret per essentiam a sensitiva in homine, non posset assignari ratio unionis animae intellectivae ad corpus, cum nulla operatio propria animae intellectivae sit per organum corporale.

1. AD PRIMUM ERGO dicendum quod auctoritas Dionysii intelligenda est de causis agentibus, non de causis formalibus.

2. AD SECUNDUM dicendum quod cum forma perfectissima det omnia quae dant formae imperfectiores, et adhuc amplius; materia, prout ab ea perficitur eo modo perfectionis quo perficitur a formis imperfectioribus, consideratur ut materia propria, etiam illiusmodi perfectionis quam addit perfectior forma super alias; ita tamen quod non intelligatur haec distinctio in formis secundum essentiam, sed solum secundum intelligibilem rationem. Sic ergo ipsa materia secundum quod intelligitur ut perfecta in esse corporeo susceptivo vitae, est proprium subiectum animae.

3. AD TERTIUM dicendum quod cum animal sit id quod vere est homo, distinctio naturae animalis ab homine non est secundum diversitatem realem formarum, quasi alia forma sit per quam sit animal, et superaddatur altera per quam sit homo; sed secundum rationes intelligibiles. Secundum enim quod intelligitur corpus perfectum in esse sensibili ab anima, sic comparatur

assim, se a forma do corpo inanimado dá à matéria o ser e o ser corpo, a forma da planta dar-lhe-á tudo isso e, ademais, o viver; mas a alma sensitiva, tudo isso e, ademais, o ser sensível; enquanto a alma racional, tudo isso e, ademais, o ser racional. Assim, com efeito, encontra-se que as formas das coisas naturais diferem segundo perfeito e mais perfeito, como se patenteia facilmente ao observador. Por isso as espécies se comparam aos números, como se diz no livro VIII da *Metafísica*:[104] porque as espécies variam por adição e por subtração da unidade. Daí que, no livro II de *De Anima*,[105] Aristóteles diga que "o vegetativo está no sensitivo", e o sensitivo no intelectivo, "assim como o triângulo no quadrilátero", e o quadrilátero no pentágono; o pentágono, com efeito, contém em virtude o quadrilátero: tem pois isto e mais; não porém que no pentágono haja separadamente o que é próprio ao quadrilátero e o que é próprio ao pentágono, como duas figuras. Assim também, a alma intelectiva contém em virtude a sensitiva, porque tem isso e mais; não porém que haja duas almas. Mas, se se dissesse que a alma intelectiva difere por essência da sensitiva no homem, não se poderia dar razão da união da alma intelectiva ao corpo, porque nenhuma operação própria da alma intelectiva se dá mediante órgão corporal.

1. QUANTO AO PRIMEIRO, portanto, deve dizer-se que a autoridade de Dionísio deve entender-se como respeitante às causas agentes, não às causas formais.

2. QUANTO AO SEGUNDO, deve dizer-se que, como a forma mais perfeita dá tudo o que dão as formas imperfeitas, e ainda mais, a matéria, enquanto se perfaz segundo o modo de perfeição pelo qual as formas mais imperfeitas se perfazem, é considerada matéria própria de certo modo também de uma perfeição que a forma mais perfeita adiciona sobre as outras, de maneira, porém, que tal distinção não se intelija nas formas segundo a essência, mas só segundo a razão inteligível. Assim, pois, a mesma matéria enquanto se intelige como perfeita no ser corpóreo susceptivo de vida é o sujeito próprio da alma.

3. QUANTO AO TERCEIRO, deve dizer-se que, como o animal é o que é verdadeiramente homem, a distinção entre a natureza animal e a do homem não é segundo uma diversidade real de formas, como se houvesse uma forma pela qual é animal e a ela se lhe sobrepusesse outra pela qual é homem; mas segundo razões inteligíveis.[106] Segundo, com efeito, se intelige o corpo perfeito no ser sensível

ad perfectionem ultimam quae est ab anima rationali in quantum huiusmodi, ut materiale ad formale. Cum enim genus et species significent quasdam intentiones intelligibiles, non requiritur ad distinctionem speciei et generis distinctio realis formarum, sed intelligibilis tantum.

4. AD QUARTUM dicendum quod anima movet corpus per cognitionem et appetitum; vis autem sensitiva et appetitiva in animali habent determinatum organum; et sic ab illo organo incipit motus animalis, quod est cor secundum Aristotelem. Sic igitur una pars animalis est movens, et altera est mota; ut pars movens accipiatur primum organum animae appetitivae, et reliquum corpus sit motum. Sed quia in homine movent voluntas et intellectus, quae non sunt alicuius organi actus, movens erit ipsa anima secundum partem intellectivam; motum autem corpus secundum quod est perfectum ab ipsa anima in esse corporeo.

5. AD QUINTUM dicendum quod in incarnatione verbi anima ponitur medium inter verbum et carnem, non necessitatis sed congruentiae; unde etiam separata anima a carne in morte Christi, remansit verbum immediate carni unitum.

6. AD SEXTUM dicendum quod liber ille non est Augustini, nec est multum authenticus, et in hoc verbo satis improprie loquitur. Utrumque enim ad animam pertinet, et phantasticum et sensualitas; tamen dicitur sensualitas ad carnem referri, in quantum est appetitus rerum ad corpus pertinentium; phantasticum autem ad animam, in quantum in eo sunt similitudines corporum sine corporibus. Haec autem dicuntur esse media inter animam et carnem, non prout anima est forma corporis, sed prout est motor.

7. AD SEPTIMUM dicendum quod administratio corporis pertinet ad animam in quantum est motor, non in quantum est forma. Et licet ea quibus anima administrat corpus sint necessaria ad hoc quod anima sit in corpore, ut propriae dispositiones talis materiae, non tamen propter hoc sequitur quod eadem sit ratio administrationis et formalis unionis. Sicut enim eadem est, secundum substantiam, anima quae est motor et forma, sed differt ratione; ita et eadem sunt quae sunt necessaria ad unionem formalem et ad administrationem, licet non secundum eamdem rationem.

8. AD OCTAVUM dicendum quod per hoc quod anima differt a corpore ut corruptibile ab incorruptibili, non tollitur quin sit forma eius, ut ex supradictis patet; unde sequitur quod immediate corpori uniatur.

pela alma, assim também se compara à perfeição última que é pela alma racional enquanto tal como a matéria à forma. Como, com efeito, o gênero e a espécie significam certas intenções inteligíveis, não se requer para a distinção de gênero e de espécie uma distinção real das formas, mas só a [distinção] inteligível.

4. QUANTO AO QUARTO, deve dizer-se que a alma move o corpo pela cognição e pelo apetite; mas a virtude sensitiva e a apetitiva no animal têm determinado órgão; e assim o movimento animal começa deste órgão, que é o coração segundo Aristóteles.[107] Assim, portanto, uma parte do animal é movente [ou motora], enquanto a outra é movida; toma-se por parte movente o órgão primeiro da alma apetitiva, e o restante do corpo por movido. Mas, porque no homem movem a vontade e o intelecto, que não são ato de nenhum órgão, [no homem] o movente será a mesma alma segundo a parte intelectiva; o movido, todavia, [será] o corpo segundo é perfeito pela própria alma no ser corpóreo.

5. QUANTO AO QUINTO, deve dizer-se que na encarnação do Verbo se põe a alma como meio entre o Verbo e a carne não por necessidade, mas por congruência; daí que, ainda quando, na morte de Cristo, a alma se separou da carne, o Verbo permaneceu imediatamente unido à carne.

6. QUANTO AO SEXTO, deve dizer-se que este livro [*De Spiritu et Anima*] não é de Agostinho,[108] nem é muito válido, e nisto se expressa assaz impropriamente. Pois o fantástico[109] e a sensualidade,[110] com efeito, pertencem ambos à alma, conquanto se diga que a sensualidade se refere à carne, enquanto é apetite das coisas atinentes ao corpo, e o fantástico à alma, enquanto nela há similitudes dos corpos sem os corpos. Diz-se porém que são intermédias entre a alma e a carne não enquanto a alma é a forma do corpo, mas enquanto é motor.

7. QUANTO AO SÉTIMO, deve dizer-se que a administração do corpo pertence à alma enquanto é motor, não enquanto é forma. E, conquanto as coisas pelas quais a alma governa o corpo sejam necessárias para que ela esteja no corpo, como as disposições próprias de tal matéria, nem por isso porém se segue que a razão da administração seja a mesma que a da união formal. Assim, com efeito, como a alma que é motor e a que é forma são a mesma segundo a substância, mas diferem segundo a razão, assim também são as mesmas as coisas que são necessárias para a união formal e para a administração, ainda que não segundo a mesma razão.

8. QUANTO AO OITAVO, deve dizer-se que o fato de a alma diferir do corpo como o incorruptível do corruptível não suprime que seja forma sua, como se

9. Ad nonum dicendum quod anima dicitur uniri corpori per spiritum, in quantum est motor, quia primum quod movetur ab anima in corpore est spiritus, ut Aristoteles dicit in libro de causa motus animalium, tamen etiam ille liber non est magnae auctoritatis.

10. Ad decimum dicendum quod si aliqua duo sunt diversa per essentiam, ita quod utrumque habeat naturam suae speciei completam, non possunt uniri nisi per aliquod medium ligans et uniens. Anima autem et corpus non sunt huiusmodi, cum utrumque naturaliter sit pars hominis; sed comparantur ad invicem ut materia ad formam, quarum unio est immediata, ut ostensum est.

11. Ad undecimum dicendum quod anima unitur corpori ut perficiatur non solum quantum ad intelligere phantasticum, sed etiam quantum ad naturam speciei, et quantum ad alias operationes quas exercet per corpus. Tamen, dato quod solum propter intelligere phantasticum ei uniretur, non sequeretur quod unio esset mediante phantasmate: sic enim unitur anima corpori propter intelligere, ut per eam homo intelligat; quod non esset, si fieret unio per phantasmata, ut ostensum est supra.

12. Ad duodecimum dicendum quod corpus antequam animetur habet aliquam formam; illa autem forma non manet anima adveniente. Adventus enim animae est per quamdam generationem, generatio autem unius est non sine corruptione alterius; sicut cum recipitur forma ignis in materia aeris, desinit esse actu in ea forma aeris, et remanet in potentia tantum. Nec est dicendum quod forma fiat vel corrumpatur, quia eius est fieri et corrumpi, cuius est esse; quod non est formae ut existentis, sed sicut eius quo aliquid est. Unde et fieri non dicitur nisi compositum, in quantum reducitur de potentia in actum.

13. Ad decimumtertium dicendum quod in embryone apparent quaedam opera vitae; sed quidam dixerunt, huiusmodi opera esse ab anima matris. Sed hoc est impossibile, quia de ratione operum vitae est quod sint a principio intrinseco, quod est anima. Quidam vero dixerunt quod a principio inest anima vegetabilis; et illa eadem cum fuerit magis perfecta fit anima sensitiva, et tandem fit anima intellectiva, sed per actionem exterioris agentis quod est Deus. Sed hoc est impossibile. Primo, quia sequeretur quod forma substantialis reciperet magis et minus, et quod generatio esset motus continuus. Secundo, quia sequeretur animam rationalem esse corruptibilem,

patenteia do dito anteriormente [a. 2, ad 16]; por isso se segue que se une imediatamente ao corpo.

9. QUANTO AO NONO, deve dizer-se que se diz que a alma se une ao corpo pelo espírito enquanto é motor, porque o primeiro que é movido pela alma no corpo é o espírito, como diz Aristóteles no livro *De Causa Motus Animalium*,[111] ainda que este livro não seja de grande autoridade.

10. QUANTO AO DÉCIMO, deve dizer-se que, se duas coisas são diversas por essência, e cada uma delas tem a natureza completa de sua espécie, elas não podem unir-se senão por algum meio que as ligue e una. A alma todavia e o corpo não são assim, porque um e outro são naturalmente parte do homem; mas comparam-se entre si como a matéria à forma, cuja união é imediata, como se mostrou.

11. QUANTO AO UNDÉCIMO, deve dizer-se que a alma se une ao corpo para perfazer-se não só quanto ao inteligir o fantástico, mas ainda quanto à natureza da espécie, e quanto às outras operações que exerce pelo corpo. No entanto, dado embora que se unisse ao corpo só para inteligir o fantástico, não se seguiria que a união fosse mediante o fantasma: assim, com efeito, a alma une-se ao corpo para inteligir, de modo que o homem compreenda por ela, o que não se daria se se fizesse a união pelos fantasmas, como já se mostrou.

12. QUANTO AO DUODÉCIMO, deve dizer-se que o corpo antes de animar-se tem alguma forma; esta forma, porém, não permanece na alma adveniente. O advento da alma, com efeito, dá-se por certa geração, e a geração de um, com efeito, não se dá sem a corrupção de outro:[112] assim, quando a forma do fogo se recebe na matéria do ar, deixa de estar nesta a forma do ar, que permanece somente em potência. E não se deve dizer que a forma se faz ou se corrompe, porque são por ela o fazer-se e o corromper-se daquilo de que ela é ser, o que não é da forma como existente, mas como aquilo pelo qual algo é. Por isso o fazer-se não se diz senão do composto, enquanto se reduz de potência a ato.

13. QUANTO AO DÉCIMO TERCEIRO, deve dizer-se que no embrião aparecem certas obras da vida; mas alguns disseram que tais obras são da alma da mãe. Mas isto é impossível, porque é da razão das obras da vida que sejam de um princípio intrínseco, e este é a alma. Outros, todavia, disseram que desde o princípio está presente a alma vegetativa; esta, tornando-se mais perfeita, se faz alma sensitiva, e finalmente se faz alma intelectiva, mas pela ação de um agente exterior que é Deus. Mas isto é impossível. Em primeiro lugar, porque se seguiria que a forma

cum vegetabilis et sensibilis corruptibiles sint, dum ponitur fundamentum animae rationalis esse substantia vegetabilis et sensibilis. Non autem dici potest quod sint tres animae in uno homine, ut ostensum est. Relinquitur ergo dicendum quod in generatione hominis vel animalis sunt multae generationes et corruptiones sibi invicem succedentes. Adveniente enim perfectiori forma, deficit imperfectior. Et sic cum in embryone primo sit anima vegetativa tantum, cum perventum fuerit ad maiorem perfectionem, tollitur forma imperfecta, et succedit forma perfectior, quae est anima vegetativa et sensitiva simul; et ultimo cedente, succedit ultima forma completissima, quae est anima rationalis.

14. AD DECIMUMQUARTUM dicendum quod corpus mathematicum dicitur corpus abstractum; unde dicere corpus mathematicum esse in sensibilibus, est dicere duo opposita simul, ut Aristoteles argumentatur in III Metaph., contra quosdam Platonicos hoc ponentes. Nec tamen sequitur quod abstrahentium sit mendacium, si corpus mathematicum sit in intellectu tantum: quia non intelligit intellectus abstrahens corpus aliquod esse non in sensibilibus, sed intelligit ipsum, non intelligendo sensibilia; sicut si quis intelligat hominem, non intelligendo eius risibilitatem, non mentitur; mentiretur autem, si intelligeret hominem non esse risibilem. Dico tamen quod si corpus mathematicum esset in corpore sensibili, cum corpus mathematicum sit dimensionale, tantum pertineret ad genus quantitatis; unde non requireretur ad ipsum aliqua forma substantialis. Corpus autem quod est in genere substantiae, habet formam substantialem quae dicitur corporeitas, quae non est tres dimensiones, sed quaecumque forma substantialis ex qua sequuntur in materia tres dimensiones; et haec forma in igne est igneitas, in animali anima sensitiva, et in homine anima intellectiva.

15. AD DECIMUMQUINTUM dicendum quod partes definitionis sunt partes formae vel speciei, non propter realem differentiam formarum, sed secundum distinctionem intelligibilem, ut dictum est ad tertium.

16. AD DECIMUMSEXTUM dicendum quod licet anima non habeat corporeitatem in actu, habet tamen virtute, sicut sol calorem.

17. AD DECIMUMSEPTIMUM dicendum quod ordo ille quem Commentator tangit, est secundum rationem intelligibilem tantum; quia

substancial recebesse mais e menos, e que a geração fosse um movimento contínuo. Em segundo lugar, porque se seguiria que a alma racional fosse corruptível, porque a vegetativa e a sensível são corruptíveis, já que se põe que o fundamento da alma racional é a substância vegetativa e sensível. Não pode porém dizer-se que há três almas em um homem, como se mostrou. Resta, portanto, que se deva dizer que na geração do homem ou do animal há muitas gerações e corrupções que se sucedem umas às outras. Adveniente, com efeito, a forma mais perfeita, desaparece a mais imperfeita. E, como no embrião está primeiro só a alma vegetativa, quando porém esta alcança maior perfeição, suprime-se a forma imperfeita, e sucede-a a forma mais perfeita, que é a alma simultaneamente vegetativa e sensitiva; e, retirando-se por último esta, sucede-a a última forma, a completíssima, que é a alma racional.

14. QUANTO AO DÉCIMO QUARTO, deve dizer-se que o corpo matemático se diz corpo abstrato; daí dizer que o corpo matemático está nos sensíveis é dizer simultaneamente duas coisas opostas, como argumenta Aristóteles no livro III da *Metafísica*[113] contra os platônicos que defendiam isso. Disso porém não se segue que do abstrainte haja mendácia, se o corpo matemático está somente no intelecto: porque o intelecto abstrainte não inteligi o corpo como algo que não está nos sensíveis, senão que o inteligi sem inteligir as coisas sensíveis; assim como, se alguém inteligi o homem sem inteligir sua risibilidade, não mente; mentiria, porém, se inteligisse que o homem não é capaz de rir. Digo no entanto que, se o corpo matemático estivesse no corpo sensível, sendo dimensional o corpo matemático, pertenceria unicamente ao gênero da quantidade, razão por que não requereria para tal uma forma substancial. Ora, o corpo que está no gênero da substância tem a forma substancial que se diz corporeidade, que não consiste em três dimensões, mas em certa forma substancial *ex qua* [de que] se seguem na matéria três dimensões; e no fogo esta forma é a igneidade, no animal a alma sensitiva, e no homem a alma intelectiva.

15. QUANTO AO DÉCIMO QUINTO, deve dizer-se que as partes da definição são partes da forma ou da espécie, não porém por uma diferença real de formas, mas segundo uma distinção inteligível, como se disse quanto ao terceiro.

16. QUANTO AO DÉCIMO SEXTO, deve dizer-se que, conquanto a alma não tenha corporeidade em ato, a tem todavia em virtude, assim como o sol tem o calor.

17. QUANTO AO DÉCIMO SÉTIMO, deve dizer-se que a ordem que o Comentador toca é segundo tão somente a razão inteligível, porque se inteligi a matéria

prius intelligitur materia perfici secundum rationem formae universalis quam specialis; sicut prius intelligitur aliquid ens quam vivum, et vivum quam animal, et animal quam homo.

18. AD DECIMUMOCTAVUM dicendum quod quodlibet esse generis vel speciei consequuntur propria accidentia illius generis vel speciei. Unde quando iam materia intelligitur perfecta secundum rationem huius generis quod est corpus, possunt in ea intelligi dimensiones, quae sunt propria accidentia huius generis: et sic consequentur ordinem intelligibilem in materia, secundum diversas eius partes, diversae formae elementares.

19. AD DECIMUMNONUM dicendum quod idem specie calor est in igne et aere, quia quaelibet qualitas specialiter attribuitur uni elemento in quo est perfecte, et per concomitantiam vel derivationem alteri, tamen imperfectius. Cum ergo ex hoc aere fit hic ignis, calor manet idem specie, sed augmentatus; non tamen idem numero, quia non manet idem subiectum. Nec hoc facit ad difficultatem conversionis, cum corrumpatur per accidens ex corruptione subiecti, et non ex contrarietate agentis.

20. AD VICESIMUM dicendum quod materia prout nuda consideratur, se habet indifferenter ad omnes formas; sed determinatur ad speciales formas per virtutem moventis, ut traditur in II de generatione. Et secundum ordinem intelligibilem formarum in materia, est ordo agentium naturalium. Inter ipsa enim corpora caelestia unum est universalius activum quam alterum; nec universalius agens agit seorsum ab inferioribus agentibus, sed ultimum agens proprium agit in virtute omnium superiorum. Unde non imprimuntur a diversis agentibus diversae formae in uno individuo, sed una forma est quae imprimitur a proximo agente, continens in se virtute omnes formas praecedentes; et materia, secundum quod consideratur perfecta sub ratione formae universalioris et accidentium consequentium, fit propria ad subsequentem perfectionem.

21. AD VICESIMUMPRIMUM dicendum quod cum unumquodque genus dividatur per potentiam et actum, ipsa potentia, quae est in genere substantiae, materia est, sicut forma actus. Unde materia non subest formae mediante aliqua potentia.

perfeita segundo a razão da forma universal antes que segundo a especial: assim, primeiramente se intelige algo como ente que como vivo, e primeiramente vivo que como animal, e primeiramente animal que como homem.

18. Quanto ao décimo oitavo, deve dizer-se que, qualquer que seja o gênero ou a espécie, os acidentes próprios são consequentes a esse gênero ou a essa espécie. Por isso, já quando se intelige uma matéria perfeita segundo a razão do gênero que é o corpo, podem inteligir-se nela as dimensões, que são acidentes próprios desse gênero: e assim são consequentes à ordem inteligível na matéria, segundo suas diversas partes, as diversas formas elementares.

19. Quanto ao décimo nono, deve dizer-se que a espécie do calor está tanto no fogo como no ar, porque qualquer qualidade se atribui especialmente ao elemento em que se dá perfeitamente, e por concomitância ou por derivação também ao outro, ainda que mais imperfeitamente. Quando pois deste ar se faz este fogo, o calor permanece o mesmo em espécie, mas aumentado; mas não o mesmo em número, porque não permanece o mesmo sujeito. Mas isto não cria dificuldade à conversão, porque se corrompe por acidente pela corrupção do sujeito, e não pela contrariedade do agente.

20. Quanto ao vigésimo, deve dizer-se que a matéria, considerada enquanto nua, se tem indiferentemente a todas as formas; mas determina-se a formas especiais pela virtude do movente, como se põe no livro II de *De Generatione*.[114] E é segundo a ordem inteligível das formas na matéria que se dá a ordem dos agentes naturais. Entre os mesmos corpos celestes, com efeito, uns são mais universalmente ativos que os outros; e o agente mais universal não age à parte dos agentes inferiores, senão que é próprio do último agente agir em virtude de todos os superiores. Por isso em um indivíduo não são impressas diversas formas por diversos agentes, senão que uma só forma é impressa pelo agente próximo, [forma] que contém em virtude todas as formas precedentes; e a matéria, enquanto se considera perfeita sob a razão da forma mais universal e dos acidentes consequentes, faz-se própria para a perfeição subsequente.

21. Quanto ao vigésimo primeiro, deve dizer-se que, quando se divide qualquer gênero pela potência e pelo ato, a mesma potência que há no gênero da substância é a matéria, assim como a forma é o ato. Por isso a matéria não subjaz à forma mediante alguma potência.

ARTICULUS 4

Quarto quaeritur utrum tota anima sit in qualibet parte corporis

ET VIDETUR QUOD NON.

1. Dicit enim Aristoteles in libro de causa motus animalium: *nihil opus est in unoquoque corporis esse animam, sed in quodam corporis principio existere*. In natura autem nihil est frustra. Non est ergo anima in qualibet parte corporis.

2. Praeterea, ex corpore et anima constituitur animal. Si igitur in qualibet parte corporis esset anima, quaelibet pars animalis esset animal; quod est inconveniens.

3. Praeterea, in quocumque est subiectum et proprietas subiecti. Sed omnes potentiae animae sunt in essentia animae, sicut et proprietates in subiecto. Ergo si anima esset in qualibet parte corporis, sequeretur quod in qualibet parte corporis essent omnes potentiae animae, et sic auditus erit in oculo et visus in aure; quod est inconveniens.

4. Praeterea, nulla forma quae requirit dissimilitudinem partium invenitur in qualibet parte; ut patet de forma domus, quae non est in quacumque parte domus, sed in tota domo. Formae vero quae non requirunt dissimilitudinem partium, sunt in singulis partibus, ut forma aeris et ignis. Anima autem est forma requirens dissimilitudinem partium, ut patet in omnibus animatis. Ergo anima non est in qualibet parte corporis.

5. Praeterea, nulla forma quae extenditur secundum extensionem materiae, est tota in qualibet parte suae materiae. Sed anima extenditur secundum extensionem materiae; dicitur enim in libro de quantitate animae: *tantam aestimo esse animam, quantam eam spatia corporis esse patiuntur*. Ergo anima non est tota in qualibet parte corporis.

ARTIGO 4

Em quarto, indaga-se se a alma toda está em cada parte do corpo[115]

E PARECE QUE NÃO.

1. Com efeito, diz Aristóteles no livro *De Causa Motus Animalium*:[116] "Não é necessário à alma estar em cada parte do corpo, mas existir em algum princípio do corpo". Na natureza, todavia, nada é vão. Logo, a alma não está em cada parte do corpo.

2. Ademais, o animal constitui-se de corpo e de alma. Se pois a alma estivesse em cada parte do corpo, cada parte do animal seria um animal, o que é inconveniente.

3. Ademais, onde quer que esteja o sujeito, aí estão as propriedades do sujeito. Mas todas as potências da alma estão na essência da alma, como estão as propriedades no sujeito. Logo, se a alma estivesse em cada parte do corpo, seguir-se-ia que em cada parte do corpo estivessem todas as potências da alma, e assim o ouvido estaria no olho e a visão na orelha, o que é inconveniente.

4. Ademais, nenhuma forma que requeira dissimilitude de partes se encontra em cada parte, como se patenteia pela forma da casa, que não está em cada parte da casa, mas na casa toda. As formas porém que não requerem dissimilitude de partes estão em cada parte, como a forma do ar e a do fogo. Mas a alma é forma que requer dissimilitude de partes, como é patente em todos os animais. Logo, a alma não está em cada parte do corpo.

5. Ademais, nenhuma forma que se estenda segundo a extensão da matéria está toda em cada parte de sua matéria. Mas a alma estende-se segundo a extensão da matéria; diz-se, com efeito, no livro *De Quant. Animae*:[117] "Considero que há tanta alma quanta possam padecer os espaços do corpo". Logo, a alma não está toda em cada parte do corpo.

6. Praeterea, quod anima sit in qualibet corporis parte, praecipue videtur ex hoc quod in qualibet corporis parte agit. Sed anima operatur ubi non est: quia, ut Augustinus dicit ad Volusianum, anima sentit et videt in caelo, ubi non est. Non est ergo necessarium animam esse in qualibet corporis parte.

7. Praeterea, secundum philosophum, moventibus nobis, moventur ea quae in nobis sunt. Contingit autem unam partem corporis moveri, alia quiescente. Si ergo anima est in qualibet parte corporis, sequitur quod simul moveatur et quiescat; quod videtur inconveniens.

8. Praeterea, si anima est in qualibet parte corporis, unaquaeque pars corporis immediatum ordinem habebit ad animam, et sic non dependent aliae partes a corde; quod est contra Hieronymum super Matthaeum, qui dicit quod principale hominis non est in cerebro secundum Platonem, sed in corde secundum Christum.

9. Praeterea, nulla forma quae requirit determinatam figuram, potest esse ubi non est illa figura. Sed anima est in corpore secundum determinatam figuram: dicit enim Commentator in I de anima, quod quodlibet corpus animalis habet figuram propriam. Et hoc manifestatur in speciebus animalium: membra enim leonis non differunt a membris cervi nisi propter diversitatem animae. Ergo cum in parte non inveniatur figura totius, anima non erit in parte. Et hoc est quod idem Commentator dicit in eodem libro, quod si cor habet naturam recipiendi animam quia habet talem figuram, manifestum est quod pars eius non recipit illam animam, quia non habet talem figuram.

10. Praeterea, quanto aliquid est magis abstractum, tanto minus determinatur ad aliquid corporale. Sed Angelus est magis abstractus quam anima. Determinatur autem Angelus ad aliquam partem mobilis quod movet, et non est in qualibet parte eius, ut patet per philosophum in IV Physic., ubi dicit quod motor caeli non est in centro, sed in quadam parte circumferentiae. Multo minus igitur anima est in qualibet parte sui corporis.

11. Praeterea, si in quacumque parte corporis est operatio animae, est ipsa anima; pari ratione in quacumque parte corporis est operatio visivae potentiae, ibi est visiva potentia. Sed operatio visivae potentiae esset in pede, si ibi esset organum visivae potentiae; unde quod desit operatio visiva, erit propter defectum organi tantum. Erit igitur ibi potentia visiva, si ibi sit anima.

6. Ademais, [parece] que a alma está em cada parte do corpo, precipuamente porque age em cada parte do corpo. Mas a alma opera onde não está: porque, como diz Agostinho a Volusiano,[118] a alma sente e vê no céu, onde não está. Não é pois necessário que a alma esteja em cada parte do corpo.

7. Ademais, segundo o Filósofo,[119] movendo-nos nós, movem-se todas as coisas que estão em nós. Sucede todavia que se move uma parte do corpo estando outra quiescente. Se pois a alma está em cada parte do corpo, segue-se que simultaneamente se move e se aquieta, o que parece inconveniente.

8. Ademais, se a alma está em cada parte do corpo, ter-se-á que cada parte do corpo se ordenará imediatamente à alma, e assim não dependerão do coração as outras partes do corpo, o que vai contra Jerônimo em *Super Matth.*,[120] onde diz que "o principal do homem não está no cérebro segundo Platão, mas no coração segundo Cristo".

9. Ademais, nenhuma forma que requeira determinada figura pode encontrar-se onde não esteja a figura. Mas a alma está no corpo segundo determinada figura: diz com efeito o Comentador em I *De Anima*[121] que cada corpo de animal tem figura própria. E isto se manifesta nas espécies dos animais: "com efeito, os membros do leão não diferem dos membros do cervo senão pela diversidade da alma". Logo, porque na parte não se encontra a figura do todo, a alma não estará em nenhuma parte. E isto é o que diz o Comentador no mesmo livro,[122] a saber, que, "se o coração tem natureza recipiente da alma porque tem tal figura, é manifesto que uma parte sua não recebe a alma, porque não tem tal figura".

10. Ademais, quanto mais abstrato é algo, tanto menos se determina a algo corporal. Mas o anjo é mais abstrato que a alma. O anjo, no entanto, determina-se a alguma parte do móvel que move, e não está em cada parte sua, como se patenteia pelo que diz o Filósofo no livro IV da *Física*,[123] onde relata que o motor do céu não está no centro, mas em alguma parte da circunferência. Muito menos, portanto, a alma está em cada parte de seu corpo.

11. Ademais, se em qualquer parte do corpo há uma operação da alma, aí está a mesma alma; pela mesma razão, em qualquer parte do corpo em que haja operação da potência visiva, aí estará a potência visiva. Mas a operação da potência visiva estaria no pé se aí estivesse o órgão da potência visiva; por isso, que aí falte a operação visiva será tão somente por causa da falta aí de tal órgão. Estará pois aí a potência visiva se aí estiver a alma.

12. Praeterea, si anima est in qualibet parte corporis, oportet quod ubicumque sit aliqua pars corporis, ibi sit anima. Sed pueri crescentis partes incipiunt esse per augmentum ubi prius non erant; ergo et anima eius incipit esse ubi prius non erat. Sed hoc videtur impossibile. Tribus enim modis aliquid incipit esse ubi prius non erat. Aut per hoc quod de novo fit, sicut cum anima creatur et infunditur corpori. Aut per propriam transmutationem, sicut cum corpus transfertur de loco ad locum. Aut per transmutationem alterius in ipsum, sicut cum corpus Christi incipit esse in altari. Quorum nullum hic dici potest. Ergo anima non est in qualibet parte corporis.

13. Praeterea, anima non est nisi in corpore cuius est actus. Est autem actus corporis organici, ut dicitur II de anima. Cum igitur non quaelibet pars corporis sit corpus organicum, non erit in qualibet parte corporis.

14. Praeterea, plus differunt caro et os unius hominis quam duae carnes duorum hominum. Sed anima una non potest esse in duobus corporibus diversorum. Ergo non potest esse in omnibus partibus unius hominis.

15. Praeterea, si anima est in qualibet parte corporis, oportet quod ablata quacumque parte corporis, vel auferatur anima, quod patet esse falsum, cum remaneat homo vivens, vel transferatur de illa parte ad alias; quod est impossibile, cum anima sit simplex, et per consequens immobilis. Non ergo est in qualibet parte corporis.

16. Praeterea, nullum indivisibile potest esse nisi in indivisibili, cum locum oporteat aequari locato. In corpore autem contingit signare infinita indivisibilia. Si igitur anima sit in qualibet parte corporis, sequetur quod sit in infinitis: quod esse non potest, cum sit finitae virtutis.

17. Praeterea, cum anima sit simplex et absque quantitate dimensiva, nulla totalitas videtur posse ei attribui nisi virtutis. Sed non est in qualibet parte corporis secundum suas potentias, in quibus consideratur totalitas virtutis eius. Non ergo in qualibet parte corporis est tota anima.

18. Praeterea, quod aliquid possit esse totum in toto cum omnibus partibus, videtur provenire ex eius simplicitate; in corporibus enim hoc videmus non posse accidere. Sed anima non est simplex, sed composita ex materia et forma. Ergo non est in qualibet parte corporis. Probatio mediae: philosophus in II Metaph., reprehendit ponentes materiam corporalem primum principium, quia ponebant solum elementa corporum, non

12. Ademais, se a alma está em cada parte do corpo, é necessário que, onde quer que haja uma parte do corpo, aí esteja a alma. Mas as partes de uma criança que cresce começam a encontrar-se por aumento onde antes não estavam; logo, também sua alma começa a estar onde antes não estava. Mas isto parece impossível. De três modos, com efeito, algo começa a estar onde antes não estava. Ou porque é feito *de novo* [ou seja, sem antes ter sido], como quando a alma é criada e infundida no corpo. Ou por própria transmutação, como quando um corpo se transfere de um lugar para outro lugar. Ou por transmutação de outro nele, como quando o corpo de Cristo começa a estar no altar. Mas nenhum destes modos pode dizer-se aqui. Logo, a alma não está em cada parte do corpo.

13. Ademais, a alma não está senão no corpo de que é ato. Mas ela é "ato de um corpo orgânico", como se diz no livro II de *De Anima*.[124] Como portanto cada parte do corpo não é um corpo orgânico, [a alma] não estará em cada parte do corpo.

14. Ademais, mais diferem a carne e os ossos que duas carnes de dois homens. Mas uma única alma não pode estar em dois corpos de diferentes homens. Logo, não pode estar em todas as partes de um único homem.

15. Ademais, se a alma está em cada parte do corpo, é necessário que, tirada qualquer parte do corpo, ou desapareça a alma, o que se patenteia falso, porque permanece vivo o homem, ou se transfira desta parte para outras, o que é impossível, porque a alma é simples, e por conseguinte imóvel. Não está, portanto, em cada parte do corpo.

16. Ademais, nenhum indivisível pode estar senão num indivisível, porque é necessário que o lugar se adéque ao localizado. Sucede todavia que num corpo se assinalam infinitos indivisíveis. Se pois a alma estiver em cada parte do corpo, seguir-se-á que está em infinitas [partes]: o que não pode ser, porque é de virtude finita.

17. Ademais, como a alma é simples e sem quantidade dimensiva, nenhuma totalidade parece poder atribuir-se-lhe além da virtude. Mas [a alma] não está em cada parte do corpo segundo suas potências, nas quais se considera a totalidade de sua virtude. Não está portanto em cada parte do corpo a alma toda.

18. Ademais, que algo possa estar todo em um todo com todas as suas partes parece provir de sua simplicidade: com efeito, vemos nos corpos que tal não pode acontecer. Mas a alma não é simples, senão que é composta de matéria e de forma. Logo, não está em cada parte do corpo. Prova da [premissa] média: no livro II da *Metafísica*,[125] o Filósofo repreende os que põem a matéria corporal como primeiro princípio, porque "punham só os elementos dos corpos, mas não das

corporum autem non. Est igitur etiam incorporeorum aliquod elementum. Sed elementum est materiale principium. Ergo etiam substantiae incorporeae, ut Angelus et anima, habent materiale principium.

19. Praeterea, quaedam animalia decisa vivunt. Non est autem dicere quod altera pars vivat per totam animam. Ergo nec ante decisionem tota anima erat in illa parte, sed pars animae.

20. Praeterea, totum et perfectum idem est, dicitur in III Physic. Perfectum autem est quod attingit propriam virtutem, ut dicitur etiam in VI Physic. Propria autem virtus animae humanae secundum intellectum non est actus alicuius partis corporis. Non ergo anima est tota in qualibet parte corporis.

SED CONTRA.

1. Est quod dicit Augustinus in III de Trinit., quod anima in toto tota est, et in qualibet parte eius, tota.

2. Praeterea, Damascenus dicit, quod Angelus ibi est ubi operatur; pari ergo ratione et anima. Sed anima operatur in qualibet parte corporis, quia quaelibet pars corporis nutritur, augetur et sentit. Ergo anima est in qualibet parte corporis.

3. Praeterea, anima est maioris virtutis quam formae materiales. Sed formae materiales, ut ignis aut aeris, sunt in qualibet parte; multo magis anima.

4. Praeterea, in libro de spiritu et anima dicitur, quod anima praesentia sua corpus vivificat. Sed quaelibet pars corporis vivificatur ab anima. Ergo anima est cuilibet parti corporis praesens.

RESPONDEO. Dicendum quod veritas huius quaestionis ex praecedentibus dependet. Ostensum est enim prius quod anima unitur corpori non solum ut motor, sed ut forma. Posterius vero ostensum est quod anima non praesupponit alias formas substantiales in materia, quae dent esse substantiale corpori aut partibus eius; sed et totum corpus et omnes eius partes habent esse substantiale et specificum per animam, qua recedente, sicut non manet homo aut animal aut vivum, ita non manet manus aut oculus aut caro aut os nisi aequivoce, sicut depicta aut lapidea. Sic igitur, cum omnis actus sit in eo cuius est actus,

coisas incorpóreas". Há também, por conseguinte, algum elemento das coisas incorpóreas. Mas o elemento é um princípio material. Logo, também as substâncias incorpóreas, como o anjo e a alma, têm princípio material.

19. Ademais, alguns animais cindidos vivem. Não se há de dizer, com efeito, que uma parte vive pela alma toda. Logo, nem antes da cisão a alma toda estava nessa parte, mas só uma parte da alma.

20. Ademais, todo e perfeito são o mesmo, como se diz no livro III da *Física*.[126] Perfeito, porém, é "o que alcança sua própria virtude", como se diz também no livro VII da *Física*.[127] Mas a virtude própria da alma humana segundo o intelecto não é ato de nenhuma parte do corpo. A alma, portanto, não está toda em cada parte do corpo.

MAS CONTRARIAMENTE:

1. Está o que diz Agostinho no livro III de *De Trin.*,[128] a saber, que "a alma está toda no todo, e toda em cada parte deste".

2. Ademais, diz Damasceno[129] que o anjo está ali onde opera; pela mesma razão, portanto, a alma. Mas a alma opera em cada parte do corpo, porque cada parte do corpo se nutre, aumenta e sente. Logo, a alma está em cada parte do corpo.

3. Ademais, a alma é de maior virtude que as formas materiais. Mas as formas materiais, como o fogo ou o ar, estão em cada parte; muito mais a alma.

4. Ademais, no livro *De Spiritu et Anima*[130] se diz que a alma vivifica o corpo por sua presença. Mas cada parte do corpo é vivificada pela alma. Logo, a alma está presente em cada parte do corpo.

RESPONDO. Deve dizer-se que a verdade desta questão depende do precedente. Mostrou-se, com efeito, que a alma se une ao corpo não só como motor, mas também como forma. Depois, porém, mostrou-se que alma não pressupõe na matéria outras formas substanciais que deem o ser substancial ao corpo ou a suas partes; senão que tanto o corpo como todas as suas partes têm o ser substancial e específico pela alma, que, se desaparece, tampouco permanece o homem ou o animal ou o vivo, nem igualmente a mão ou o olho ou a carne ou o osso senão equivocamente, como quando pintados ou esculpidos. Assim, pois, como todo o ato está naquilo de que é ato, é necessário que a alma, que é ato de todo o corpo e de toda parte [sua], esteja

oportet animam, quae est actus totius corporis et omnium partium, esse in toto corpore et in qualibet eius parte. Sed tamen aliter se habet totum ad animam, et aliter ad partes eius. Anima enim totius quidem corporis actus est primo et per se, partium vero in ordine ad totum. Ad cuius evidentiam considerandum est, quod, cum materia sit propter formam, talem oportet esse materiam ut competit formae. In istis rebus corruptibilibus formae imperfectiores, quae sunt debilioris virtutis, habent paucas operationes, ad quas non requiritur partium dissimilitudo; sicut patet in omnibus inanimatis corporibus. Anima vero, cum sit forma altioris et maioris virtutis, potest esse principium diversarum operationum, ad quarum executionem requiruntur dissimiles partes corporis. Et ideo omnis anima requirit diversitatem organorum in partibus corporis cuius est actus; et tanto maiorem diversitatem, quanto anima fuerit perfectior. Sic igitur formae infimae uniformiter perficiunt suam materiam; sed anima difformiter, ut ex dissimilibus partibus constituatur integritas corporis, cuius primo et per se anima est actus. Sed restat inquirendum quod dicitur, totam animam esse in toto, et totam in singulis partibus. Ad cuius evidentiam considerandum est quod triplex totalitas invenitur. Prima quidem est manifestior secundum quantitatem, prout totum quantum dicitur quod natum est dividi in partes quantitatis: et haec totalitas non potest attribui formis nisi per accidens, in quantum scilicet per accidens dividuntur divisione quantitatis, sicut albedo divisione superficiei. Sed hoc est illarum tantum formarum quae coextenduntur quantitati; quod ex hoc competit aliquibus formis, quia habent materiam similem aut fere similem et in toto et in parte. Unde formae quae requirunt magnam dissimilitudinem in partibus, non habent huiusmodi extensionem et totalitatem, sicut animae, praecipue animalium perfectorum. Secunda autem totalitas attenditur secundum perfectionem essentiae, cui totalitati etiam respondent partes essentiae, physice quidem in compositis materia et forma, logice vero genus et differentia; quae quidem perfectio in formis accidentalibus recipit magis et minus, non autem in substantialibus. Tertia autem totalitas est secundum virtutem. Si ergo loqueremur de aliqua forma habente extensionem in materia, puta de albedine, possemus dicere quod est tota in qualibet parte totalitate essentiae et virtutis, non autem totalitate prima, quae est ei per accidens; sicut tota ratio speciei albedinis invenitur in qualibet parte superficiei, non autem tota quantitas quam habet per accidens, sed pars in parte. Anima

em todo o corpo e em cada parte sua. Mas de um modo se compara o todo à alma, e de outro modo suas partes. A alma, com efeito, é de fato ato de todo o corpo em primeiro lugar e *per se*, enquanto das partes [o é] em ordem ao todo. Para evidenciá-lo, deve considerar-se que, como a matéria é pela forma, é necessário que tal matéria seja adequada à forma. Nestas coisas corruptíveis, as formas mais imperfeitas, que são de virtude mais débil, têm poucas operações, para as quais não se requerem partes dissímeis, como se patenteia em todos os corpos inanimados. A alma, todavia, como é de virtude mais alta e maior, pode ser princípio de operações diversas, para cuja execução se requerem partes do corpo dissímeis. E portanto toda alma requer diversidade de órgãos nas partes do corpo de que é ato; e tanto maior será tal diversidade quanto mais perfeita for a alma. Assim, pois, as formas ínfimas perfazem uniformemente sua matéria; mas a alma não uniformemente, constituindo com partes dissímeis a integridade do corpo, do qual a alma é ato em primeiro lugar e *per se*. Mas resta inquirir o que se diz, a saber, que a alma está toda no todo, e toda em cada uma das partes. Para evidenciá-lo, deve considerar-se que se encontra tríplice totalidade. A primeira, em verdade, é mais manifesta segundo a quantidade, de modo que se diz que um todo quantitativo é o que se divide em partes quantitativas: e esta totalidade não pode atribuir-se à forma senão *per accidens*, ou seja, enquanto *per accidens* se divide pela divisão da quantidade, assim como a brancura pela divisão da superfície. Mas isto só se dá com as formas que se coestendem à quantidade: o que só compete a algumas formas, porque têm matéria igual ou quase igual tanto no todo como na parte. Por isso as formas que requerem grande dissimilitude entre as partes não têm extensão e totalidade, assim como a alma, precipuamente a dos animais perfeitos. A segunda totalidade, todavia, encontra-se segundo a perfeição da essência, e a esta totalidade também respondem partes da essência, fisicamente, com efeito, nos compostos de matéria e de forma, mas logicamente o gênero e a diferença: porque, em verdade, nas formas acidentais a perfeição é susceptiva de mais e de menos, mas não nas formas substanciais. A terceira, contudo, é segundo a virtude. Se pois falamos de alguma forma que tem extensão na matéria, como, por exemplo, a brancura, podemos dizer que está toda em cada parte com a totalidade de essência e de virtude, mas não com a totalidade primeira, que ela tem *per accidens*: assim, toda a razão da espécie brancura se encontra em cada parte da superfície, mas não toda a quantidade que tem *per accidens*, e sim uma parte em cada parte. A alma, no entanto, e precipuamente a humana, não tem extensão na matéria; daí que nela não tenha lugar a primeira totalidade.

autem, et praecipue humana, non habet extensionem in materia; unde in ea prima totalitas locum non habet. Relinquitur ergo quod secundum totalitatem essentiae simpliciter enuntiari possit esse tota in qualibet corporis parte, non autem secundum totalitatem virtutis; quia partes difformiter perficiuntur ab ipsa ad diversas operationes; et aliqua operatio est eius, scilicet intelligere, quam per nullam partem corporis exequitur. Unde sic accepta totalitate animae secundum virtutem, non solum non est tota in qualibet parte, sed nec tota in toto: quia virtus animae capacitatem corporis excedit, ut supra dictum est.

1. AD PRIMUM ERGO dicendum quod philosophus ibi loquitur de anima quantum ad potentiam motivam, quae primo fundatur in corde.

2. AD SECUNDUM dicendum quod anima non est in qualibet parte corporis primo et per se, sed in ordine ad totum, ut dictum est; et ideo non quaelibet pars animalis est animal.

3. AD TERTIUM dicendum quod secundum philosophum in libro de somno et vigilia, cuius est potentia, eius est actio. Unde potentiae illae, quarum operationes non sunt solius animae sed coniuncti, sunt in organo sicut in subiecto, in anima autem sicut in radice. Solum autem illae potentiae sunt in anima sicut in subiecto, quarum operationes anima non per organum corporis exequitur; quae tamen sunt animae secundum quod excedit corpus. Unde non sequitur quod in qualibet parte corporis sint omnes potentiae animae.

4. AD QUARTUM dicendum quod forma domus, cum sit accidentalis, non dat esse specificum singulis partibus domus, sicut dat anima singulis partibus corporis; et ideo non est simile.

5. AD QUINTUM dicendum quod auctoritas illa non sic intelligitur quod anima humana extendatur secundum extensionem corporis, sed quia virtualis animae quantitas non porrigitur in maiorem quantitatem quam corporis.

6. AD SEXTUM dicendum quod omnis operatio aliquo modo accipitur ut media inter operantem et obiectum operationis; vel realiter, sicut in illis actionibus quae procedunt ab agente in aliquod extrinsecum transmutandum; vel secundum modum intelligendi, sicut intelligere et velle et huiusmodi, quae licet sint actiones in agente manentes, ut dicitur in IX Metaph., tamen significantur per modum aliarum actionum, ut ab uno tendentes in aliud. Sic

Resta, portanto, que segundo a totalidade da essência *simpliciter* se possa enunciar que está toda em cada parte de seu corpo, mas não segundo a totalidade da virtude, porque as partes são perfeitas desigualmente pela alma para operações diversas; e há alguma operação sua, como o inteligir, que não se executa mediante nenhuma parte do corpo. Por conseguinte, se se toma a totalidade da alma segundo a virtude, não só não está toda em cada parte, senão que tampouco toda no todo: porque a virtude da alma excede a capacidade do corpo, como se disse anteriormente.

1. QUANTO AO PRIMEIRO, portanto, deve dizer-se que o Filósofo fala aqui da alma quanto à potência motiva, que primeiramente se funda no coração.

2. QUANTO AO SEGUNDO, deve dizer-se que a alma não está em cada parte do corpo em primeiro lugar e *per se*, mas em ordem ao todo, como se disse; e portanto qualquer parte do animal não é animal.

3. QUANTO AO TERCEIRO, deve dizer-se que, segundo o Filósofo no livro *De Somno et Vigilia*,[131] "do que é potência, seu é o ato". Por isso, as potências cujas operações não são só da alma mas do conjunto estão no órgão como em seu sujeito, mas na alma como em sua raiz. Como em seu sujeito, contudo, estão na alma só as potências cujas operações não se executam mediante órgão do corpo, as quais porém são da alma enquanto excede o corpo. Por isso não se segue que em cada parte do corpo estejam todas as potências da alma.

4. QUANTO AO QUARTO, deve dizer-se que a forma da casa, por ser acidental, não dá o ser específico a cada uma das partes da casa, como dá a alma a cada uma das partes do corpo; e portanto não se trata do mesmo.

5. QUANTO AO QUINTO, deve dizer-se que essa autoridade não entende que a alma humana se estenda segundo a extensão do corpo, e sim que a quantidade virtual da alma não se estende a maior quantidade que a do corpo.

6. QUANTO AO SEXTO, deve dizer-se que toda operação de algum modo se toma como intermédia entre o operante e o objeto da operação, ou realmente, como nas ações que procedem do agente para algo extrínseco transmudando-o, ou segundo o modo de inteligir, como no inteligir e no querer e em similares, os quais, conquanto sejam ações que permanecem no agente, como se diz no livro X da *Metafísica*,[132] se significam porém ao modo das outras ações, como tendentes de um a outro. Assim, pois, quando se diz que alguém opera aqui ou ali, isso pode

ergo, cum dicitur aliquis operari hic vel ibi, dupliciter potest intelligi. Uno modo, quod per huiusmodi adverbia determinetur verbum, ex quo operatio exit ab agente; et sic verum est quod anima ubicumque operatur, ibi est. Alio modo, ex ea parte qua operatio intelligitur terminari ad alterum; et sic non ubicumque operatur, ibi est: sic enim sentit et videt in caelo, in quantum caelum sentitur et videtur ab ea.

7. AD SEPTIMUM dicendum quod anima moto corpore movetur per accidens, et non per se. Non est autem inconveniens quod aliquid simul moveatur et quiescat per accidens secundum diversa. Esset autem inconveniens, si per se simul quiesceret et moveretur.

8. AD OCTAVUM dicendum quod licet anima sit actus cuiuslibet partis corporis, non tamen uniformiter omnes partes corporis perficiuntur ab ea, ut dictum est; sed una altera principalius et perfectius.

9. AD NONUM dicendum quod anima per determinatam figuram dicitur esse in corpore, non quod figura sit causa quare sit in corpore, sed potius figura corporis est ex anima; unde ubi non est figura conveniens huic animae, non potest esse haec anima. Sed aliam figuram requirit anima in toto corpore, cuius per prius est actus, et aliam in parte, cuius est actus in ordine ad totum, sicut dictum est. Unde in animalibus in quibus figura partis fere est conformis figurae totius, pars recipit animam ut quoddam totum: quare decisa vivit. In animalibus tamen perfectis, in quibus figura partis multum differt a figura totius, pars non recipit animam sicut totum et primum perfectibile ut decisa vivat; recipit tamen animam in ordine ad totum, ut coniuncta vivat.

10. AD DECIMUM dicendum quod Angelus comparatur ad corpus caeleste quod movet, non sicut forma, sed sicut motor; unde non est simile de ipso et de anima, quae est forma totius et cuiuslibet partis.

11. AD UNDECIMUM dicendum quod si esset oculus in pede, esset ibi potentia visiva, quia haec potentia est actus talis organi animati. Remoto autem organo, remanet ibi anima, non tamen potentia visiva.

12. AD DUODECIMUM dicendum quod augmentum non fit sine motu locali, ut dicit philosophus IV Physic.; unde augmentato puero, sicut aliqua pars corporis incipit esse per se ubi prius non erat, ita anima per accidens, et per transmutationem suam, in quantum per accidens movetur moto corpore.

inteligir-se duplamente. De um modo, que por tais advérbios se determina o verbo da parte de que a operação sai do agente; e assim é verdade que a alma está onde opera, aqui e ali. Do outro modo, da parte de que a operação se intelige enquanto termina em outro; e assim não está onde opera, aqui e ali: assim, com efeito, ela sente e vê no céu, enquanto o céu é sentido e visto por ela.

7. QUANTO AO SÉTIMO, deve dizer-se que com o movimento do corpo a alma se move *per accidens*, e não *per se*. Não é todavia inconveniente que algo simultaneamente se mova e repouse *per accidens* segundo razões diversas. Mas seria inconveniente se *per se* simultaneamente repousasse e se movesse.

8. QUANTO AO OITAVO, deve dizer-se que, conquanto a alma seja ato de cada parte do corpo, não é uniformemente que todas as partes do corpo são perfeitas por ela, como se disse; mas umas de modo principal e mais perfeito que outras.

9. QUANTO AO NONO, deve dizer-se que se diz que a alma está no corpo por determinada figura, não porém porque a figura seja a causa pela qual esteja no corpo, mas porque antes a figura do corpo é pela alma; daí que, onde não haja figura conveniente a dada alma, não pode estar esta alma. Mas a alma requer uma figura em todo o corpo, de que antes de tudo é ato, e outra nas partes, de que é ato em ordem ao todo, como se disse. Por isso, nos animais em que a figura de uma parte é quase igual à figura do todo, a parte recebe a alma como uma sorte de todo: razão por que vive ainda que se divida. Nos animais perfeitos, no entanto, nos quais a figura de uma parte difere muito da figura do todo, a parte não recebe a alma como um todo e primeiro perfectível de modo que viva ainda que se divida; senão que recebe a alma em ordem ao todo, de modo que viva conjunta.

10. QUANTO AO DÉCIMO, deve dizer-se que os anjos se comparam ao corpo celeste que movem não como forma, mas como motor;[133] daí que não se tenha semelhança com a alma, que é a forma do todo e de cada uma das partes.

11. QUANTO AO UNDÉCIMO, deve dizer-se que, se o olho estivesse no pé, aí estaria a potência visiva, porque esta potência é ato de tal órgão animado. Removido porém o órgão, permanece ali a alma, mas não a potência visiva.

12. QUANTO AO DUODÉCIMO, deve dizer-se que o aumento não se faz sem movimento local, como diz o Filósofo no livro IV da *Física*;[134] daí que, se o menino aumenta, assim como alguma parte do corpo começa a estar *per se* onde antes não estava, assim também a alma *per accidens*, e por transmutação sua, enquanto *per accidens* se move com o movimento do corpo.

13. Ad decimumtertium dicendum quod corpus organicum est perfectibile ab anima primo et per se; singula autem organa et organorum partes, ut in ordine ad totum, sicut dictum est.

14. Ad decimumquartum dicendum quod caro mea cum carne tua magis convenit secundum rationem speciei, quam caro mea cum osse meo; sed secundum analogiam ad totum e converso. Nam caro mea et os meum possunt ordinari ad unum totum constituendum, non autem caro mea et caro tua.

15. Ad decimumquintum dicendum quod praecisa parte non sequitur quod auferatur anima, vel quod ad aliam partem transmutetur, nisi poneretur quod in illa sola parte anima esset; sed sequitur quod illa pars desinat perfici ab anima totius.

16. Ad decimumsextum dicendum quod anima non est indivisibilis ut punctum habens situm in continuo, contra cuius rationem esset in loco divisibili esse. Sed anima est indivisibilis per abstractionem a toto genere continui; unde non est contra eius rationem si sit in aliquo divisibili toto.

17. Ad decimumseptimum dicendum quod anima ex hoc quod est indivisibilis, sequitur quod non habeat totalitatem quantitatis. Nec propter hoc relinquitur quod sit in ea sola totalitas potentiarum: est enim in ea totalitas secundum essentiae rationem, ut dictum est.

18. Ad decimumoctavum dicendum quod philosophus in libro illo intendit inquirere de principiis omnium entium, non solum materialibus, sed etiam formalibus et efficientibus et finalibus. Et ideo redarguuntur ab ipso antiqui naturales, qui posuerunt tantum causam materialem, quae non habet locum in rebus incorporalibus; et sic non poterant ponere principia omnium entium. Non ergo intendit dicere quod sit aliquod elementum materiale rerum incorporalium; sed quod illi sunt reprehendendi qui principia rerum incorporalium neglexerunt, ponentes causam materialem tantum.

19. Ad decimumnonum dicendum quod in illis animalibus quae decisa vivunt, est una anima in actu, et multae in potentia. Per decisionem autem reducuntur in actum multitudinis, sicut contingit in omnibus formis quae habent extensionem in materia.

20. Ad vicesimum dicendum quod cum dicitur anima esse tota in qualibet parte, accipitur totum et perfectum secundum rationem essentiae, et non secundum rationem potentiae seu virtutis, ut ex supradictis patet.

13. QUANTO AO DÉCIMO TERCEIRO, deve dizer-se que o corpo orgânico é perfectível pela alma *primo* e *per se*; cada um dos órgãos e as partes dos órgãos, no entanto, o são em ordem ao todo, como se disse.

14. QUANTO AO DÉCIMO QUARTO, deve dizer-se que minha carne convém mais com tua carne segundo a razão da espécie do que minha carne com meu osso; mas segundo a analogia com o todo é ao revés. Pois minha carne e meu osso podem ordenar-se a constituir um todo, mas não minha carne e tua carne.

15. QUANTO AO DÉCIMO QUINTO, deve dizer-se que, se se extirpa uma parte, não se segue que desapareça a alma, ou que se transmude a outra parte, a não ser que se pusesse que a alma estivesse só em tal parte; mas segue-se, sim, que tal parte deixa de ser perfeita pela alma do todo.

16. QUANTO AO DÉCIMO SEXTO, deve dizer-se que a alma não é indivisível como o ponto situado num contínuo, contra cuja razão estaria o estar num lugar divisível. Mas a alma é indivisível por abstração de todo gênero de contínuo, razão por que não vai contra sua razão se está em algum todo divisível.

17. QUANTO AO DÉCIMO SÉTIMO, deve dizer-se que de que a alma seja indivisível se segue que não tem totalidade de quantidade. Por isso não resta senão que só tenha totalidade de potências: com efeito, há nela totalidade segundo a razão da essência, como se disse.

18. QUANTO AO DÉCIMO OITAVO, deve dizer-se que o Filósofo neste livro[135] busca inquirir dos princípios de todos os entes, não só os [princípios] materiais, mas também os formais, os eficientes e os finais. E por isso redargui aos antigos filósofos naturais, que puseram que só há a causa material, o que não tem lugar nas coisas incorpóreas; e assim não podiam pôr os princípios de todos os entes. Por conseguinte, não pretende dizer que haja um elemento material das coisas incorpóreas, e sim que são de repreender os que negligenciaram os princípios das coisas incorpóreas, pondo tão somente a causa material.

19. QUANTO AO DÉCIMO NONO, deve dizer-se que nos animais que vivem ainda que divididos há uma alma em ato, e muitas em potência. Pela divisão, todavia, reduzem-se ao ato da multidão, como acontece em todas as formas que têm extensão na matéria.

20. QUANTO AO VIGÉSIMO, deve dizer-se que, quando se diz que a alma está toda em cada parte, toma-se todo e perfeito segundo a razão de essência, e não segundo a razão de potência ou de virtude, como se patenteia do supradito.

ARTICULUS 5

Quinto quaeritur utrum aliqua substantia spiritualis creata sit non unita corpori

Et videtur quod non.

1. Dicit enim Origenes in I periarchon: *solius Dei, id est patris et filii et spiritus sancti, proprium est ut absque ulla corporea societatis adiectione intelligatur existere.* Nulla ergo substantia spiritualis creata potest esse corpori non unita.

2. Praeterea, Paschasius Papa dicit quod spiritualia sine corporalibus subsistere non possunt. Non est ergo possibile spirituales substantias non unitas corporibus esse.

3. Praeterea, Bernardus super canticum inquit: *liquet omnem spiritum creatum corporeo indigere solatio.* Manifestum est autem quod cum natura non deficiat in necessariis, multo minus deficit Deus. Non ergo spiritus creatus sine corpore invenitur.

4. Praeterea, si aliqua substantia spiritualis creata est omnino corpori non unita, necesse est quod sit supra tempus; tempus enim corporalia non excedit. Sed substantiae spirituales creatae non omnino sunt supra tempus. Cum enim ex nihilo creatae sint, et per consequens a non esse incipiant, necesse est eas vertibiles esse, ut possint deficere in non esse, nisi ab alio continerentur. Quod autem potest in non esse deficere, non omnino est supra tempus; potest enim nunc esse, et in alio nunc non esse. Non est ergo possibile aliquas creatas substantias absque corporibus esse.

5. Praeterea, Angeli corpora quaedam assumunt. Corpus autem assumptum ab Angelo, movetur ab eo. Cum igitur moveri secundum locum

ARTIGO 5

*Em quinto, indaga-se se há alguma substância
espiritual criada não unida a um corpo*[136]

E PARECE QUE NÃO.

1. Com efeito, diz Orígenes no livro I de *Peri Archon*:[137] "Só de Deus, isto é, do Pai e do Filho e do Espírito Santo, é próprio que inteljamos seu existir sem nenhuma adjunção de sociedade corpórea". Logo, nenhuma substância espiritual criada pode estar não unida a um corpo.

2. Ademais, o papa Pascoal[138] diz que as coisas espirituais não podem subsistir sem as corporais. Logo, não é possível haver substâncias espirituais não unidas a um corpo.

3. Ademais, Bernardo diz em *Super Canticum*:[139] "É claro que todo espírito criado necessita de um complemento corpóreo". Ora, é manifesto que, se a natureza não falha nas coisas necessárias, muito menos falha Deus. Logo, não se encontra espírito criado sem corpo.

4. Ademais, se alguma substância espiritual criada não está de todo unida a um corpo, é necessário que esteja acima do tempo; com efeito, o tempo não excede as coisas corporais. Mas as substâncias espirituais criadas não estão de todo acima do tempo. Com efeito, como foram criadas do nada e por conseguinte começaram numa versão,[140] é necessário que sejam vertíveis, de modo que possam falhar deixando de ser, se não forem mantidas por outro. Mas o que pode falhar deixando de ser não está de todo acima do tempo; com efeito, pode ser agora, e não ser em outro momento. Logo, não é possível haver substâncias criadas sem corpos.

5. Ademais, os anjos assumem alguns corpos. O corpo assumido pelo anjo, porém, é movido por ele. Como portanto mover-se segundo o lugar pressupõe o

praesupponat sentire et vivere, ut patet in II de anima, videtur quod corpora assumpta ab Angelis sentiant et vivant, et ita sint corporibus naturaliter uniti de quibus tamen maxime videtur quod sint a corporibus absoluti. Nulla ergo spiritualis substantia creata est corpori non unita.

6. Praeterea, Angelus naturaliter est perfectior quam anima. Perfectius autem est quod vivit et dat vitam, quam illud quod vivit tantum. Cum igitur anima vivat, et det vitam corpori per hoc quod est forma eius, videtur quod multo fortius Angelus non solum vivat, sed etiam uniatur alicui corpori cui det vitam; et sic idem quod prius.

7. Praeterea, manifestum est quod Angeli singularia cognoscunt; alioquin frustra hominibus in custodiam deputarentur. Non possunt autem singularia cognoscere per formas universales: quia sic aequaliter se haberet eorum cognitio ad praeteritum et futurum, cum tamen futura cognoscere solius Dei sit. Cognoscunt igitur Angeli singularia per formas particulares, quae requirunt organa corporalia sibi unita in quibus recipiantur. Ergo Angeli habent organa corporalia sibi unita; et sic nullus spiritus creatus videtur esse omnino a corpore absolutus.

8. Praeterea, principium individuationis est materia. Angeli autem sunt quaedam individua, alioquin non haberent proprias actiones; agere enim particularium est. Cum igitur non habeant materiam ex qua sint, ut supra dictum est, videtur quod habeant materiam in qua, scilicet corpora quibus uniuntur.

9. Praeterea, cum spiritus creati sint substantiae finitae, necesse est quod sint in determinato genere et specie. Est igitur in eis invenire naturam universalem speciei. Ex ipsa autem natura universali non habent quod individuentur. Ergo oportet esse aliquid additum per quod individuentur. Hoc autem non potest esse aliquid materiale, quod intret compositionem Angeli, cum Angeli sint immateriales substantiae, ut supra dictum est. Necesse est ergo quod addatur eis aliqua materia corporalis, per quam individuantur; et sic idem quod prius.

10. Praeterea, substantiae spirituales creatae non sunt materia tantum, quia sic essent in potentia solum, et non haberent aliquam actionem; nec iterum sunt compositae ex materia et forma, ut supra ostensum est. Relinquitur igitur quod sint formae tantum. De ratione autem formae est quod sit actus materiae cui unitur. Videtur ergo quod spirituales substantiae creatae uniantur materiae corporali.

11. Praeterea, de similibus simile est iudicium. Sed aliquae spirituales substantiae creatae sunt unitae corporibus. Ergo omnes.

sentir e o viver, como se patenteia no livro II de *De Anima*,[141] parece que os corpos assumidos pelos anjos sentem e vivem, e assim [os anjos] estão naturalmente unidos a corpos e, não obstante, são os que maximamente parecem desligados de corpos. Logo, nenhuma substância espiritual criada está separada de um corpo.

6. Ademais, o anjo é naturalmente mais perfeito que a alma. Mas é mais perfeito o que vive e dá vida que o que só vive. Como portanto a alma vive, e dá vida ao corpo pelo fato mesmo de que é sua forma, parece que muito *a fortiori* o anjo não só vive, mas também se une a algum corpo a que dá vida; e assim o mesmo que antes.

7. Ademais, é manifesto que os anjos conhecem os singulares;[142] do contrário, debalde se deputariam aos homens em custódia. Não podem porém conhecer os singulares por formas universais: porque assim sua cognição se haveria igualmente ao pretérito e ao futuro, quando todavia conhecer as coisas futuras é só de Deus. Por conseguinte, os anjos conhecem os singulares por formas particulares, que requerem órgãos corporais unidos àqueles em que são recebidas. Logo, os anjos têm órgãos corporais unidos a eles; e assim parece que nenhum espírito criado está de todo desligado de corpo.

8. Ademais, o princípio de individuação é a matéria. Mas os anjos são certos indivíduos; do contrário, não teriam ações próprias, porque, com efeito, agir é dos particulares. Como portanto não têm matéria *ex qua* [de que] sejam, como já se disse, parece que têm matéria *in qua* [em que] sejam, ou seja, corpos a que se unam.

9. Ademais, como os espíritos criados são substâncias finitas, é necessário que estejam em determinado gênero e em determinada espécie. Neles, portanto, encontra-se a natureza universal da espécie. Desta natureza universal, todavia, não têm o individuar-se. Logo, é necessário que haja algo adicionado por que se individuem. Mas não pode ser algo material que entre na composição dos anjos, porque os anjos são substâncias imateriais, como já dito. É necessário, portanto, que se lhes adicione alguma matéria corporal, pela qual se individuem; e assim o mesmo que antes.

10. Ademais, as substâncias espirituais criadas não são só matéria, porque assim estariam tão somente em potência, e não teriam ação alguma; tampouco são compostas de matéria e de forma, como se mostrou anteriormente [a. 1]. Resta, portanto, que sejam tão somente formas. Mas pertence à razão da forma o ser ato da matéria a que se una. Parece, por conseguinte, que as substâncias espirituais criadas se unem a matéria corporal.

11. Ademais, de similares é similar o juízo. Mas algumas substâncias espirituais estão unidas a corpos. Logo, todas também.

Articulus 5

Sed contra.

1. Est quod Dionysius dicit in IV cap. de Div. Nom., quod Angeli sunt incorporales et immateriales.

2. Praeterea, secundum philosophum in VIII Physic., si aliqua duo inveniuntur coniuncta, quorum unum sine altero inveniri potest, oportet et alterum sine altero inveniri. Invenitur enim aliquid movens motum; unde si aliquid est motum non movens, invenitur etiam aliquid movens non motum. Sed invenitur aliquid compositum ex substantia corporali et spirituali. Cum igitur inveniatur aliquod corpus sine spiritu, videtur quod aliquis spiritus inveniri possit corpori non unitus.

3. Praeterea, Richardus de s. Victore sic argumentatur. In divinis plures inveniuntur personae in una natura. In rebus autem humanis una persona in duabus naturis, scilicet anima et corpore. Ergo et invenitur medium, scilicet quod sit una persona in una natura: quod non esset, si natura spiritualis corpori uniretur.

4. Praeterea, Angelus est in corpore assumpto. Si ergo corpus aliud sibi naturaliter uniretur, sequeretur quod duo corpora simul essent in eodem; quod est impossibile. Sunt ergo aliquae spirituales substantiae creatae non habentes corpora naturaliter sibi unita.

Respondeo. Dicendum quod quia nostra cognitio a sensu incipit, sensus autem corporalium est, a principio homines de veritate inquirentes solum naturam corpoream capere potuerunt, in tantum quod primi naturales philosophi nihil esse nisi corpora aestimabant; unde et ipsam animam corpus esse dicebant. Quos etiam secuti videntur Manichaei haeretici, qui Deum lucem quamdam corpoream per infinita distensam spatia esse existimabant. Sic etiam et Anthropomorphitae, qui Deum lineamentis humani corporis figuratum esse astruebant, nihil ultra corpora esse suspicabantur. Sed posteriores philosophi rationabiliter per intellectum corporalia transcendentes, ad cognitionem incorporeae substantiae pervenerunt. Quorum Anaxagoras primus, quia ponebat a principio omnia corporalia invicem esse immixta, coactus fuit ponere supra corporalia aliquod incorporeum non mixtum, quod

MAS CONTRARIAMENTE:

1. Está o que diz Dionísio no capítulo IV de *De Div. Nomin.*[143] que "os anjos são incorporais e imateriais".

2. Ademais, segundo o Filósofo no livro VIII da *Física*,[144] se se encontram duas coisas conjuntas, uma das quais pode encontrar-se sem a outra, é necessário que esta também possa encontrar-se sem aquela. Encontra-se, com efeito, algum movente movido; daí que, se há algo movido não movente, haja também algo movente não movido. Mas encontra-se algo composto de substância corporal e [de substância] espiritual. Logo, como se encontra algum corpo sem espírito, parece que se pode encontrar algum espírito não unido a corpo.

3. Ademais, Ricardo de São Vítor[145] argumenta assim. Em Deus, encontram-se muitas pessoas em uma natureza. Nas coisas humanas, porém, uma pessoa em duas naturezas, a saber, a alma e o corpo. Logo, encontra-se também algo intermédio, a saber, que haja uma pessoa em uma natureza: o que não haveria se a natureza espiritual se unisse a um corpo.

4. Ademais, o anjo está no corpo assumido. Se pois se lhe unisse naturalmente outro corpo, seguir-se-ia que dois corpos estariam simultaneamente no mesmo, o que é impossível. Logo, há algumas substâncias espirituais criadas que não têm corpos naturalmente unidos a elas.

RESPONDO. Deve dizer-se que, como nossa cognição começa pelo sentido, e o sentido é dos entes corporais, quando os homens principiaram a inquirir da verdade só puderam apreender a natureza corpórea, dado que os primeiros [filósofos] naturais estimavam que não havia nada além de corpos; por isso diziam que a alma mesma fosse corpo. A estes parece que os secundaram os hereges maniqueus, que consideravam que Deus fosse certa luz corpórea difundida por espaços infinitos. Assim também os antropomorfitas, que supunham que Deus tivesse figura composta de traços do corpo humano, tampouco suspeitavam que houvesse algo além dos corpos. Mas os filósofos posteriores, transcendendo razoavelmente as coisas corporais pelo intelecto, chegaram à cognição das substâncias incorpóreas. O primeiro destes foi Anaxágoras, o qual, porque punha que no princípio todas as coisas corporais estavam misturadas entre si, foi obrigado a pôr acima das coisas

corporalia distingueret et moveret. Et hoc vocabat intellectum distinguentem et moventem omnia, quem nos dicimus Deum. Plato vero est alia via usus ad ponendum substantias incorporeas. Existimavit enim quod ante omne esse participans, necesse est ponere aliquid abstractum participatum. Unde cum omnia corpora sensibilia participent ea quae de ipsis praedicantur, scilicet naturas generum et specierum et aliorum universaliter de ipsis dictorum, posuit huiusmodi naturas abstractas a sensibilibus per se subsistentes, quas substantias separatas nominabat. Aristoteles vero processit ad ponendum substantias separatas ex perpetuitate caelestis motus. Oportet enim caelestis motus aliquem finem ponere. Si autem finis alicuius motus non semper eodem modo se habeat, sed moveatur per se vel per accidens, necesse est illum motum non semper uniformiter se habere; unde motus naturalis gravium et levium magis intenditur cum appropinquat ad hoc quod est esse in loco proprio. Videmus autem in motibus caelestium corporum semper uniformitatem servari; ex quo existimavit huius uniformis motus perpetuitatem. Oportebat igitur ut poneret finem huius motus non moveri nec per se nec per accidens. Omne autem corpus vel quod est in corpore, mobile est per se vel per accidens. Sic ergo necessarium fuit quod poneret aliquam substantiam omnino a corpore separatam, quae esset finis motus caelestis. In hoc autem videtur tres praedictae positiones differre, quod Anaxagoras non habuit necesse ponere secundum principia ab eo supposita nisi unam substantiam incorpoream. Plato autem necesse habuit ponere multas et ad invicem ordinatas, secundum multitudinem et ordinem generum et specierum et aliorum, quae abstracta ponebat; posuit enim primum abstractum, quod essentialiter esset bonum et unum, et consequenter diversos ordines intelligibilium et intellectuum. Aristoteles autem posuit plures substantias separatas. Cum enim in caelo appareant multi motus, quorum quemlibet ponebat esse uniformem et perpetuum; cuiuslibet autem motus oportet esse aliquem proprium finem, ex quo finis talis motus debet esse substantia incorporea, consequens fuit ut poneret multas substantias incorporeas ad invicem ordinatas secundum naturam et ordinem caelestium motuum. Nec ultra in eis ponendis processit, quia proprium philosophiae eius fuit a manifestis non discedere. Sed istae viae non sunt nobis multum accommodae: quia neque ponimus mixtionem sensibilium cum Anaxagora, neque abstractionem universalium cum Platone,

corporais algo incorpóreo não misturado que distinguisse e movesse as coisas corporais. E a isto chamava-o intelecto distinguinte e movente de todas as coisas, ao qual chamamos Deus. Platão, todavia, usou de outra via para pôr as substâncias incorpóreas. Considerava ele, com efeito, que antes de todo o ser participante é necessário pôr algo abstrato participado. Daí que, como todos os corpos sensíveis participam do que se predica deles, ou seja, as naturezas dos gêneros e das espécies e de tudo o mais que se diz deles universalmente, pôs tais naturezas abstratas das coisas sensíveis como subsistentes por si, às quais chamava substâncias separadas. Aristóteles,[146] no entanto, procedeu pondo substâncias separadas a partir da perpetuidade do movimento celeste. É necessário, com efeito, pôr algum fim para o movimento celeste. Se todavia o fim de um movimento nem sempre se tem do mesmo modo, senão que se move *per se* ou *per accidens*, é necessário que tal movimento nem sempre se tenha uniformemente; daí que o movimento natural dos graves e dos leves se intensifique quando se aproxima do que é o estar em seu lugar próprio. Vemos, no entanto, que sempre se observa uniformidade nos movimentos dos corpos celestes; a partir disso pensou [Aristóteles] a perpetuidade desse movimento uniforme. Era necessário, portanto, pôr que o fim desse movimento não se movesse *per se* nem *per accidens*. Mas todo corpo ou o que está no corpo é móvel *per se* ou *per accidens*. Assim, pois, foi necessário que pusesse alguma substância de todo separada do corpo, a qual fosse o fim do movimento celeste. Ora, nisto parecem diferir as preditas posições, a saber, em que Anaxágoras, segundo os princípios supostos por ele, não teve necessidade de pôr mais que uma substância incorpórea. Mas Platão teve necessidade de pôr muitas e entre si ordenadas, segundo a multidão e a ordem dos gêneros e das espécies e de outros, que punha abstratos; pôs, com efeito, um primeiro abstrato, que essencialmente seria o bom e uno, e consequentemente diversas ordens de coisas inteligíveis e de inteligentes. Aristóteles, porém, pôs muitas substâncias separadas. Como, com efeito, no céu aparecem muitos movimentos, cada um dos quais [ele] punha que era uniforme e perpétuo, e como era necessário que cada um dos movimentos tivesse um fim próprio, razão por que o fim de tal movimento devia ser uma substância incorpórea, foi consequente que pusesse muitas substâncias incorpóreas ordenadas entre si segundo a natureza e a ordem dos movimentos celestes. E não foi além nesse processo, porque foi próprio de sua filosofia não afastar-se do manifesto. – Mas essas vias não se acomodam muito a nós: porque não pomos a mistura das coisas sensíveis

neque perpetuitatem motus cum Aristotele. Unde oportet nos aliis viis procedere ad manifestationem propositi. Primo igitur apparet esse aliquas substantias omnino a corporibus absolutas ex perfectione universi. Talis enim videtur esse universi perfectio, ut non desit ei aliqua natura quam possibile sit esse; propter quod singula dicuntur bona, omnia autem simul valde bona. Manifestum est autem quod si aliqua duo sunt, quorum unum ex altero non dependeat secundum suam rationem, possibile est illud sine alio inveniri: sicut animal secundum suam rationem non dependet a rationali; unde possibile est invenire animalia non rationalia. Est autem de ratione substantiae quod per se subsistat; quod nullo modo dependet a corporis ratione, cum ratio corporis quaedam accidentia, scilicet dimensiones, aliquo modo respiciat, a quibus non causatur subsistere. Relinquitur igitur quod post Deum, qui non continetur in aliquo genere, inveniantur in genere substantiae aliquae substantiae a corporibus absolutae. Secundo potest idem considerari ex ordine rerum, qui talis esse invenitur ut ab uno extremo ad alterum non perveniatur nisi per media: sicut sub corpore caelesti invenitur immediate ignis, sub quo aer, sub quo aqua, sub quo terra, secundum scilicet consequentiam nobilitatis et subtilitatis horum corporum. Est autem in summo rerum vertice id quod est omnibus modis simplex et unum, scilicet Deus. Non igitur possibile est quod immediate sub Deo collocetur corporalis substantia, quae est omnino composita et divisibilis. Sed oportet ponere multa media per quae deveniatur a summa simplicitate divina ad corpoream multiplicitatem; quorum mediorum aliqua sunt substantiae incorporeae corporibus non unitae, aliqua vero substantiae incorporeae corporibus unitae. Tertio, apparet idem ex proprietate intellectus. Manifestum est enim quod intelligere est operatio quae per corpus fieri non potest, ut probatur in III de anima. Unde oportet quod substantia cuius est haec operatio, habeat esse non dependens a corpore, sed supra corpus elevatum; sicut enim est unumquodque, ita operatur. Si ergo aliqua substantia intelligens corpori uniatur, hoc non erit ei in quantum est intelligens, sed secundum aliquid aliud; sicut supra dictum est, quod necessarium est, animam humanam uniri corpori, in quantum indiget operationibus per corpus exercitis ad complementum intellectualis operationis, prout intelligit a phantasmatibus abstrahendo. Quod quidem accidit intellectuali operationi, et pertinet ad

com Anaxágoras, nem a abstração dos universais com Platão, nem a perpetuidade do movimento com Aristóteles. Por isso, é-nos necessário proceder por outra via para a manifestação de nosso propósito. Em primeiro lugar, portanto, da perfeição do universo aparece que há algumas substâncias de todo desligadas dos corpos. A perfeição do universo, com efeito, parece tal que não lhe falta nenhuma natureza que seja possível ser; razão por que cada uma delas se diz boa, mas todas simultaneamente muito boas. É manifesto todavia que, se há duas coisas, uma das quais não depende da outra segundo sua razão, é possível encontrá-la sem a outra: assim, o animal segundo sua razão não depende do racional, razão por que é possível encontrar animais não racionais. É porém da razão de substância que subsista por si, o que de modo algum depende da razão de corpo, a cuja razão pertence receber alguns acidentes, a saber, dimensões, os quais não causam seu subsistir. Resta, portanto, que depois de Deus, que não está contido em nenhum gênero, se encontrem no gênero das substâncias algumas substâncias desligadas dos corpos. Em segundo lugar, dá-se o mesmo se se considera do ângulo da ordem das coisas, a qual é de tal modo que não se chega de um extremo ao outro senão por um meio: assim, abaixo do corpo celeste se encontra imediatamente o fogo, abaixo deste o ar, abaixo deste a água, abaixo deste a terra, ou seja, segundo a ordem de nobreza e de subtilidade desses corpos. Está todavia no sumo vértice das coisas o que é de todos os modos simples e uno, ou seja, Deus. Não é possível, portanto, que imediatamente abaixo de Deus se situe a substância corporal, que é de todo composta e divisível. Mas é necessário pôr muitos intermédios pelos quais chegar da suma simplicidade divina à multiplicidade corpórea; entre tais intermédios estão algumas substâncias incorpóreas não unidas a corpos, mas também algumas substâncias incorpóreas unidas a corpos. Em terceiro lugar, aparece o mesmo a partir da propriedade do intelecto. É manifesto, com efeito, que inteligir é uma operação que não pode fazer-se pelo corpo, como se prova no livro III de *De Anima*.[147] Por isso é necessário que a substância de que é esta operação tenha um ser não dependente do corpo, mas elevado acima do corpo; com efeito, segundo é cada coisa, assim opera. Se pois alguma substância inteligente se une a um corpo, isto não se dará enquanto é inteligente, mas segundo alguma outra coisa; assim, disse-se que é necessário à alma humana unir-se a um corpo, enquanto carece de operações exercidas pelo corpo para complemento da operação intelectual, já que intelige abstraindo dos fantasmas. Com efeito, isto acontece à operação intelectual, e pertence à sua imperfeição, a fim de

imperfectionem ipsius, ut ex his quae sunt intelligibilia solum in potentia scientiam capiat; sicut est de imperfectione visus vespertilionis, quod necesse habeat videre in obscuro. Quod autem per accidens adiungitur alicui, non in omnibus cum eo invenitur. Oportet etiam quod ante esse imperfectum in aliquo genere, inveniatur id quod est perfectum in genere illo; quia perfectum est naturaliter prius imperfecto, sicut actus potentia. Relinquitur igitur quod oportet ponere aliquas substantias incorporeas corpori non unitas, utpote non indigentes aliquo corpore ad intellectualem operationem.

1. AD PRIMUM ERGO dicendum quod in hoc non est auctoritas Origenis recipienda; quia multa in illo libro erronee loquitur, sequens opiniones antiquorum philosophorum.

2. AD SECUNDUM dicendum quod Paschasius loquitur de spiritualibus quibus sunt annexa temporalia, cum quorum venditione vel emptione ipsa spiritualia emi vel vendi intelliguntur. Iura enim spiritualia vel consecrationes non per se seorsum subsistunt a corporalibus vel temporalibus, quae eis annectuntur.

3. AD TERTIUM dicendum quod omnis spiritus creatus indiget solatio corporeo: quidam propter se, ut anima rationalis; quidam propter nos, ut Angeli qui in corporibus assumptis nobis apparent.

4. AD QUARTUM dicendum quod substantiae spirituales creatae quantum ad suum esse ponuntur mensurari aevo, licet eorum motus tempore mensurentur, secundum illud Augustini, IV super Gen. ad litteram, quod Deus movet creaturam spiritualem per tempus. Quod autem dicitur quod possint verti in non esse, non pertinet ad aliquam potentiam in eis existentem, sed ad potentiam agentis. Sicut enim antequam essent, poterant esse per solam potentiam agentis, ita cum sunt possunt non esse per solam potentiam Dei, qui potest subtrahere manum conservantem. In eis vero nulla est potentia ad non esse, ut sic tempore mensurentur, sicut quae possunt moveri. Licet autem non moveantur, tamen tempore mensurantur.

5. AD QUINTUM dicendum quod moveri secundum locum a movente intrinseco et coniuncto, praesupponit sentire et vivere. Sic autem non moventur corpora ab Angelis assumpta. Unde ratio non sequitur.

que alcance ciência das coisas que são inteligíveis somente em potência; assim, decorre da imperfeição da visão do morcego que lhe seja necessário ver no escuro. Mas o que se adjunta *per accidens* a algo não se encontra em todos os que são como este. É necessário também que antes do ser imperfeito em algum gênero se encontre o que é perfeito nesse gênero, porque o perfeito é naturalmente anterior ao imperfeito, assim como o ato à potência. Resta portanto que seja necessário pôr algumas substâncias incorpóreas não unidas a um corpo, enquanto não carecem de corpo algum para a operação intelectual.

1. QUANTO AO PRIMEIRO, portanto, deve dizer-se que nisto não se deve aceitar a autoridade de Orígenes, porque nesse livro diz muitas coisas errôneas por seguir opiniões de antigos filósofos.

2. QUANTO AO SEGUNDO, deve dizer-se que Pascoal fala das coisas espirituais que têm anexas coisas temporais, com cuja compra e venda se inteligia que se compravam ou vendiam coisas espirituais. Com efeito, os direitos espirituais ou as consagrações não subsistem por si separadamente das coisas temporais ou corporais que lhes são anexas.

3. QUANTO AO TERCEIRO, deve dizer-se que todo espírito criado necessita de complemento corpóreo: uns por eles mesmos, como a alma racional; outros por nós, como os anjos que aparecem em corpos assumidos.

4. QUANTO AO QUARTO, deve dizer-se que as substâncias espirituais criadas, quanto a seu ser, põem-se como medidas pelo evo, conquanto seus movimentos se meçam pelo tempo, segundo aquilo que diz Agostinho no livro IV de *Super Gen. ad Litt.*:[148] "Deus move a criatura espiritual pelo tempo". Quando porém se diz que podem verter-se no não ser, tal não pertence a nenhuma potência existente nelas, mas à potência do agente. Assim, com efeito, como antes que fossem poderiam ser tão somente pela potência do agente, assim também, quando são, podem não ser pela só potência de Deus, que pode tirar sua mão conservadora. Nelas, todavia, não há nenhuma potência para não ser, de modo que se meçam pelo tempo, como as que podem mover-se. Ainda que não se movam, medem-se porém pelo tempo.

5. QUANTO AO QUINTO, deve dizer-se que mover-se segundo o lugar por um movente intrínseco e conjunto pressupõe sentir e viver. Mas não se movem assim os corpos assumidos pelos anjos. Por isso a razão não se segue.

6. Ad sextum dicendum quod vivere et dare vitam effective, nobilius est quam vivere tantum. Sed dare vitam formaliter, hoc est ignobilioris substantiae quam ea quae vivit per se subsistendo sine corpore. Esse enim illius intellectualis substantiae quae est forma corporis, est magis infimum et affine corporeae naturae, in tantum ut possit ei communicari.

7. Ad septimum dicendum quod Angeli cognoscunt particularia per formas universales quae sunt similitudines rationum idealium, quibus Deus et universalia et singularia cognoscit. Nec tamen oportet quod cognoscant singularia futura, quae nondum participaverunt materiam et formam, quae repraesentatur per species intellectus angelici. Secus est autem de intellectu divino, qui in nunc aeternitatis constitutus, totum tempus uno intuitu circumspicit.

8. Ad octavum dicendum quod materia est individuationis principium, in quantum non est nata in alio recipi. Formae vero, quae natae sunt recipi in aliquo subiecto, de se individuatae esse non possunt; quia quantum est de sui ratione, indifferens est eis quod recipiantur in uno vel pluribus. Sed si aliqua forma sit quae non sit in aliquo receptibilis, ex hoc ipso individuationem habet, quia non potest in pluribus esse, sed ipsa sola manet in seipsa. Unde Aristoteles, in VII Metaph., contra Platonem arguit, quod si formae rerum sint abstractae, oportet quod sint singulares.

9. Ad nonum dicendum quod in compositis ex materia et forma, individuum addit supra naturam speciei designationem materiae et accidentia individualia. Sed in formis abstractis non addit individuum supra naturam speciei aliquid secundum rem, quia in talibus essentia eius est ipsummet individuum subsistens, ut patet per philosophum in VII Metaph. Addit tamen aliquid secundum rationem, scilicet hoc quod est non posse existere in pluribus.

10. Ad decimum dicendum quod substantiae quae sunt a corporibus separatae, sunt formae tantum, non tamen sunt actus alicuius materiae. Licet enim materia non possit esse sine forma, tamen forma potest esse sine materia, quia materia habet esse per formam, et non e converso.

11. Ad undecimum dicendum quod anima, quia est infima inter substantias spirituales, maiorem habet affinitatem cum natura corporea, ut possit esse eius forma, quam superiores substantiae.

6. QUANTO AO SEXTO, deve dizer-se que viver e dar vida efetivamente é mais nobre que só viver. Mas dar vida formalmente, isso é de substância menos nobre que a que vive subsistindo por si sem corpo. Com efeito, o ser da substância intelectual que é forma de um corpo é o ínfimo e o mais afim às naturezas corporais, a ponto de poder comunicar com elas.

7. QUANTO AO SÉTIMO, deve dizer-se que os anjos conhecem os particulares por formas universais que são similitudes das razões ideais pelas quais conhecem Deus e os universais e os singulares. Não é necessário, no entanto, que conheçam os singulares futuros, que ainda não participaram de matéria e de forma, que é representada pelas espécies do intelecto angélico. Diferentemente, porém, o intelecto divino, que está constituído no agora da eternidade, abarca todo o tempo de um só olhar.

8. QUANTO AO OITAVO, deve dizer-se que a matéria é princípio de individuação enquanto naturalmente não é recebida em outro. As formas, todavia, que naturalmente são recebidas em algum sujeito não podem individualizar-se por si, porque, quanto ao que é de sua razão, é indiferente que se recebam em um ou em muitos. Mas, se há alguma forma que não seja receptível em algo, disto mesmo tem a individuação, porque não pode ser recebida em muitos, senão que permanece só em si mesma. Por isso Aristóteles, no livro VII da *Metafísica*,[149] argui contra Platão que, se as formas das coisas são abstratas, é necessário que sejam singulares.

9. QUANTO AO NONO, deve dizer-se que nas coisas compostas de matéria e de forma o indivíduo acrescenta à natureza da espécie a designação da matéria e os acidentes individuais. Mas nas formas abstratas o indivíduo não acrescenta à natureza da espécie nada *secundum rem*, porque nelas sua essência é o mesmo indivíduo subsistente, como é patenteado pelo Filósofo no livro VII da *Metafísica*.[150] Acrescenta porém algo *secundum rationem*, a saber, o não poder existir em muitos.

10. QUANTO AO DÉCIMO, deve dizer-se que as substâncias que são separadas dos corpos são só formas, não porém atos de alguma matéria. Com efeito, ainda que a matéria não possa ser sem a forma, a forma todavia pode ser sem a matéria, porque a matéria tem o ser pela forma, e não ao contrário.

11. QUANTO AO UNDÉCIMO, deve dizer-se que a alma, porque é a ínfima entre as substâncias espirituais, tem maior afinidade com a natureza corpórea, para que possa ser sua forma, do que as substâncias superiores.

ARTICULUS 6

Sexto quaeritur utrum substantia spiritualis caelesti corpori uniatur

Et videtur quod sic.

1. Dicit enim Dionysius cap. VII de divinis nominibus, quod divina sapientia coniungit fines primorum principiis secundorum. Ex quo potest accipi quod natura inferior in sui summo attingat superiorem in sui infimo. Supremum autem in natura corporea est corpus caeleste, infimum autem in natura spirituali est anima. Ergo corpus caeleste est animatum.

2. Praeterea, nobilioris corporis nobilior est forma. Corpus autem caeleste est nobilissimum corporum, et anima est nobilissima formarum. Si ergo aliqua inferiora corpora sunt animata, multo magis corpus caeleste animatum erit.

3. Sed dicebat, quod licet corpus caeleste non sit animatum, tamen forma qua illud corpus est corpus, est nobilior quam forma qua corpus hominis est corpus.- Sed contra, aut in corpore humano est alia forma substantialis praeter animam rationalem quae dat esse corpori, aut non. Si non, sed ipsa anima dat esse substantiale corpori, cum anima sit nobilissima formarum, sequetur quod forma per quam corpus humanum est corpus, sit nobilior quam forma per quam corpus caeleste est corpus. Si autem sit alia forma substantialis in homine dans esse corpori praeter animam rationalem, manifestum est quod per illam formam corpus humanum sit susceptivum animae rationalis. Quod autem est susceptivum perfectae bonitatis, est melius eo quod non est susceptivum, ut dicitur II de caelo et mundo. Si ergo corpus caeleste non est susceptivum animae rationalis, adhuc sequetur quod forma per quam corpus humanum est corpus, est nobilior quam forma per quam corpus caeleste est corpus; quod videtur inconveniens.

ARTIGO 6

Em sexto, indaga-se se a substância espiritual se une a um corpo celeste[151]

E PARECE QUE SIM.

1. Com efeito, diz Dionísio no cap. VII de *De Div. Nomin.*[152] que "a sabedoria divina une os fins dos entes primeiros aos princípios dos segundos". Disso pode coligir-se que a natureza inferior, em seu sumo, alcança a superior, em seu ínfimo. Mas o supremo na natureza corpórea é o corpo celeste, enquanto o ínfimo na natureza espiritual é a alma. Logo, o corpo celeste é animado.

2. Ademais, a forma mais nobre é a do corpo mais nobre. O corpo celeste, todavia, é o nobilíssimo entre os corpos, e a alma é a nobilíssima entre as formas. Se pois alguns corpos inferiores são animados, muito mais será animado o corpo celeste.

3. Mas dizia que, ainda que o corpo celeste não seja animado, a forma porém pela qual esse corpo é corpo é mais nobre que a forma pela qual o corpo do homem é corpo. – Mas, contrariamente, ou no corpo humano há outra forma substancial além da alma racional, ou não. Se não, senão que a mesma alma dá o ser substancial ao corpo, como a alma é a nobilíssima das formas, seguir-se-á que a forma pela qual o corpo humano é corpo é mais nobre que a forma pela qual o corpo celeste é corpo. Se porém há outra forma substancial no homem que dê o ser ao corpo além da alma racional, é manifesto que por tal forma o corpo humano é susceptivo de alma racional. Mas o que é susceptivo de bondade perfeita é melhor que o que não é susceptivo dela, como se diz no livro II de *De Caelo et Mundo*.[153] Se pois o corpo celeste não é susceptivo de alma racional, ainda se seguirá que a forma pela qual o corpo humano é corpo é mais nobre que a forma pela qual o corpo celeste é corpo, o que parece inconveniente.

4. Praeterea, perfectio universi requirit ut nulli corpori denegetur id ad quod naturaliter inclinatur. Omne autem corpus habet naturalem inclinationem ad id quo indiget ad suam operationem. Operatio autem propria corporis caelestis est motus circularis, ad quam indiget substantia spirituali. Non enim hic motus potest consequi aliquam formam corporalem, sicut motus gravium et levium; quia oporteret quod motus cessaret cum perveniretur ad aliquod ubi determinatum, sicut accidit in gravibus et levibus; quod patet esse falsum. Relinquitur ergo quod corpora caelestia habent substantias spirituales sibi unitas.

5. Praeterea, omne quod in aliqua dispositione existens movetur naturaliter, in eadem dispositione existens non potest quiescere nisi violenter, sicut corpus grave aut leve extra suum ubi existens. Sed si motus caeli sit a forma naturali, oportet quod in quolibet ubi existens naturaliter moveatur. Ergo in quolibet ubi ponatur quiescere, non quiescet nisi per violentiam. Nullum autem violentum potest esse perpetuum. Non ergo in perpetuum quiescet caelum post diem iudicii, ut secundum fidem ponimus. Cum ergo hoc sit inconveniens necesse videtur dicere quod caelum movetur motu voluntario; et sic sequitur quod caelum sit animatum.

6. Praeterea, in quolibet genere, quod est per se prius est eo quod est per aliud. Sed caelum est primum in genere mobilium. Ergo est per se motum tamquam movens seipsum. Omne autem movens seipsum dividitur in duas partes, quarum una est movens per appetitum, ut anima, et alia mota, ut corpus. Corpus igitur caeleste est animatum.

7. Praeterea, nihil quod movetur a motore totaliter extrinseco, habet motum naturalem. Cum ergo motus caeli sit a substantia spirituali, quia secundum Augustinum, III de Trinit., Deus administrat corporalem substantiam per spiritualem; si illa substantia non uniretur ei, sed esset totaliter extrinseca, motus caeli non esset naturalis; quod est contra philosophum in I de caelo.

8. Praeterea, substantia illa spiritualis movens caelum si esset extrinseca tantum, non posset dici quod moveret caelum solum volendo; quia sic eius velle esset eius agere, quod est solius Dei. Oporteret igitur quod aliquid immitteret ad movendum; et sic, cum eius virtus sit finita, sequeretur quod accideret ei

4. Ademais, a perfeição do universo requer que a nenhum corpo se negue aquilo a que naturalmente se inclina. Mas todo corpo tem natural inclinação ao de que necessita para sua operação. A operação própria do corpo celeste, todavia, é o movimento circular, para o que necessita de uma substância espiritual: com efeito, este movimento ele não o pode conseguir de forma corporal alguma, como a do movimento dos graves e dos leves, porque seria necessário que o movimento cessasse quando chegasse a algum lugar determinado, como acontece nos graves e nos leves: o que patentemente é falso. Resta, portanto, que os corpos celestes tenham substâncias espirituais unidas a eles.

5. Ademais, todo o existente em alguma disposição se move naturalmente, e, existindo na mesma disposição, não pode repousar senão violentamente, como o corpo grave ou leve existente fora de seu lugar. Mas, se o movimento do céu resulta da forma natural, é necessário que em qualquer lugar existente se mova naturalmente. Logo, em qualquer lugar em que se ponha que repousa, não repousa senão por violência. Ora, nada violento pode ser perpétuo. Por conseguinte, não descansa perpetuamente o céu após o dia do juízo, como pomos segundo a fé. Como pois isto é inconveniente, parece necessário dizer que o céu se move com movimento voluntário; e assim se segue que o céu é animado.

6. Ademais, em todo e qualquer gênero, o que é por si é anterior ao que é por outro. Mas o céu é o primeiro no gênero dos móveis. Logo, é movido por si enquanto se move a si. Tudo o que se move a si, todavia, se divide em duas partes, uma das quais é movente pelo apetite, como a alma, e a outra movida, como o corpo. O corpo celeste, portanto, é animado.

7. Ademais, nada do que é movido por motor totalmente extrínseco tem movimento natural. Como portanto o movimento do céu se faz pela substância espiritual,[154] porque segundo Agostinho, no livro III de *De Trin.*,[155] Deus administra a substância corporal pela espiritual, então, se esta substância não se unisse a ele, senão que fosse totalmente extrínseca, o movimento do céu não seria natural – o que vai contra o Filósofo no livro I de *De Caelo*.[156]

8. Ademais, se a substância espiritual que move o céu fosse tão somente extrínseca, não se poderia dizer que movesse o céu só querendo, porque assim seu querer seria seu agir, o que é só de Deus. Seria necessário, portanto, que emitisse algo para mover; e, assim, como sua virtude é finita, seguir-se-ia que lhe acontecesse a fadigação ao mover pela diuturnidade do tempo: o que é inconveniente,

fatigatio in movendo per diuturnitatem temporis; quod est inconveniens, et maxime secundum ponentes aeternitatem motus. Ergo substantia spiritualis quae movet caelum, est ei unita.

9. Praeterea, sicut habetur in IV Physic., motores inferiorum orbium moventur per accidens, non autem motor superioris orbis. Sed motor superioris orbis unitur suo orbi ut motor. Ergo motores inferiorum orbium uniuntur eis non solum ut motores, sed ut formae; et sic ad minus inferiores orbes sunt animati.

10. Praeterea, ut in XI Metaph. Commentator dicit, substantiae separatae sunt in optima dispositione in qua esse possunt; et hoc est ut unaquaeque earum moveat corpus caeleste et ut agens, et ut finis. Non autem hoc esset, nisi aliquo modo eis unirentur. Ergo corporibus caelestibus sunt unitae substantiae incorporeae; et sic corpora caelestia videntur esse animata.

11. Praeterea, Commentator in eodem libro expresse dicit, corpora caelestia animata esse.

12. Praeterea, nihil agit extra suam speciem; effectus enim non potest esse potior sua causa. Substantia autem vivens est melior non vivente, ut dicit Augustinus, de vera religione. Cum ergo corpora caelestia causent vitam, maxime in animalibus, ex putrefactione generatis, videtur quod corpora caelestia vivant et sint animata.

13. Praeterea, Commentator dicit in libro de substantia orbis, quod motus circularis proprius est animae. Maxime ergo videntur illa corpora esse animata quibus est naturale circulariter moveri. Talia autem sunt corpora caelestia. Ergo corpora caelestia sunt animata.

14. Praeterea, laudare, narrare et exultare, non convenit nisi rei animatae et cognoscenti. Sed praemissa attribuuntur caelis in sacra Scriptura, secundum illud Ps.: *laudate eum caeli caelorum*; et: *caeli enarrant gloriam Dei*; et Apoc. XIV: *exulta super eam caelum*. Ergo caeli sunt animati.

SED CONTRA.

1. Est quod Damascenus dicit II libro: *nullus animatos caelos vel luminaria existimet; inanimati sunt enim et insensibiles.*

e maximamente para os que põem a eternidade do movimento. Logo, a substância espiritual que move o céu está unida a ele.

9. Ademais, como se tem no livro IV da *Física*,[157] os motores das esferas inferiores se movem *per accidens*, mas não o motor da esfera superior. Mas o motor da esfera superior une-se à sua esfera como motor. Logo, os motores das esferas inferiores se unem a elas não só como motores, mas também como formas; e assim ao menos as esferas inferiores são animadas.

10. Ademais, como diz o Comentador em XI da *Metafísica*,[158] as substâncias separadas estão na disposição ótima em que podem estar; e isto consiste em que cada uma delas move um corpo celeste tanto como agente quanto como fim. Isto porém não se daria se não se unissem aos corpos de algum modo. Logo, aos corpos celestes estão unidas substâncias incorpóreas; e assim os corpos celestes parecem ser animados.

11. Ademais, o Comentador, no mesmo livro,[159] diz expressamente que os corpos celestes são animados.

12. Ademais, nada age fora de sua espécie; de fato, o efeito não pode ser preferível à sua causa. Mas a substância vivente é melhor que a não vivente, como diz Agostinho em *De Vera Relig.*[160] Como portanto os corpos celestes causam vida, maximamente nos animais gerados da putrefação, parece que os corpos celestes vivem e são animados.

13. Ademais, diz o Comentador, no livro *De Substantia Orbis*,[161] que "o movimento circular é próprio da alma". Portanto, parecem ser maximamente animados os corpos que se movem circularmente por natureza. Mas tais são os corpos celestes. Logo, os corpos celestes são animados.

14. Ademais, o louvar, o narrar e o exultar não convêm senão a coisas animadas e cognoscentes. Mas o predito atribui-se aos céus na Sagrada Escritura, segundo aquilo dos Salmos [148,4]: "Louvai-o, céu dos céus"; e "Os céus narram a glória de Deus" [Salmos 19,2]; e do Apocalipse [18,20]: "Exulta sobre ela, céu". Logo, os céus são animados.

MAS CONTRARIAMENTE:

1. Está o que Damasceno diz no livro II:[162] "Ninguém pense que os céus ou os astros são animados; com efeito, são inanimados e insensíveis".

2. Praeterea, anima unita corpori non separatur ab eo nisi per mortem. Sed corpora caelestia non possunt esse mortalia, cum sint incorruptibilia. Ergo si substantiae spirituales aliquae uniantur eis ut animae, perpetuo erunt eis alligatae; et hoc videtur inconveniens, quod aliqui Angeli perpetuo aliquibus corporibus deputentur.

3. Praeterea, caelestis societas beatorum ex Angelis et animis constat. Sed caelorum animae, si sunt caeli animati, sub neutra parte continentur. Ergo aliquae creaturae rationales essent quae non possent esse participes beatitudinis; quod videtur inconveniens.

4. Praeterea, omnis creatura rationalis secundum suam naturam considerata potest peccare. Si igitur aliquae rationales creaturae sunt corporibus caelestibus unitae, nihil prohibuit aliquam earum peccasse; et sic sequeretur quod aliquod caelestium corporum moveretur a malo spiritu: quod videtur absurdum.

5. Praeterea, bonorum spirituum suffragia implorare debemus. Si igitur spiritus aliqui corporibus caelestibus sunt uniti, cum non sit conveniens ponere eos malos, sed oportet eos bonos ponere, utpote in administratione naturae corporeae Deo servientes, sequeretur quod eorum suffragia essent imploranda. Videretur autem absurdum, si quis diceret: sol, et luna, ora pro me. Non est ergo ponendum spiritus aliquos corporibus caelestibus esse unitos.

6. Praeterea, anima continet corpus cui unitur, secundum philosophum in I de anima. Si igitur corpora caelestia sunt animata, sequeretur quod aliqua substantia spiritualis creata contineat totum caelum: quod est absurdum; cum hoc solius sapientiae increatae sit, ex cuius persona dicitur Eccli. XXIV: *gyrum caeli circuivi sola*.

RESPONDEO. Dicendum quod circa hanc quaestionem fuerunt diversae opiniones tam inter antiquos philosophos, quam etiam inter ecclesiasticos doctores. Anaxagoras autem existimavit corpora caelestia esse inanimata; unde ab Atheniensibus occisus est: dixit enim solem esse lapidem accensum. Plato vero et Aristoteles et eorum sequaces posuerunt corpora caelestia esse animata. Similiter et inter doctores Ecclesiae, Origenes posuit corpora caelestia animata; quem secutus est Hieronymus, ut patet in quadam Glossa

2. Ademais, a alma unida ao corpo não se separa dele senão pela morte. Mas os corpos celestes não possuem ser mortal, porque são incorruptíveis.[163] Logo, se algumas substâncias espirituais se unem a eles como almas, estarão perpetuamente ligadas a eles. E parece inconveniente que alguns anjos estejam perpetuamente deputados a alguns corpos.

3. Ademais, a sociedade celeste dos beatos [ou bem-aventurados] consta de anjos e de almas. Mas as almas dos céus, se os céus são animados, não se contêm sob nenhuma destas duas partes. Logo, haveria algumas criaturas racionais que não poderiam ser partícipes da beatitude, o que parece inconveniente.

4. Ademais, toda criatura racional, considerada segundo sua natureza, pode pecar. Se pois algumas criaturas racionais estão unidas a corpos celestes, nada proibiu que alguma delas pecasse; e assim se seguiria que algum dos corpos celestes fosse movido por um espírito mau: o que parece absurdo.

5. Ademais, devemos implorar a ajuda dos bons espíritos. Se pois alguns espíritos estão unidos a corpos celestes, e porque não é conveniente pôr que sejam maus, senão que, por servirem a Deus na administração das naturezas corpóreas, é necessário pôr que são bons, seguir-se-ia que deveríamos implorar seu auxílio. Pareceria porém absurdo se alguém dissesse: "Sol ou Lua, roga por mim". Logo, não se deve pôr que haja alguns espíritos unidos a corpos celestes.

6. Ademais, a alma contém o corpo a que está unida, segundo o Filósofo no livro I de *De Anima*.[164] Se pois os corpos celestes são animados, seguir-se-ia que alguma substância espiritual criada conteria todo o céu: o que é absurdo, porque isso não é senão da sabedoria incriada, de cuja pessoa se diz em Eclesiástico 24,5: "O giro do céu, circuitei-o só".

RESPONDO. Deve dizer-se que acerca desta questão houve diversas opiniões tanto entre os filósofos antigos como entre os doutores escolásticos. Anaxágoras[165] considerou que os corpos celestes fossem inanimados; por isso foi morto pelos atenienses: dissera, com efeito, que o Sol é uma pedra incandescente. Mas Platão e Aristóteles e seus seguidores puseram que os corpos celestes são animados. Similarmente, entre os doutores da Igreja, também Orígenes[166] pôs os corpos celestes como animados; foi seguido por Jerônimo,[167] como aparece numa Glosa sobre aquilo do Eclesiastes 1,6: "O espírito continua a girar iluminando tudo em volta".

super illud Eccle. I: *lustrans universa in circuitu pergit spiritus*. Damascenus vero astruit corpora caelestia inanimata esse, ut patet in auctoritate inducta. Augustinus vero relinquit sub dubio, in II super Gen. ad litteram, et in Enchir. Utraque autem opinio rationem probabilitatis habet. Consideratio enim nobilitatis corporum caelestium inducit ad ponendum ea esse animata, cum in rerum genere viventia omnibus non viventibus praeferantur; sed consideratio nobilitatis substantiarum spiritualium ad contrarium nos inducit. Non enim superiores spirituales substantiae habere possunt de operibus animae, nisi quae pertinent ad intellectum: quia aliae operationes vitae sunt actus animae in quantum est forma corporis corruptibilis et transmutabilis; cum quadam enim transmutatione et alteratione corporali sunt; nec intellectus superiorum substantiarum indigere videtur ut a sensibilibus cognitionem accipiat, sicut intellectus noster. Si ergo nulla est in eis de operationibus vitae nisi intelligere et velle, quae non indigent organo corporali, earum dignitas unionem ad corpus excedere videtur. Harum autem duarum considerationum, secunda efficacior est quam prima. Unio enim corporis et animae non est propter corpus, ut corpus scilicet nobilitetur; sed propter animam, quae indiget corpore ad sui perfectionem, sicut supra dictum est. Si quis autem magis intime consideret, forte inveniet in his duabus opinionibus aut nullam aut modicam dissonantiam esse: quod sic intelligendum est. Non enim potest dici quod motus corporis caelestis consequatur aliquam formam corpoream, sicut motus sursum consequitur formam ignis. Manifestum est enim quod una forma naturalis non inclinat nisi ad unum. Ratio autem motus repugnat unitati, quia de ratione motus est quod aliquid aliter se habeat nunc et prius; unde non inclinat forma naturalis ad motum propter ipsum motum, sed propter esse in aliquo ubi, quo adepto quiescit motus; et sic accideret in motu caeli, si consequeretur aliquam formam naturalem. Oportet igitur dicere, quod motus caeli sit ab aliqua substantia intelligente. Nam finis huius motus non potest esse nisi quoddam bonum intelligibile abstractum, propter quod movet substantia intelligens quae movet caelum, ut scilicet assequatur eius similitudinem, in operando, et ut explicet in actu id quod virtute continetur in illo intelligibili bono; et praecipue completio numeri electorum, propter quos omnia alia esse videntur. Sic igitur erit duplex ordo substantiarum spiritualium. Quarum quaedam erunt motores caelestium corporum, et

Damasceno,[168] todavia, sustenta que os corpos celestes são inanimados, como aparece na autoridade referida. Mas Agostinho deixa a questão em dúvida, no livro II de *Super Gen. ad Litt.*[169] e no *Enchiridion*.[170] Ambas as opiniões, no entanto, têm razão de probabilidade. Com efeito, a consideração da nobreza dos corpos celestes induz a que se ponha que são animados, porque no gênero das coisas os viventes são preferidos a todos os não viventes; mas a consideração da nobreza das substâncias espirituais induz-nos ao contrário. Com efeito, as substâncias espirituais superiores não podem ter, entre as obras da alma, senão as que pertencem ao intelecto: porque as outras operações da vida são atos da alma enquanto é forma de um corpo corruptível e transmutável; pois, com efeito, se dão com alguma transmutação e alteração corporal; e parece que o intelecto das substâncias superiores não precisa receber pelos sensíveis a cognição, como nosso intelecto. Se pois nelas não há operações de vida além do inteligir e do querer, que não precisam de órgão corporal, parece então que sua dignidade excede a união com um corpo. Mas, destas duas considerações, a segunda é mais eficaz que a primeira. Com efeito, a união de corpo e de alma não se dá pelo corpo, ou seja, com o fim de que o corpo se enobrecesse; senão que se dá pela alma, que precisa do corpo para sua perfeição, como acima se disse. Se porém alguém considera mais profundamente, talvez encontre que, entre estas duas opiniões, ou não há nenhuma discrepância ou a há mas pequena: o que se deve inteligir assim. Não se pode dizer, com efeito, que o movimento do corpo celeste se segue a alguma forma corpórea, assim como o movimento para o alto se segue à forma do fogo. Com efeito, é manifesto que uma forma natural não inclina senão a um [ou seja, a uma só coisa]. Mas a razão do movimento repugna a unidade, porque é da razão do movimento que algo se tenha agora diferentemente de como se teve antes; por isso a forma natural não inclina ao movimento pelo movimento mesmo, mas para estar em algum lugar, e, alcançado isto, repousa o movimento; e assim sucederia no movimento do céu, se se seguisse a alguma forma natural. É necessário dizer, portanto, que o movimento do céu se dá por alguma substância inteligente. Pois o fim deste movimento não pode ser senão algum bem inteligível abstrato, pelo qual se mova a substância inteligente que move o céu, ou seja, de modo que consiga sua similitude, em operando, e de modo que desdobre em ato o que se contém em virtude naquele bem inteligível; e precipuamente a completação do número dos eleitos, em prol dos quais parecem ser todas as coisas. Assim, portanto, haverá dupla ordem de substâncias

unientur eis sicut motores mobilibus, sicut et Augustinus dicit in III de Trinitate, quod omnia corpora reguntur a Deo per spiritum vitae rationalem; et idem a Gregorio habetur in IV dialogorum. Quaedam vero erunt fines horum motuum, quae sunt omnino abstractae, et corporibus non unitae. Aliae vero uniuntur corporibus caelestibus per modum quo motor unitur mobili. Et hoc videtur sufficere ad salvandum intentionem Platonis et Aristotelis. Et de Platone quidem manifestum est; Plato enim, sicut supra dictum est, etiam corpus humanum non dixit aliter animatum, nisi in quantum anima unitur corpori ut motor. Ex dictis vero Aristotelis manifestum est quod non posuit in corporibus caelestibus de virtutibus animae nisi intellectivam. Intellectus vero, secundum ipsum, nullius corporis actus est. Dicere autem ulterius, quod corpora caelestia hoc modo sint animata sicut inferiora corpora quae per animam vegetantur et sensificantur, repugnat incorruptibilitati caelestium corporum. Sic igitur negandum est corpora caelestia esse animata eo modo quo ista inferiora corpora animantur. Non est tamen negandum corpora caelestia esse animata, si per animationem nihil aliud intelligatur quam unio motoris ad mobile. Et istos duos modos videtur Augustinus tangere in super Gen. ad litteram. Dicit enim: *solet quaeri, utrum caeli luminaria ista conspicua corpora sola sint, aut habeant rectores quosdam spiritus suos; et si habent, utrum ab eis etiam vitaliter inspirentur, sicut animantur carnes per animas animalium*. Sed licet ipse sub dubio utrumque relinquat, ut per sequentia patet, secundum praemissa dicendum est quod habent rectores spiritus, a quibus tamen non sic animantur sicut inferiora animalia a suis animabus.

1. AD PRIMUM ERGO dicendum quod corpus caeleste attingit substantias spirituales, in quantum inferior ordo substantiarum spiritualium corporibus caelestibus unitur per modum motoris.

2. AD SECUNDUM dicendum quod secundum opinionem Averrois caelum est compositum ex materia et forma, sicut animal in inferioribus. Sed tamen materia utrobique aequivoce dicitur: nam in superioribus non est potentia ad esse sicut in inferioribus, sed ad ubi tantum. Unde ipsum corpus actu existens est materia, nec indiget forma quae det ei esse, cum sit ens actu, sed quae det ei motum solum. Et sic corpus caeleste habet nobiliorem formam quam

espirituais. Umas serão motores dos corpos celestes, e se unirão como motores aos móveis, assim como diz Agostinho no livro III de *De Trin.*[171] que todos os corpos são regidos por Deus mediante um espírito racional de vida; e o mesmo se tem por Gregório no livro IV dos *Dialog.*[172] Algumas, todavia, serão os fins destes movimentos, as quais são de todo abstratas, e não unidas a corpos. Mas outras se unem aos corpos celestes ao modo como um motor se une ao móvel. E isto parece ser suficiente para salvar a intenção de Platão e de Aristóteles. E com respeito a Platão isso certamente é manifesto; Platão, com efeito, como já se disse, não diz que o corpo humano é animado senão enquanto a alma se une ao corpo como motor. Mas do dito por Aristóteles é manifesto que não pôs nos corpos celestes virtude anímica além da intelectiva. O intelecto, no entanto, segundo ele, não é ato de nenhum corpo. Mas dizer, ademais, que os corpos celestes são animados assim como os corpos inferiores são vegetalizados e sensificados pela alma repugna à incorruptibilidade dos corpos celestes. Assim, pois, deve negar-se que os corpos celestes sejam animados do mesmo modo como são animados esses corpos inferiores. Não se deve porém negar que os corpos celestes sejam animados, se por animação não se intelige nada mais que a união do motor ao móvel. E Agostinho parece tocar estes dois modos em *Super Gen. ad Litt.*[173] Diz, com efeito: "Costuma-se perguntar se as luminárias do céu são tão somente corpos conspícuos, ou se têm certos espíritos reitores seus; e, se os têm, se também são sopradas vitalmente por eles, assim como as carnes são animadas pelas almas dos animais". Conquanto porém ele deixe em dúvida os dois modos, como se vê pelo que se segue, deve dizer-se segundo o dito antes que eles têm espíritos reitores, pelos quais, todavia, não são animados como os animais inferiores por suas almas.

1. Quanto ao primeiro, portanto, deve dizer-se que o corpo celeste atinge as substâncias espirituais enquanto a ordem inferior das substâncias espirituais se une aos corpos celestes a modo de motor.

2. Quanto ao segundo, deve dizer-se que segundo a opinião de Averróis o céu é composto de matéria e de forma, assim como o animal nos inferiores. Mas a matéria diz-se equivocamente das duas coisas: porque nos superiores não há potência para ser como nos inferiores, mas só para o lugar. Por isso o mesmo corpo [celeste] existente em ato é matéria, mas não carece de forma que lhe dê o ser,

corpus humanum, sed alio modo. Si autem dicatur, sicut alii dicunt, quod ipsum corpus caeleste est compositum ex materia et forma corporali, tunc adhuc dici poterit, quod illa forma corporalis erit nobilissima in quantum est forma et actus, quae implet totam potentialitatem materiae, ut non remaneat in ea potentialitas ad aliam formam.

3. Et per hoc etiam patet solutio ad tertium.

4. AD QUARTUM dicendum quod corpus caeleste ex hoc quod movetur a spirituali substantia, sequitur quod habeat inclinationem ad ipsam sicut ad motorem et non aliter.

5. Et similiter dicendum ad quintum et sextum.

7. AD SEPTIMUM dicendum, quod substantia spiritualis quae movet caelum, habet virtutem naturalem determinatam ad talis corporis motum. Et similiter corpus caeli habet naturalem aptitudinem ut tali motu moveatur. Et per hoc motus caeli est naturalis, licet sit a substantia intelligente.

8. AD OCTAVUM dicendum, quod probabiliter dicitur quod imperio voluntatis substantia spiritualis movet corpus caeleste. Quamvis enim materia corporalis secundum formalem transmutationem non obediat ad nutum spiritui creato, sed soli Deo, ut Augustinus dicit in III de Trin.; tamen quod ei obedire ad nutum possit secundum transmutationem localem, etiam in nobis apparet, in quibus statim ad imperium voluntatis sequitur motus corporalium membrorum. Si tamen supra imperium voluntatis addatur etiam influxus virtutis, non propter hoc sequitur fatigatio ex finitate virtutis; quaelibet enim virtus superioris ordinis, licet sit finita in se et respectu sui superioris, est tamen infinita respectu suorum inferiorum; sicut etiam virtus solis est infinita respectu generabilium et corruptibilium, per quorum productionem, etiamsi in infinitum esset, non minoraretur. Et similiter virtus intellectus est infinita respectu formarum sensibilium; et sic etiam virtus substantiae spiritualis quae movet caelum, est infinita respectu motus corporalis; unde non sequitur in ea fatigatio.

9. AD NONUM dicendum, quod anima quae movet animalia corruptibilia, unitur eis secundum esse; sed substantia spiritualis, quae movet caelestia corpora, unitur eis secundum moveri tantum. Unde moveri per accidens attribuitur animae corruptibilis animalis ratione sui ipsius; oportet enim quod moto corpore, cum quo est unum secundum esse, ipsamet per accidens

porque é ente em ato, senão de forma que só lhe dê movimento. E assim o corpo celeste tem forma mais nobre que o corpo humano, mas de outro modo. Se porém se diz, como outros o dizem, que o mesmo corpo celeste é composto de matéria e de forma corporal, então ainda se poderá dizer que tal forma corporal será nobilíssima enquanto é forma e ato, que cumula toda a potencialidade da matéria, de modo que não permanece nela potencialidade para outra forma.

3. E com isso também se patenteia a solução QUANTO AO TERCEIRO.

4. QUANTO AO QUARTO, deve dizer-se que de que o corpo celeste seja movido por uma substância espiritual se segue que tem inclinação para ela como para seu motor, e não diferentemente.

5-6. E semelhantemente se deve dizer QUANTO AO QUINTO e AO SEXTO.

7. QUANTO AO SÉTIMO, deve dizer-se que a substância espiritual que move o céu tem virtude natural determinada ao movimento de tal corpo. E semelhantemente o corpo do céu tem aptidão natural para ser movido por tal movimento. E por isso o movimento do céu é natural, ainda que seja por uma substância inteligente.

8. QUANTO AO OITAVO, deve dizer-se que é provavelmente que se diz que a substância espiritual move o corpo celeste por império de sua vontade. Com efeito, ainda que a matéria corporal segundo transmutação formal não obedeça ao arbítrio de espírito criado, mas só ao de Deus, como diz Agostinho no livro III de *De Trin.*,[174] que possa obedecer a seu arbítrio segundo transmutação local também aparece em nós, em quem imediatamente ao império da vontade se segue o movimento dos membros corporais. Se todavia ao império da vontade se adiciona ainda um influxo de virtude, não por isso se segue da finitude da virtude a fadigação; com efeito, toda e qualquer virtude de ordem superior, ainda que seja finita em si e com respeito à sua superior, é porém infinita com respeito a suas inferiores; assim também a virtude do sol é infinita com respeito às coisas gerais e corruptíveis, por cuja produção, ainda que se desse infinitamente, não diminuiria. E similarmente a virtude do intelecto é infinita com respeito às formas sensíveis; e assim também a virtude da substância espiritual que move o céu é infinita com respeito ao movimento corporal; razão por que nela não se segue fadigação.

9. QUANTO AO NONO, deve dizer-se que a alma que move os animais corruptíveis se une a eles segundo o ser; mas a substância espiritual que move os corpos celestes se une a eles só segundo o mover-se. Por isso o mover-se *per accidens* se atribui à alma do animal corruptível em razão da mesma; é necessário com efeito

moveatur. Sed moveri per accidens attribuitur motori inferioris orbis non ratione sui ipsius, sed ratione mobilis; in quantum scilicet inferior orbis movetur per accidens, ut delatus motu superioris. Motor vero superioris orbis neutro modo per accidens movetur; quia orbis eius non defertur, sed alios defert.

10. Ad decimum dicendum quod super hoc invenitur Averroes varie locutus. In libro enim de substantia orbis dixit, quod idem est quod movet corpora caelestia ut agens et finis; quod quidem est valde erroneum, praesertim secundum eius opinionem qua ponit quod prima causa non est supra substantias moventes primum caelum. Sic enim sequitur quod Deus sit anima prima caeli, secundum quod substantiam quae movet primum caelum ut agens, dicitur anima eius. Et ratio qua hoc dixit est valde insufficiens: quia enim in substantiis separatis a materia est idem intellectus et intellectum, existimavit quod sit idem desiderans et desideratum; quod non est simile. Nam cognitio cuiuslibet rei fit secundum quod cognitum est in cognoscente; desiderium autem fit secundum conversionem desiderantis ad rem desideratam. Si autem bonum desideratum inesset desideranti ex seipso, non competeret ei quod moveret ad consequendum bonum desideratum. Unde oportet dicere quod bonum desideratum, quod movet ut finis, est aliud a desiderante, quod movet ut agens. Et hoc etiam idem dicit Commentator in XI Metaph.; ponit enim ibi duos motores: unum coniunctum, quem vocat animam, et alium separatum, qui movet ut finis. Tamen ex toto hoc non habetur amplius quam quod substantia spiritualis unitur corpori caelesti ut motor.

11. Ad undecimum dicendum quod corpora caelestia dicit esse animata, quia substantiae spirituales uniuntur eis ut motores, et non ut formae. Unde super VII Metaph., dicit quod virtus formativa seminis non agit nisi per calorem qui est in semine; non ita quod sit forma in eo, sicut anima in calore naturali, sed ita quod sit ibi inclusa, sicut anima est inclusa in corporibus caelestibus.

12. Ad duodecimum dicendum quod corpus caeleste, in quantum movetur a substantia spirituali, est instrumentum eius; et ita movet in virtute substantiae spiritualis ad causandum vitam in istis inferioribus, sicut serra agit in virtute artis ad causandam arcam.

que, movido o corpo, com o qual é algo uno segundo o ser, ela mesma se mova *per accidens*. Mas mover-se *per accidens* atribui-se ao motor da esfera inferior não em razão dele mesmo, mas em razão do móvel, ou seja, enquanto a esfera inferior se move *per accidens*, como que levada pelo movimento da superior. Mas o motor da esfera superior não se move de modo algum *per accidens*, porque sua esfera não é levada, senão que leva as outras.

10. QUANTO AO DÉCIMO, deve dizer-se que sobre isto se encontra que Averróis falou variamente. Com efeito, no livro *De Substantia Orbis*,[175] diz que é o mesmo o que move os corpos celestes como agente e como fim, o que de fato é grandemente errôneo, sobretudo segundo sua opinião que põe que a causa primeira está acima das substâncias que movem o primeiro céu. Com efeito, assim se segue que Deus seja a alma do primeiro céu, na medida em que a substância que move o primeiro céu como agente se diz alma sua. E a razão por que diz isso é grandemente insuficiente: como, com efeito, nas substâncias separadas da matéria são o mesmo o intelecto e o inteligido, considerou que fossem o mesmo o desejante e o desejado – o que não é similar. Pois a cognição de qualquer coisa se faz segundo que o conhecido está no cognoscente; o desejo, todavia, faz-se segundo o voltar-se do desejante para a coisa desejada. Se no entanto o bem desejado se desse no desejante por si mesmo, não lhe corresponderia mover a conseguir o bem desejado. Por isso é necessário dizer que o bem desejado, que move como fim, é outro que o desejante, que move como agente. E isto também o diz o Comentador em IX da *Metafísica*;[176] com efeito, põe ali dois motores: um conjunto, a que chama alma, e outro separado, que move como fim. No entanto, de tudo isso não se tem senão que a substância espiritual se une ao corpo celeste como motor.

11. QUANTO AO UNDÉCIMO, deve dizer-se que diz que os corpos celestes são animados porque a eles se unem as substâncias espirituais como motores, e não como formas. Por isso diz acerca do livro VIII da *Metafísica*[177] que a virtude formativa do sêmen "não age senão pelo calor que há no sêmen, não porque seja forma nele, como a alma no calor natural, mas porque está ali inclusa, assim como a alma está inclusa nos corpos celestes".

12. QUANTO AO DUODÉCIMO, deve dizer-se que o corpo celeste, enquanto é movido pela substância espiritual, é instrumento seu; e assim move em virtude da substância espiritual a causar vida nestes inferiores, assim como a serra age em virtude da arte para causar a arca.

13. Ad decimumtertium dicendum quod ex illa ratione amplius haberi non potest quam quod corpora caelestia a substantiis spiritualibus moveantur.

14. Ad decimumquartum dicendum quod secundum Damascenum caeli dicuntur enarrare gloriam Dei, laudare, exultare, materialiter, in quantum sunt hominibus materia laudandi vel enarrandi vel exultandi. Similia enim inveniuntur in Scripturis de montibus et collibus et aliis inanimatis creaturis.

1. Ad primum vero eorum quae in contrarium obiiciuntur, dicendum quod Damascenus removet corpora caelestia esse animata, ita quod substantiae spirituales uniantur eis ut formae, sicut corruptibilibus animalibus.

2. Ad secundum dicendum quod unus Angelus deputatur ad custodiam unius hominis quamdiu vivit. Unde non est inconveniens si deputatur ad movendum caeleste corpus quamdiu movetur.

3. Ad tertium dicendum quod si corpora caelestia sunt animata, spiritus eis praesidentes in societate Angelorum computantur. Unde Augustinus dicit in Enchir.: *nec illud certum habeo, utrum ad societatem Angelorum pertineant sol et luna et cuncta sidera; quamvis nonnullis lucida esse corpora, non tamen cum sensu vel intelligentia, videantur.*

4. Ad quartum dicendum quod in hoc nulla est dubitatio, si sequamur opinionem Damasceni ponentis Angelos qui peccaverunt de numero eorum fuisse, qui corporibus corruptibilibus praeferuntur. Si vero, secundum sententiam Gregorii, etiam de superioribus aliqui peccaverunt, dicendum quod Deus eos quos ad hoc ministerium deputavit, custodivit a casu, sicut et plures aliorum.

5. Ad quintum dicendum quod non dicimus: ora pro me, sol, tum quia substantia spiritualis non unitur corpori caeli ut forma, sed ut motor tantum, tum ut auferatur idololatriae occasio.

6. Ad sextum dicendum quod secundum philosophum in IV physicorum, motor caeli est in aliqua parte eius, et non in toto; et sic non circuit gyrum caeli. Secus autem est de anima, quae dat esse corpori secundum totum et partes.

13. Quanto ao décimo terceiro, deve dizer-se que desta razão não se pode ter senão que os corpos celestes são movidos por substâncias espirituais.

14. Quanto ao décimo quarto, deve dizer-se que segundo Damasceno[178] se diz que os céus narram a glória de Deus, louvam, exultam materialmente, enquanto são para os homens matéria de louvor ou de narração ou de exultação. Com efeito, encontram-se nas Escrituras expressões similares com respeito aos montes e às colinas e a outras criaturas inanimadas.

1. Quanto ao primeiro que se objeta contrariamente, porém, deve dizer-se que Damasceno exclui que os corpos celestes sejam animados justo porque exclui que substâncias espirituais se unam a eles como formas, como se dá com os animais corruptíveis.

2. Quanto ao segundo, deve dizer-se que um só anjo é deputado à custódia de um só homem, enquanto vive. Por isso não é inconveniente se é deputado a mover um corpo celeste enquanto se move.

3. Quanto ao terceiro, deve dizer-se que, se os corpos celestes são animados, os espíritos que os presidem se contam na sociedade dos anjos. Por isso diz Agostinho no *Enchiridion*:[179] "Não tenho certeza de se o Sol e a Lua e todos os astros pertencem à sociedade dos anjos, ainda que a alguns pareça que são corpos lúcidos, mas não com sentido ou inteligência".

4. Quanto ao quarto, deve dizer-se que nisto não há dúvida, se seguimos a opinião de Damasceno[180] que põe que os anjos que pecaram foram do número dos que são preferidos aos corpos corruptíveis. Se, todavia, segundo a sentença de Gregório,[181] também alguns dos superiores pecaram, deve dizer-se que Deus guardou *a casu* da queda aos que deputara a este ministério, assim como a muitos outros.

5. Quanto ao quinto, deve dizer-se que não dizemos: "Sol, roga por mim", quer porque a substância espiritual não se une ao corpo do céu como forma, mas só como motor, quer para evitar ocasião de idolatria.

6. Quanto ao sexto, deve dizer-se que segundo o Filósofo no livro IV da *Física*[182] o motor do céu está em alguma parte sua, e não no todo; e assim não percorre todo o circuito do céu. Mas é diferente com a alma, que dá o ser ao corpo segundo o todo e as partes.

ARTICULUS 7

Septimo quaeritur utrum substantia spiritualis corpori aereo uniatur

Et videtur quod sic.

1. Dicit enim Augustinus III super Genes. ad litteram et IV de Civit. Dei, quod Daemones habent corpora aerea. Sed Daemones sunt substantiae spirituales. Ergo substantia spiritualis corpori aereo unitur.

2. Praeterea, Augustinus in libro de divinatione Daemonum dicit quod Daemones subtilitate aerei corporis sensum humanum transcendunt. Hoc autem non esset, nisi aereo corpori naturaliter unirentur. Ergo substantiae spirituales aereo corpori uniuntur.

3. Praeterea, medium non discrepat ab extremis. Sed in regione caelestium corporum invenitur vita, secundum ponentes corpora caelestia animata; in regione autem terrae invenitur vita in animalibus et plantis. Ergo et in regione media, quae est aeris, invenitur vita. Nec hoc potest referri ad vitam avium, quia aves ad modicum spatium aeris supra terram elevantur; nec videtur conveniens quod totum aliud spatium aeris vacuum vita remaneret. Oportet igitur ponere, ut videtur, ibi esse aliqua aerea animalia; ex quo sequitur quod aliquae substantiae spirituales aereo corpori uniantur.

4. Praeterea, nobilioris corporis nobilior est forma. Sed aer est nobilior corpus quam terra, cum sit formalius et subtilius. Si igitur corpori terrestri, scilicet humano, unitur substantia spiritualis, quae est anima, multo fortius corpori aereo uniretur.

5. Praeterea, eorum quae magis conveniunt facilior est unio. Sed aer magis videtur convenire cum anima quam corpus commixtum, quale est

ARTIGO 7

Em sétimo, indaga-se se a substância espiritual se une a um corpo aéreo[183]

E PARECE QUE SIM.

1. Com efeito, diz Agostinho no livro III de *Super Gen. ad Litt.*,[184] e no livro IV de *A Cidade de Deus*,[185] que os demônios têm corpos aéreos.[186] Mas os demônios são substâncias espirituais. Logo, a substância espiritual une-se a um corpo aéreo.

2. Ademais, diz Agostinho no livro *De Divinatione Daemonum*[187] que os demônios transcendem o sentido humano pela subtilidade do corpo aéreo. Isto porém não se daria se não se unissem naturalmente a um corpo aéreo. Logo, as substâncias espirituais se unem a um corpo aéreo.

3. Ademais, o meio não discrepa dos extremos. Mas na região dos corpos celestes se encontra vida, segundo os que põem que os corpos celestes são animados; na região todavia da terra, encontra-se vida nos animais e nas plantas. Logo, também na região média, que é a do ar, se encontra vida. Isto não pode referir-se à vida das aves, porque as aves se elevam sobre a terra a um exíguo espaço de ar; não parece conveniente que todo o restante espaço do ar permanecesse vazio de vida. É necessário pôr, portanto, como parece, que ali há alguns animais aéreos, do que se segue que algumas substâncias espirituais se unem a um corpo aéreo.

4. Ademais, a forma de um corpo mais nobre é mais nobre. Mas o ar é um corpo mais nobre que a terra, porque é mais formal e mais subtil. Se pois a um corpo terrestre, ou seja, o humano, se une uma substância espiritual, que é a alma, com muito mais razão se uniria a um corpo aéreo.

5. Ademais, é mais fácil a união entre coisas que convêm mais. Mas o ar parece convir mais com a alma que com o corpo misturado, como o é o corpo do

corpus hominis; quia, ut Augustinus dicit super Gen. ad Litter., anima per aerem administrat corpus. Ergo magis nata est uniri anima corpori aereo, quam etiam corpori commixto.

6. Praeterea, dicitur in libro de substantia orbis: *motus circularis proprius est animae*; et hoc ideo quia anima, quantum est de se, indifferens est ut moveat in omnem partem. Sed hoc etiam videtur aeri convenire, quia est cum levibus levis et cum gravibus gravis. Ergo anima maxime videtur aeri uniri.

SED CONTRA, anima est actus corporis organici. Sed corpus aereum non potest esse organicum; quia cum non sit terminabilis termino proprio, sed solum alieno, non est figurabilis. Ergo substantia spiritualis, quae est anima, non potest corpori aereo uniri.

RESPONDEO. Dicendum quod impossibile est substantiam spiritualem corpori aereo uniri. Quod potest manifestari tripliciter. Primo quidem, quia inter omnia alia corpora, corpora simplicia elementorum sunt imperfectiora, cum sint materialia respectu omnium aliorum corporum; unde non est conveniens secundum rationem ordinis rerum, quod aliquod simplex corpus elementare spirituali substantiae uniatur ut forma. Secunda ratio est, quia aer est corpus simile in toto et in omnibus suis partibus; unde si alicui parti aeris unitur aliqua spiritualis substantia, eadem ratione et toti aeri unietur, et similiter cuilibet alteri elemento; quod videtur absurdum. Tertia ratio est, quia substantia spiritualis dupliciter alicui corpori invenitur uniri. Uno modo ad exhibendum corpori motum; sicut dictum est, quod corporibus caelestibus spirituales substantiae uniuntur. Alio modo ut substantia spiritualis per corpus iuvetur ad propriam suam operationem, quae est intelligere; sicut anima humana unitur corpori, ut per sensus corporeos scientias acquirat. Aeri autem substantia spiritualis non potest uniri neque ratione motus, quia aeri est connaturalis motus quidam, qui consequitur formam eius naturalem; nec invenitur aliquis motus aut in toto aere aut in aliqua eius parte, qui non possit reduci in aliquam causam corporalem. Unde ex motu eius non apparet quod aliqua substantia spiritualis ei uniatur. Neque etiam unitur spiritualis substantia

homem, porque, como diz Agostinho em *Super Gen. ad Litt.*,[188] a alma administra o corpo pelo ar. Logo, é mais natural que a alma se una a um corpo aéreo que a um misturado.

6. Ademais, diz-se no livro *De Substantia Orbis*:[189] "O movimento circular é próprio da alma"; e isto é assim porque a alma, quanto é de si, é indiferente para mover-se a toda e qualquer parte. Mas isto também parece convir ao ar, que é leve com os leves e grave com os graves. Logo, a alma parece maximamente unir-se ao ar.

MAS, CONTRARIAMENTE, a alma é ato de um corpo orgânico. Mas o corpo aéreo não pode ser orgânico, porque, como não é terminável em termo próprio, mas só alheio, não é figurável. Logo, a substância espiritual que é a alma não pode unir-se a um corpo aéreo.

RESPONDO. Deve dizer-se que é impossível que uma substância espiritual se una a um corpo aéreo, o que se pode manifestar triplicemente. Em primeiro lugar, com efeito, porque entre todos os outros corpos os corpos simples dos elementos são os mais imperfeitos, porque são materiais com respeito a todos os outros corpos; donde não ser conveniente, segundo a razão da ordem das coisas, que algum corpo simples elementar se una a uma substância espiritual como a uma forma. A segunda razão é que o ar é um corpo semelhante no todo e em todas as suas partes; por isso, se alguma substância espiritual se une a alguma parte do ar, pela mesma razão se unirá também a todo o ar, e similarmente a todo e qualquer outro elemento: o que parece absurdo. A terceira razão que se encontra é que a substância espiritual se une a algum corpo duplamente. De um modo, para dar movimento ao corpo, assim como se disse que aos corpos celestes se unem as substâncias espirituais. De outro modo, para que a substância espiritual seja ajudada pelo corpo a cumprir sua operação própria, que é inteligir; assim como a alma humana se une ao corpo, para que mediante os sentidos corpóreos adquira as ciências. Uma substância espiritual, todavia, não pode unir-se ao ar em razão do movimento, porque é conatural ao ar certo movimento, que se segue à sua forma natural; e não se encontra nenhum movimento em todo o ar nem em nenhuma de suas partes que não possa reduzir-se a alguma causa corporal. Por isso de seu movimento não aparece que alguma substância espiritual se una a ele. E tampouco se une a

corpori aereo propter perfectionem intellectualis operationis: corpus enim simplex non potest esse instrumentum sensus, ut probatur in libro de anima. Unde relinquitur quod spiritualis substantia nullo modo aereo corpori uniatur.

1. AD PRIMUM ERGO dicendum quod ubicumque Augustinus dicit Daemones habere aerea corpora, non loquitur asserendo quasi ex sententia propria, sed secundum opinionem aliorum; unde ipse dicit in XXI de Civit. Dei: *sunt quaedam sua etiam Daemonibus corpora, sicut doctis hominibus visum est, ex isto aere crasso atque humido. Si autem nulla quisquam habere corpora Daemones asserat, non est de hac re aut laborandum operosa inquisitione, aut contentiosa disputatione certandum.*

2. Et per hoc patet solutio ad secundum.

3. AD TERTIUM dicendum quod in inferiori regione, scilicet circa terram, est locus mixtionis elementorum. Corpora autem mixta, quanto magis ad aequalitatem mixtionis perveniunt, tanto magis recedunt ab extremis contrariorum; et sic quamdam similitudinem consequuntur caelestium corporum, quae sunt sine contrarietate. Et sic patet quod vita magis potest esse in suprema et infima regione quam in media: praesertim cum in istis inferioribus tanto paratius est corpus ad vitam, quanto propinquius fuerit aequalitati complexionis.

4. AD QUARTUM dicendum quod corpus aeris est nobilius quam terra, sed corpus aequalis complexionis est nobilius utroque, quasi magis elongatum a contrarietate; et hoc solum invenitur substantiae spirituali uniri. In quo tamen inferiora elementa plus necesse est abundare materialiter ad aequalitatem constituendam, propter excessum activae virtutis in aliis elementis.

5. AD QUINTUM dicendum quod anima dicitur administrare corpus suum per aerem, quantum ad motum; quia est susceptibilior motus aliis corporibus spissis.

6. AD SEXTUM dicendum quod aer non est indifferens ad omnem motum, sed respectu quorumdam est levis, respectu aliorum gravis; unde ex hoc non habetur quod sit perfectibile per animam.

substância espiritual a um corpo aéreo pela perfeição da operação intelectual: com efeito, o corpo simples não pode ser instrumento do sentido, como se prova no livro *De Anima*.[190] Por isso resta que a substância espiritual não se una de nenhum modo a um corpo aéreo.

◼

1. QUANTO AO PRIMEIRO, portanto, deve dizer-se que sempre que Agostinho diz que os demônios têm corpos aéreos não fala afirmando como de sentença própria, mas segundo a opinião de outros; por isso ele mesmo diz no livro XXI de *A Cidade de Deus*:[191] "Os demônios também têm seus corpos, como o viram homens doutos, por esse ar crasso e úmido. Se porém alguém assegura que os demônios não têm corpos, disto não há que empreender uma operosa inquisição, nem travar uma contenciosa disputa".

2. E com isso se patenteia a solução QUANTO AO SEGUNDO.

3. QUANTO AO TERCEIRO, deve dizer-se que na região inferior, ou seja, ao redor da terra, está o lugar da mistura dos elementos. Os corpos mistos, porém, quanto mais chegam à igualdade da mistura, tanto mais se afastam dos extremos dos contrários; e assim conseguem alguma similitude com os corpos celestes, que são sem contrariedade. E assim se patenteia que a vida pode dar-se mais na região suprema e na ínfima que na média: sobretudo quando, nestes inferiores, tanto mais preparado estará um corpo para a vida quanto mais próximo estiver da igualdade da complexão.

4. QUANTO AO QUARTO, deve dizer-se que o corpo de ar é mais nobre que o de terra, mas o corpo de complexão igual é mais nobre que ambos, em razão de estar mais longe da contrariedade; e este só se encontra que se una à substância espiritual. Neste, no entanto, é mais necessário que os elementos inferiores abundem materialmente para constituir a igualdade, pelo excesso de virtude ativa nos outros elementos.

5. QUANTO AO QUINTO, deve dizer-se que se diz que a alma administra seu corpo pelo ar quanto ao movimento: porque [o ar] é mais susceptivo de movimento que outros corpos espessos.

6. QUANTO AO SEXTO, deve dizer-se que o ar não é indiferente para todo e qualquer movimento, senão que com respeito a alguns é leve, e com respeito a outros é grave; daí que disso não se tenha que seja perfectível pela alma.

ARTICULUS 8

Octavo quaeritur utrum omnes Angeli differant specie ab invicem

Et videtur quod non.

1. Dicit enim Augustinus in Enchir.: *creatura rationalis quae in hominibus erat, quoniam peccatis atque suppliciis tota perierat, ex parte reparari meruit.* Ex quo sic arguitur. Si omnes Angeli ab invicem differunt secundum naturam speciei, pluribus Angelis irreparabiliter cedentibus, plures naturae irreparabiliter periissent. Sed hoc non patitur divina providentia ut aliqua natura rationalis ex toto pereat, ut patet ex auctoritate inducta. Ergo non omnes Angeli differunt ab invicem secundum naturam speciei.

2. Praeterea, quanto sunt aliqua propinquiora Deo, in quo nulla est diversitas, tanto minus sunt diversa. Angeli autem secundum ordinem naturae propinquiores sunt Deo quam homines. Magis vero diversa sunt ab invicem quae differunt numero et specie, quam quae differunt numero et conveniunt in specie. Cum ergo homines non differant specie, sed numero solum, videtur quod nec Angeli specie differant.

3. Praeterea, convenientia aliquorum in formali principio facit aliqua idem esse specie; differentia vero in principio materiali facit differre numero solum. In Angelis autem ipsum esse se habet ut formale ad essentiam Angeli, ut supra dictum est. Cum igitur omnes Angeli conveniant in esse, differant vero secundum essentiam, videtur quod Angeli non differant specie, sed numero solo.

4. Praeterea, omnis substantia subsistens creata est individuum contentum sub aliqua natura communi speciei; ita quod si individuum sit compositum, natura speciei praedicabitur de eo secundum rationem

ARTIGO 8

Em oitavo, indaga-se se todos os anjos diferem entre si pela espécie[192]

E PARECE QUE NÃO.

1. Com efeito, diz Agostinho no *Enchiridion*:[193] "A criatura racional que havia nos homens, porque perecera toda com os pecados e os suplícios, em parte" mereceu "ser reparada". A partir disso assim se argui. Se todos os anjos diferem entre si segundo a natureza da espécie, quantos anjos caíram irreparavelmente, tantas naturezas pereceram irreparavelmente. Mas a providência divina não padece que alguma natureza racional pereça de todo, como se patenteia da autoridade aduzida. Logo, não todos os anjos diferem entre si segundo a natureza da espécie.

2. Ademais, quanto mais as coisas se aproximam de Deus, no qual não há nenhuma diversidade, tanto menos são diversas. Mas os anjos, segundo a ordem da natureza, estão mais próximos de Deus que os homens. Mais diversas entre si, todavia, são as coisas que diferem em número e em espécie que as que diferem em número mas convêm em espécie. Como pois os homens não diferem em espécie, mas só em número, parece que os anjos tampouco diferem em espécie.

3. Ademais, a conveniência entre as coisas no princípio formal faz que sejam da mesma espécie; mas a diferença no princípio material faz que difiram só em número. Nos anjos, todavia, o mesmo ser se tem como formal com respeito à essência do anjo, como já se disse. Como pois todos os anjos convêm no ser mas diferem segundo a essência, parece que os anjos não diferem em espécie, mas só em número.

4. Ademais, toda substância subsistente criada é indivíduo contido sob alguma natureza comum de espécie; desse modo, se o indivíduo é composto, a natureza da espécie se predica dele segundo a razão de composto; se porém o

compositi; si vero individuum fuerit simplex, natura speciei praedicabitur de eo secundum simplices rationes. Angelus autem est substantia creata subsistens. Sive igitur sit compositus ex materia et forma, sive simplex, oportet quod contineatur sub aliqua natura speciei. Sed naturae speciei non derogat quod possit habere plura supposita; similiter etiam nec individuo sub ea existenti derogat, si habeat aliquod secum compar in eadem specie. Ergo videtur quod possibile sit esse plures Angelos unius speciei. In perpetuis autem non differunt esse et posse, ut dicitur in III Physic. Ergo in Angelis sunt plura individua unius speciei.

5. Praeterea, in Angelis est perfecta dilectio. Nihil igitur eis subtrahendum est quod ad perfectionem dilectionis pertineat. Sed quod sint plures unius speciei, pertinet ad perfectionem dilectionis; quia omnia animalia unius speciei naturaliter se invicem diligunt, secundum illud Eccli. XIV: *omne animal diligit simile sibi*. Ergo in Angelis sunt plures unius speciei.

6. Praeterea, cum sola species definiatur, secundum Boetium, quaecumque in definitione conveniunt, videntur in specie convenire. Sed omnes Angeli conveniunt in illa definitione quam Damascenus ponit in III libro: *Angelus est substantia intellectualis, semper mobilis, arbitrio libera, incorporea, Deo ministrans, secundum gratiam (non natura) immortalitatem suscipiens*. Ergo omnes Angeli sunt unius speciei.

7. Praeterea, Angeli secundum ordinem naturae sunt propinquiores Deo quam homines. Sed in Deo sunt tres personae unius naturae secundum numerum. Cum igitur in hominibus sint plures personae unius naturae secundum speciem, videtur quod multo fortius in Angelis sint plures personae in una natura speciei convenientes.

8. Praeterea, Gregorius dicit quod in illa caelesti patria, ubi plenitudo boni est, licet quaedam data sint excellenter, nihil tamen possidetur singulariter; omnia enim in omnibus sunt, non quidem aequaliter, quia aliqui aliis sublimius possident quae tamen omnes habent. Non est ergo differentia in Angelis, nisi secundum magis et minus. Sed magis et minus non diversificant speciem. Ergo Angeli non differunt specie.

9. Praeterea, quaecumque conveniunt in nobilissimo, conveniunt in specie; quia nobilius est quod ponitur sub specie quam quod ponitur sub

indivíduo for simples, a natureza da espécie predicar-se-á dele segundo razões simples. Mas o anjo é substância criada subsistente. Como pois ou é composto de matéria e de forma, ou é simples, é necessário que se contenha sob alguma natureza de espécie. Mas a natureza de espécie não derroga que possa haver muitos supósitos; similarmente, tampouco derroga o indivíduo que existe sob ela, se há algo que lhe seja cômpar na mesma espécie. Logo, parece que é possível haver muitos anjos em uma [só] espécie. Ora, "nas coisas perpétuas não diferem ser e poder", como se diz no livro III da *Física*.[194] Logo, nos anjos há muitos indivíduos em uma [só] espécie.

5. Ademais, nos anjos há perfeita dileção [ou amor]. Não se lhes pode subtrair, portanto, nada que pertença à perfeição da dileção. Mas que haja muitos em uma mesma espécie pertence à perfeição da dileção, porque todos os animais de uma espécie naturalmente se amam entre si, segundo aquilo do Eclesiástico 14 [13,16]: "Todo animal ama seu semelhante". Logo, nos anjos há muitos em uma mesma espécie.

6. Ademais, como só a espécie se define, segundo Boécio,[195] todas as coisas que convêm na definição parecem convir na espécie. Mas todos os anjos convêm nesta definição, que Damasceno[196] põe no livro III: "O anjo é substância intelectual, sempre móvel, de arbítrio livre, incorpórea, servidora de Deus, segundo a graça (não segundo a natureza) recebedora da imortalidade". Logo, todos os anjos estão em uma [só] espécie.

7. Ademais, segundo a ordem da natureza os anjos estão mais próximos de Deus que os homens. Mas em Deus há três pessoas de uma [só] natureza segundo o número. Como pois nos homens há muitas pessoas de mesma natureza segundo a espécie, parece que com muito mais razão nos anjos há muitas pessoas que convêm em uma [só] natureza de espécie.

8. Ademais, diz Gregório que na pátria celeste, onde há plenitude de bem, ainda que alguns [bens] sejam dados excelentemente, nada porém se possui singularmente; todas as coisas, com efeito, estão em todos, mas não igualmente, porque alguns possuem mais sublimemente que outros o que porém todos têm. Não há portanto diferença nos anjos senão segundo mais e menos. Mas mais e menos não diversificam a espécie. Logo, os anjos não diferem em espécie.

9. Ademais, todas as coisas que convêm no nobilíssimo convêm em espécie, porque é mais nobre o que se põe sob uma espécie que o que se põe sob um gênero.

genere. Est enim differentia specifica formalis respectu generis. Sed omnes Angeli conveniunt in nobilissimo quod in eis est, scilicet in natura intellectuali. Ergo omnes Angeli conveniunt in specie.

10. Praeterea, si aliquod genus dividatur per duas differentias, quarum una altera sit imperfectior, differentia imperfectior magis est multiplicabilis quam perfectior; sicut irrationale per plures species multiplicatur quam rationale. Substantia autem spiritualis dividitur per unibile et non unibile; unibile autem corpori est imperfectius in spiritualibus substantiis. Cum igitur substantia spiritualis unibilis corpori, scilicet anima humana, non distinguatur in multas species, multo fortius substantia spiritualis non unibilis, scilicet Angelus, non multiplicatur per multas species.

11. Praeterea, Bonifacius Papa dicit quod ministrationes in Ecclesia militante sunt ad exemplum caelestis militiae, in qua Angeli differunt in ordine et potestate. Sed in Ecclesia militante differentia ordinis et potestatis non facit homines differre secundum speciem. Ergo nec in caelesti militia Angelorum, Angeli specie differunt, etiam qui sunt diversorum ordinum vel hierarchiarum.

12. Praeterea, sicut inferiora elementa sunt ornata plantis et animalibus, et caelum sidereum stellis et sole et luna; ita etiam caelum Empyreum ornatum est Angelus. Sed in plantis et animalibus inveniuntur multa eiusdem speciei: similiter etiam videtur quod omnes stellae sint unius speciei, quia communicant in una forma nobilissima, quae est lux. Ergo videtur, pari ratione, quod vel omnes Angeli vel aliqui conveniant in una specie.

13. Praeterea, si plures Angeli non ponantur convenire in una specie, hoc non est nisi quia in eis non est materia. Sed remotio materiae non solum tollit pluralitatem individuorum, sed etiam unitatem: quia individuum non ponitur sub specie nisi per materiam; quia materia est individuationis principium. Si ergo necesse est poni Angelos esse individua quaedam, pari etiam ratione poni poterit quod sint plures in una specie.

14. Praeterea, in his quae sunt separata a materia, idem est intellectum et intelligens, secundum philosophum. Si igitur Angeli essent sine materia, idem esset Angelus intellectus et Angelus intelligens. Sed quilibet Angelus intelligit Angelum quemlibet. Ergo sequeretur quod non esset nisi unus Angelus, quod est falsum. Non est ergo ponendum quod Angeli sint sine materia; et ita neque ponendum est quod omnes Angeli differant specie.

Com efeito, há uma diferença específica formal com respeito ao gênero. Mas todos os anjos convêm no nobilíssimo que há neles, a saber, a natureza intelectual. Logo, todos os anjos convêm em espécie.

10. Ademais, se um gênero se divide por duas diferenças, uma das quais é mais imperfeita que a outra, a diferença mais imperfeita é mais multiplicável que a mais perfeita, assim como irracional se multiplica por mais espécies que racional. Mas a substância espiritual divide-se por unível e por não unível; a unível a um corpo, porém, é mais imperfeita nas substâncias espirituais. Como pois a substância espiritual unível a um corpo, ou seja, a alma humana, não se distingue em muitas espécies, com muito mais razão a substância espiritual não unível, ou seja, o anjo, não se multiplica por muitas espécies.

11. Ademais, o papa Bonifácio[197] diz que as ministrações na Igreja militante são à semelhança da milícia celeste, na qual os anjos diferem em ordem e em potestade. Mas na Igreja militante a diferença em ordem e em potestade não faz que os homens difiram segundo a espécie. Logo, tampouco na milícia celeste dos anjos estes diferem em espécie, nem os que são de diversas ordens ou hierarquias.

12. Ademais, assim como os elementos inferiores são ornados de plantas e de animais, e o céu sidéreo de estrelas e do Sol e da Lua, assim também o céu empíreo é ornado de anjos. Mas nas plantas e nos animais se encontram muitos da mesma espécie: similarmente, também parece que todas as estrelas são de uma [só] espécie, porque comunicam numa forma nobilíssima, que é a luz. Logo, parece, pela mesma razão, que ou todos os anjos ou alguns convêm em uma espécie.

13. Ademais, se não se põe que muitos anjos convêm em uma espécie, isso não será senão porque neles não há matéria. A remoção porém da matéria tolhe não só a pluralidade de indivíduos, mas também a unidade: porque o indivíduo não é posto sob uma espécie senão pela matéria; porque a matéria é o princípio de individuação. Se pois é necessário pôr que os anjos são certos indivíduos, pela mesma razão haverá que pôr que são muitos em uma espécie.

14. Ademais, "nas coisas que são separadas da matéria, são o mesmo o intelecto e o inteligente", segundo o Filósofo.[198] Se pois os anjos fossem sem matéria, seriam o mesmo o anjo inteligido e o anjo inteligente. Mas cada anjo intelige todo e qualquer outro anjo. Logo, seguir-se-ia que não haveria senão um [só] anjo, o que é falso. Não se deve pôr, portanto, que os anjos são sem matéria; tampouco se deve pôr que todos os anjos diferem em espécie.

15. Praeterea, numerus est species quantitatis, quae non est sine materia. Si igitur in Angelis non esset materia, non esset in eis numerus; quod est falsum. Ergo idem quod prius.

16. Praeterea, in his quae sunt sine materia, non est multiplicatio nisi secundum causam et causatum, ut Rabbi Moyses dicit. Si igitur Angeli sunt sine materia, aut non est in eis multitudo, aut unum est causa alterius; quorum utrumque est falsum. Ergo idem quod prius.

17. Praeterea, creaturae a Deo sunt conditae, ut in eis divina bonitas repraesentetur. Sed in una specie Angeli repraesentatur divina bonitas perfectius quam in una specie hominis. Non ergo oportet ponere plures species Angelorum.

18. Praeterea, diversae species secundum differentias specificas differunt, quae ex opposito dividuntur. Non possunt autem designari tot differentiae specificae oppositae, quanta ponitur multitudo Angelorum. Non ergo omnes Angeli differunt specie.

SED CONTRA.

1. Si aliqui Angeli in specie conveniant, maxime hoc videtur de illis qui sunt unius ordinis. Sed illi qui sunt unius ordinis non conveniunt in specie, cum in eodem ordine sint primi, medii et ultimi, ut Dionysius dicit X cap. angelicae Hierar. Species autem non praedicatur de suis individuis secundum prius et posterius, ut dicitur in III Metaph. Non ergo sunt plures Angeli unius speciei.

2. Praeterea, illa sola videntur multiplicari secundum numerum in una specie, quae sunt corruptibilia; ut natura speciei, quae non potest considerari in uno, conservetur in pluribus. Sed Angeli sunt incorruptibiles. Ergo non sunt plures Angeli unius speciei.

3. Praeterea, multiplicatio individuorum in una specie est per divisionem materiae. Sed Angeli sunt immateriales: quia, ut Augustinus dicit XII Confess. c. VII, materia est prope nihil, Angeli autem prope Deum. Ergo in Angelis non est multiplicatio individuorum in eadem specie.

RESPONDEO. Dicendum quod circa hanc quaestionem diversimode aliqui sunt locuti. Quidam enim dixerunt quod omnes spirituales substantiae sunt

Artigo 8

15. Ademais, o número é uma espécie de quantidade, que não é sem matéria. Se pois nos anjos não houvesse matéria, não haveria neles número – o que é falso. Logo, o mesmo que antes.

16. Ademais, nas coisas que são sem matéria, não há multiplicação senão segundo a causa e o causado, como diz o rabino Moisés. Se pois os anjos são sem matéria, ou não há neles multidão, ou um é a causa do outro; mas ambas as coisas são falsas. Logo, o mesmo que antes.

17. Ademais, as criaturas são feitas por Deus de modo tal, que nelas se representa a bondade divina. Mas em uma espécie de anjo a bondade divina se representa mais perfeitamente que em uma espécie de homem. Não é necessário, portanto, pôr muitas espécies de anjos.

18. Ademais, as diversas espécies diferem segundo diferenças específicas, que se dividem por oposição. Não podem porém designar-se tantas diferenças específicas opostas quanto se pode pôr a multidão dos anjos. Nem todos os anjos, portanto, diferem em espécie.

Mas contrariamente:

1. Se alguns anjos convêm em espécie, isto maximamente parece dos que estão em uma mesma ordem. Mas os que estão em uma mesma ordem não convêm em espécie, porque na mesma ordem são "primeiros, médios e últimos", como diz Dionísio no cap. X de *Angel. Hierar.*[199]

2. Ademais, parece que só se multiplicam segundo o número em uma espécie os que são corruptíveis, para que a natureza da espécie, que não pode conservar-se em um, se conserve em muitos. Mas os anjos são incorruptíveis. Logo, não há muitos anjos em uma espécie.

3. Ademais, a multiplicação dos indivíduos em uma espécie dá-se por divisão da matéria. Mas os anjos são imateriais: porque, como diz Agostinho no c. 8 do livro XII das *Confissões*,[200] a matéria está perto do nada, mas os anjos perto de Deus. Logo, nos anjos não há multiplicação de indivíduos na mesma espécie.

Respondo. Deve dizer-se que acerca desta questão alguns falaram diversamente. Uns, com efeito, disseram que todas as substâncias espirituais são de uma

unius speciei; alii vero, quod omnes Angeli unius hierarchiae, aut etiam unius ordinis; alii autem, quod omnes Angeli ab invicem specie differunt; quod et mihi videtur, propter tres rationes. Prima sumitur ex conditione substantiae eorum. Necesse est enim dicere, quod vel sint formae simplices subsistentes absque materia, ut supra habitum est; vel sint formae compositae ex materia et forma. Si autem Angelus est forma simplex abstracta a materia, impossibile est etiam fingere quod sint plures Angeli unius speciei: quia quaecumque forma, quantumcumque materialis et infima, si ponatur abstracta vel secundum esse vel secundum intellectum, non remanet nisi una in specie una. Si enim intelligatur albedo absque omni subiecto subsistens, non erit possibile ponere plures albedines; cum videamus quod haec albedo non differt ab alia nisi per hoc quod est in hoc vel in illo subiecto. Et similiter si esset humanitas abstracta, non esset nisi una tantum. Si vero Angelus sit substantia ex materia et forma composita, necesse est dicere quod materiae diversorum Angelorum sint aliquo modo distinctae. Distinctio autem materiae a materia non invenitur nisi duplex. Una secundum propriam rationem materiae, et haec est secundum habitudinem ad diversos actus: cum enim materia secundum propriam rationem sit in potentia, potentia autem ad actum dicatur, necesse est quod secundum ordinem actuum attendatur distinctio in potentiis et materiis. Et hoc modo materia inferiorum corporum, quae est potentia ad esse, differt a materia caelestium corporum, quae est potentia ad ubi. Secunda distinctio materiae est secundum divisionem quantitatis; prout materia existens sub his dimensionibus distinguitur ab ea quae est sub aliis dimensionibus. Et prima quidem materiae distinctio facit diversitatem secundum genus: quia, secundum philosophum in V Metaph., genere differunt secundum materiam diversa. Secunda autem distinctio materiae facit diversitatem individuorum in eadem specie. Haec autem secunda distinctio materiae non potest esse in diversis Angelis, cum Angeli sint incorporei, et omnino absque dimensionibus quantitativis. Relinquitur ergo, quod si sint plures Angeli compositi ex materia et forma, quod sit in eis distinctio materiarum secundum primum modum; et ita sequitur quod non solum specie, sed etiam genere differunt. Secunda ratio sumitur ex ordine universi. Manifestum est enim quod duplex est bonum universi: quoddam separatum, scilicet Deus, qui est sicut dux in exercitu; et quoddam in ipsis rebus, et hoc est ordo partium universi, sicut

[só] espécie; outros, porém, que todos os anjos [são] de uma [só] hierarquia, ou ainda de uma só ordem; outros, todavia, que todos os anjos diferem entre si em espécie, o que também me parece a mim, por três razões. A primeira toma-se da condição de sua substância. É necessário dizer, com efeito, que ou são formas simples subsistentes sem matéria, como se sustentou anteriormente; ou são formas compostas de matéria e de forma. Se todavia o anjo é uma forma simples abstraída [ou separada] da matéria, é impossível ainda figurar que haja muitos anjos em uma mesma espécie: porque qualquer forma, ainda quando seja material e ínfima, se se põe abstrata [ou separada] ou segundo o ser ou segundo o intelecto, não permanece senão em uma única espécie. Se, com efeito, se inteligir a brancura sem nenhum sujeito subsistente, não será possível pôr muitas brancuras, já que vemos que esta brancura não difere de outra senão porque está neste sujeito ou naquele sujeito. E similarmente, se houvesse a humanidade abstrata, não seria senão uma só. Se porém o anjo é substância composta de matéria e de forma, é necessário dizer que as matérias dos diversos anjos são de algum modo distintas. Mas a distinção entre matéria e matéria não se encontra senão duplamente. Uma segundo a própria razão de matéria, e isto é segundo relação a diversos atos; como, com efeito, a matéria segundo sua razão própria está em potência, mas a potência se diz para o ato, é necessário que segundo a ordem dos atos se atenda à distinção nas potências e nas matérias. E deste modo a matéria dos corpos inferiores, a qual é potência para o ser, difere da matéria dos corpos celestes, a qual é potência para o lugar. A segunda distinção da matéria é segundo divisão da quantidade, porquanto a matéria que existe sob certas dimensões se distingue da que está sob outras dimensões. E de fato a primeira distinção da matéria constitui a diversidade segundo o gênero: porque, segundo o Filósofo no livro V da *Metafísica*,[201] coisas diversas diferem em gênero segundo a matéria. Mas a segunda distinção da matéria constitui a diversidade dos indivíduos na mesma espécie. Esta segunda distinção da matéria, porém, não pode dar-se nos diversos anjos, porque os anjos são incorpóreos, e de todo sem dimensões quantitativas. Resta portanto que, se há muitos anjos compostos de matéria e de forma, haja neles distinção de matérias segundo o primeiro modo; e assim se segue que diferem não só em espécie, mas também em gênero. – A segunda razão toma-se da ordem do universo. É manifesto, com efeito, que é duplo o bem do universo: um separado, ou seja, Deus, que é como um general num exército; e um nas mesmas coisas, e este é a ordem das partes do universo, assim

ordo partium exercitus est bonum exercitus. Unde apostolus dicit Rom. XIII: *quae a Deo sunt, ordinata sunt*. Oportet autem quod superiores universi partes magis de bono universi participent, quod est ordo. Perfectius autem participant ordinem ea in quibus est ordo per se, quam ea in quibus est ordo per accidens tantum. Manifestum est autem quod in omnibus individuis unius speciei non est ordo nisi secundum accidens: conveniunt enim in natura speciei, et differunt secundum principia individuantia, et diversa accidentia, quae per accidens se habent ad naturam speciei. Quae autem specie differunt, ordinem habent per se et secundum essentialia principia. Invenitur enim in speciebus rerum una abundare super aliam, sicut et in speciebus numerorum, ut dicitur in VIII Metaph. In istis autem inferioribus, quae sunt generabilia et corruptibilia, et infima pars universi, et minus participant de ordine, invenitur non omnia diversa habere ordinem per se; sed quaedam habent ordinem per accidens tantum, sicut individua unius speciei. In superiori autem parte universi, scilicet in corporibus caelestibus, non invenitur ordo per accidens, sed solum per se; cum omnia corpora caelestia ab invicem specie differant, nec sint in eis plura individua unius speciei, sed unus tantum sol et una luna, et sic de aliis. Multo ergo magis in suprema parte universi non invenitur aliqua ordinata per accidens et non per se. Et sic relinquitur quod omnes Angeli ab invicem specie differunt secundum maiorem et minorem perfectionem formarum simplicium, ex maiori vel minori propinquitate ad Deum, qui est actus purus, et infinitae perfectionis. Tertia vero ratio sumitur ex perfectione naturae angelicae. Perfectum enim dicitur unumquodque quando nihil deest ei eorum quae ad ipsum pertinent; et huius quidem perfectionis gradus ex extremis rerum perpendi potest. Deo enim, qui est in supremo perfectionis, nihil deest eorum quae pertinent ad rationem totius esse: praehabet enim in se omnes rerum perfectiones simpliciter et excellenter, ut Dionysius dicit. Individuum autem aliquod in infima parte rerum, quae continet generabilia et corruptibilia, perfectum invenitur ex eo quod habet quidquid ad se pertinet secundum rationem individuationis suae; non autem quidquid pertinet ad naturam suae speciei, cum natura suae speciei etiam in aliis individuis inveniatur. Quod manifeste ad imperfectionem pertinere apparet, non solum in animalibus generabilibus, in quibus unum indiget alio suae speciei ad convictum; sed etiam in omnibus animalibus ex

como a ordem das partes do exército é o bem do exército. Por isso o Apóstolo diz em Romanos 13,1: "As coisas que vêm de Deus são ordenadas". É necessário, todavia, que as partes superiores do universo participem mais do bem do universo, ou seja, a ordem. Mas participam mais perfeitamente da ordem as coisas em que há ordem *per se* do que as coisas em que há ordem só *per accidens*. É manifesto, no entanto, que entre todos os indivíduos de uma espécie não há ordem senão *per accidens*: convêm, com efeito, na natureza da espécie, e diferem segundo os princípios individuantes, e segundo diversos acidentes, que se têm *per accidens* com respeito à natureza da espécie. As coisas porém que diferem em espécie têm ordem *per se* e segundo os princípios essenciais. Com efeito, encontra-se nas espécies das coisas que uma excede a outra, e assim também nas espécies dos números, como se diz no livro VIII da *Metafísica*.[202] Mas nestas coisas inferiores, que são geráveis e corruptíveis, e a ínfima parte do universo, e as que menos participam da ordem, se encontra que não todas as diversas coisas têm ordem *per se*, senão que algumas têm ordem só *per accidens*, como os indivíduos de uma espécie. Na parte superior do universo, no entanto, ou seja, nos corpos celestes, não se encontra ordem *per accidens*, mas só *per se*; como todos os corpos celestes diferem em espécie entre si, não há neles muitos indivíduos de uma espécie, mas só um Sol e só uma Lua, e assim quanto aos outros. Com muito mais razão, portanto, na parte suprema do universo não se encontram coisas ordenadas *per accidens* e não *per se*. E assim resta que todos os anjos difiram entre si em espécie segundo maior e menor perfeição das formas simples, pela maior ou menor proximidade a Deus, que é ato puro, e de perfeição infinita. – A terceira razão toma-se da perfeição da natureza angélica. Com efeito, perfeito diz-se de uma coisa quando não lhe falta nada do que lhe pertence; e de fato os graus desta perfeição podem avaliar-se dos extremos das coisas. Com efeito, a Deus, que está no supremo da perfeição, não falta nada do que pertence à razão de todo o ser: ele tem previamente em si, com efeito, todas as perfeições das coisas *simpliciter* e excelentemente, como diz Dionísio.[203] Mas um indivíduo, na parte ínfima das coisas, a qual contém os geráveis e corruptíveis, encontra-se perfeito quando tem tudo o que lhe pertence segundo a razão de sua individuação; não porém tudo o que pertence à natureza de sua espécie, porque a natureza de sua espécie também se encontra nos outros indivíduos. Isso aparece manifestamente quanto à imperfeição, não só nos animais geráveis, nos quais um carece do outro para conviver, mas também em todos os animais gerados de

semine qualitercumque generatis, in quibus mas indiget femina suae speciei ad generandum. Et ulterius in omnibus generabilibus et corruptibilibus, in quibus necessaria est multitudo individuorum unius speciei, ut natura speciei, quae non potest perpetuo conservari in uno individuo propter eius corruptibilitatem, conservetur in pluribus. In parte autem superiori universi invenitur altior gradus perfectionis, in quibus unum individuum, ut sol, sic est perfectum, ut nihil ei desit eorum quae ad propriam speciem pertinent. Unde et tota natura speciei concluditur sub uno individuo; et similiter est de aliis corporibus caelestibus. Multo ergo magis in suprema parte rerum creatarum, quae est Deo propinquissima, scilicet in Angelis, haec perfectio invenitur ut uni individuo nihil desit eorum quae ad totam speciem pertinent; et sic non sunt plura individua in una specie. Deus vero, qui est in summo perfectionis, cum nullo alio convenit non solum in specie, sed nec in genere nec in alio praedicato univoco.

1. AD PRIMUM ERGO dicendum quod Augustinus loquitur ibi de natura angelica et humana, non secundum quod considerantur in esse naturali, sed secundum quod ordinantur ad beatitudinem: sic enim aliqui in natura angelica et humana perierunt. Quantum autem ad ordinem beatitudinis, natura humana dividitur contra totam naturam angelicam: quia tota natura angelica uno modo nata est pervenire ad beatitudinem, vel ab ea deficere irreparabiliter, scilicet statim ad primam electionem; natura vero humana per decursum temporis. Et ideo loquitur ibi Augustinus de omnibus Angelis sicut de una natura, propter unum modum ordinis ad beatitudinem, licet differant secundum speciem naturae.

2. AD SECUNDUM dicendum quod cum inquiritur de differentia vel convenientia speciei, est consideratio de rebus secundum naturas ipsarum. Et secundum hoc non est loquendum de omnibus Angelis, sicut de natura una Deo propinquissima; sed solus primus Angelus erat secundum hoc natura Deo propinquissima: in qua quidem natura est minima diversitas, quia nec secundum speciem nec secundum numerum.

3. AD TERTIUM dicendum quod ipsum esse se habet ut actus tam ad naturas compositas, quam ad naturas simplices. Sicut ergo in naturis

algum modo de sêmen, nos quais o macho necessita de uma fêmea de sua espécie para gerar. E, ademais, em todos os geráveis e corruptíveis, nos quais é necessária multidão de indivíduos de uma mesma espécie, para que a natureza da espécie, que não pode conservar-se perpetuamente em um indivíduo por causa de sua incorruptibilidade, se conserve em muitos. Na parte superior do universo, no entanto, encontra-se um grau mais alto de perfeição, no qual um [único] indivíduo, como o Sol, é tão perfeito, que não lhe falta nada do que pertence à sua própria espécie. Por isso toda a natureza da espécie se contém sob um [só] indivíduo;[204] e similarmente se dá com os outros corpos celestes. Muito mais, portanto, na parte suprema das coisas criadas, a qual está proximíssima de Deus, ou seja, nos anjos, tal perfeição se encontra de modo tal, que a um indivíduo não lhe falta nada do que pertence a toda a espécie; e assim não há muitos indivíduos em uma espécie. Mas Deus, que está no sumo da perfeição, com nada mais convém não só em espécie, mas em gênero ou em nenhum outro predicado unívoco.

1. QUANTO AO PRIMEIRO, portanto, deve dizer-se que Agostinho fala aí da natureza angélica e da humana não segundo se consideram no ser natural, mas segundo se ordenam à beatitude: assim, com efeito, alguns na natureza angélica e na humana pereceram. Quanto porém à ordem da beatitude, a natureza humana divide-se de toda natureza angélica: porque é de toda natureza angélica, de um mesmo modo e por sua natureza, alcançar a beatitude ou apartar-se dela irreparavelmente, ou seja, imediatamente depois da primeira eleição; mas a natureza humana, no decurso do tempo. E por isso fala aí Agostinho de todos os anjos como de uma [só] natureza, por seu modo de ordem à beatitude, conquanto difiram segundo a espécie da natureza.

2. QUANTO AO SEGUNDO, deve dizer-se que, quando se inquire da diferença ou da conveniência da espécie, consideram-se as coisas segundo suas respectivas naturezas. E segundo isso não se deve falar de todos os anjos como de uma [só] natureza proximíssima de Deus; senão que só o primeiro anjo era, segundo isto, a natureza proximíssima de Deus: nesta natureza de fato há a diversidade mínima, porque [não a há] segundo a espécie nem segundo o número.

3. QUANTO AO TERCEIRO, deve dizer-se que o mesmo ser se tem como ato tanto com respeito às naturezas compostas como com respeito às naturezas simples.

compositis species non sumitur ab ipso esse sed a forma, quia species praedicatur in quid est, esse autem pertinere videtur ad quaestionem an est; unde nec in substantiis angelicis species sumitur secundum ipsum esse, sed secundum formas simplices subsistentes; quarum differentia est secundum ordinem perfectionis ut dictum est.

4. AD QUARTUM dicendum quod sicut forma quae est in subiecto vel materia, individuatur per hoc quod est esse in hoc; ita forma separata individuatur per hoc quod est nata in aliquo esse. Sicut enim esse in hoc excludit communitatem universalis quod praedicatur de multis, ita non posse esse in aliquo. Sicut igitur haec albedo non prohibetur habere sub se multa individua ex hoc quod est albedo, quod pertinet ad rationem speciei, sed ex hoc quod est in hoc, quod pertinet ad rationem individui; ita natura huius Angeli non prohibetur esse in multis ex hoc quod est natura in tali ordine rerum, quod pertinet ad rationem speciei; sed ex hoc quod non est nata recipi in aliquo subiecto, quod pertinet ad rationem individui.

5. AD QUINTUM dicendum quod, cum affectio sequatur cognitionem, quanto cognitio est universalior, tanto affectio eam sequens magis respicit commune bonum; et quanto cognitio est magis particularis, tanto affectio ipsam sequens magis respicit privatum bonum; unde et in nobis privata dilectio ex cognitione sensitiva exoritur, dilectio vero communis et absoluti boni ex cognitione intellectiva. Quia igitur Angeli quanto sunt altiores, tanto habent scientiam magis universalem, ut Dionysius dicit, XII cap. Angel. Hierar., ideo eorum dilectio maxime respicit commune bonum. Magis igitur diligunt se invicem, si specie differunt, quod magis pertinet ad perfectionem universi, ut ostensum est, quam si in specie convenirent, quod pertineret ad bonum privatum unius speciei.

6. AD SEXTUM dicendum quod substantias separatas non potest anima nostra corpori unita secundum essentias earum intelligere, ut sciat de eis quid sunt; quia earum essentiae excedunt genus sensibilium naturarum et earum proportionem, ex quibus intellectus noster cognitionem capit. Et ideo substantiae separatae non possunt definiri a nobis proprie, sed solum per remotionem, vel aliquam operationem ipsarum. Et hoc modo Damascenus definit Angelum non definitione pertinente ad speciem specialissimam, sed ad genus subalternum, quod est genus et species, unde definiri potest.

Assim, pois, como nas naturezas compostas a espécie não se toma do ser, mas da forma, porque a espécie se predica no *quid est* [que é], enquanto o ser parece pertencer à questão *an est* [se é]; por isso, nas substâncias angélicas a espécie tampouco se toma segundo o próprio ser, mas segundo as formas simples subsistentes, cuja diferença é segundo a ordem da perfeição, como se disse.

4. QUANTO AO QUARTO, deve dizer-se que, assim como a forma que está num sujeito ou matéria se individua por isso mesmo que é estar nisto [*in hoc*], assim também a forma separada se individua por isso mesmo que é estar naturalmente em algum ser. Assim como, com efeito, o estar nisto [*in hoc*] exclui a comunidade do universal, que se predica de muitos, assim também o não poder estar em algo [*in aliquo*]. Assim pois como o ser brancura, que pertence à razão de espécie, não impede que esta brancura tenha sob si muitos indivíduos, mas sim o estar nisto [*in hoc*], que pertence à razão de indivíduo, assim também o ser natureza em determinada ordem das coisas não impede que a natureza deste anjo esteja em muitos, o que pertence à razão de espécie, mas sim o naturalmente não poder ser recebida em algum sujeito, o que pertence à razão de indivíduo.

5. QUANTO AO QUINTO, deve dizer-se que, como a afeição se segue à cognição, quanto mais a cognição é universal, tanto mais a afeição sequente mira ao bem comum; e, quanto mais a cognição é particular, tanto mais a mesma afeição sequente mira ao bem particular; por isso mesmo, também em nós a dileção privada deriva da cognição sensitiva, mas a dileção comum e do bem absoluto deriva da cognição intelectiva. Por conseguinte, como quanto mais altos são os anjos tanto mais têm ciência universal, como diz Dionísio no capítulo XII de *Angel. Hierar.*,[205] por isso mesmo sua dileção mira maximamente ao bem comum. Portanto, mais *diligunt* [se amam] entre si se diferem em espécie, o que pertence mais à perfeição do universo, como se mostrou, do que se conviessem em espécie, o que pertenceria ao bem privado de uma [só] espécie.

6. QUANTO AO SEXTO, deve dizer-se que nossa alma unida ao corpo não pode inteligir as substâncias separadas segundo suas essências, de modo que saiba delas o que são, porque suas essências excedem o gênero das naturezas sensíveis e sua proporção, a partir das quais nosso intelecto alcança a cognição. E por isso as substâncias separadas não podem ser definidas por nós propriamente, mas só por remoção, ou por alguma de suas operações. E deste modo Damasceno define o anjo não pela definição pertinente à espécie especialíssima, mas [pela definição pertinente] ao gênero subalterno, que é gênero e espécie, razão por que pode definir-se.

Articulus 8

7. AD SEPTIMUM dicendum quod modus distinctionis personarum divinarum est absque essentiae diversitate, quod non patitur natura creata; et ideo non est hoc ad consequentiam trahendum in creaturis.

8. AD OCTAVUM dicendum quod magis et minus dupliciter accipitur. Uno modo secundum diversum modum participationis unius et eiusdem formae, sicut magis album dicitur magis clarum quam minus album; et sic magis et minus non diversificant speciem. Alio modo dicitur magis et minus secundum gradum diversarum formarum, sicut album dicitur magis clarum quam rubeum aut viride; et sic magis et minus diversificant speciem; et hoc modo Angeli differunt in donis naturalibus secundum magis et minus.

9. AD NONUM dicendum quod id quod constituit in specie est nobilius eo quod constituit in genere, sicut determinatum indeterminato: habet enim se determinatum ad indeterminatum ut actus ad potentiam. Non autem ita quod semper illud quod constituit in specie, ad nobiliorem naturam pertineat, ut patet in speciebus animalium irrationalium: non enim constituuntur huiusmodi species per additionem alterius naturae nobilioris supra naturam sensitivam, quae est nobilissima in eis, sed per determinationem ad diversos gradus in illa natura. Et similiter dicendum est de intellectuali, quod est commune in Angelis.

10. AD DECIMUM dicendum quod hoc non videtur esse universaliter verum, quod imperfectior differentia generis in plures species multiplicetur. Corpus enim dividitur per animatum et inanimatum: plures tamen videntur esse species animatorum corporum quam inanimatorum, praecipue si corpora caelestia sint animata, et omnes stellae ab invicem specie differant. Sed et in plantis et animalibus est maxima diversitas specierum. Ut tamen huius rei veritas investigetur, considerandum est quod Dionysius Platonicis contrariam sententiam proferre videtur. Dicunt enim Platonici quod substantiae quo sunt primo uni propinquiores, eo sunt minoris numeri. Dionysius vero dicit in XIV cap. angelicae hierarchiae, quod Angeli omnem materialem multitudinem transcendunt. Utrumque autem verum esse aliquis potest ex rebus corporalibus percipere; in quibus quanto corpus aliquod invenitur superius, tanto minus habet de materia, sed in maiorem quantitatem extenditur. Unde cum numerus quodammodo sit causa quantitatis continuae, secundum quod punctum constituit unitas, et punctus lineam, ut more Platonicorum loquamur: ita

7. Ao sétimo, deve dizer-se que o modo da distinção das pessoas divinas é sem diversidade de essência, o que não padece a natureza criada; e por isso tal não se deve trazer como consequência para as criaturas.

8. Quanto ao oitavo, deve dizer-se que mais e menos se tomam duplicimente. De um modo segundo o diverso modo de participação de uma e mesma forma, assim como o mais branco se diz mais claro que o menos branco; e assim mais e menos não diversificam a espécie. De outro modo se diz mais e menos segundo o grau das diversas formas, assim como o branco se diz mais claro que o vermelho ou o verde; e assim mais e menos diversificam a espécie; e deste modo os anjos diferem nos dons naturais segundo mais e menos.

9. Quanto ao nono, deve dizer-se que o que constitui em espécie é mais nobre que o que constitui em gênero, assim como o determinado [o é mais] que o indeterminado: com efeito, o determinado está para o indeterminado como o ato para a potência. Não porém de modo que sempre o que constitui em espécie pertença a uma natureza mais nobre, como se patenteia nas espécies dos animais irracionais: com efeito, tais espécies não se constituem por adição de uma natureza mais nobre a uma natureza sensitiva, que é a nobilíssima neles, e sim por determinação a diversos graus nesta natureza. E algo similar se deve dizer da [natureza] intelectual, que é comum nos anjos.

10. Quanto ao décimo, deve dizer-se que não parece ser verdade universal que a diferença mais imperfeita do gênero se multiplica em mais espécies. O corpo, com efeito, divide-se por animado e por inanimado: parece porém que há mais espécies de corpos animados que de inanimados, precipuamente se os corpos celestes são animados, e [se] todas as estrelas diferem entre si em espécie. Mas também nas plantas e nos animais é máxima a diversidade de espécies. No entanto, para que se investigue a verdade deste assunto, deve considerar-se que Dionísio parece proferir sentença contrária aos platônicos. Com efeito, dizem os platônicos que, quanto mais próximas estejam do uno as substâncias, menores são em número. Mas Dionísio diz, no cap. XIV de *Angel. Hierar.*,[206] que os anjos transcendem toda a multidão material. A partir das coisas corpóreas, porém, qualquer pode perceber que ambas as coisas são verdadeiras: naquelas, quanto mais alto se encontra um corpo, tanto menos tem de matéria, mas se estende a maior quantidade. Por isso, assim como o número é de algum modo causa da quantidade contínua, segundo o que o ponto constitui a unidade, e o ponto a linha, para falarmos ao modo dos

est etiam in tota rerum universitate, quod quanto aliqua sunt superiora in entibus, tanto plus habent de formali multitudine, quae attenditur secundum distinctionem specierum: et in hoc salvatur dictum Dionysii: minus autem de multitudine materiali quae attenditur secundum distinctionem individuorum in eadem specie; in quo salvatur dictum Platonicorum. Quod autem est una sola species animalis rationalis, multis existentibus speciebus irrationalium animalium, ex hoc provenit, quia animal rationale constituitur ex hoc quod natura corporea attingit in sui supremo naturam substantiarum spiritualium in sui infimo. Supremus autem gradus alicuius naturae, vel etiam infimus, est unus tantum: quamvis posset dici plures esse species rationalium animalium, si quis poneret corpora caelestia animata.

11. AD UNDECIMUM dicendum quod homines continentur inter creaturas corruptibiles, quae sunt infinita pars universi, in qua inveniuntur aliqua ordinata non solum per se, sed etiam per accidens. Et ideo in Ecclesia militanti diversitas secundum potentiam et ordinem non diversificat speciem; secus autem est in Angelis, qui sunt suprema pars universi, ut dictum est. Est autem in hominibus Angelorum similitudo non perfecta, sed qualem esse contingit, ut dictum est.

12. AD DUODECIMUM dicendum quod ornamenta terrae et aquae, quia corruptibilia sunt, requirunt multitudinem in eadem specie, ut dictum est. Corpora autem caelestia etiam sunt diversarum specierum, ut dictum est: lux enim non est forma substantialis eorum, cum sit qualitas per se sensibilis; quod de nulla forma substantiali dici potest. Et praeterea non est eiusdem rationis lux in omnibus; quod patet ex hoc quod diversorum corporum superiorum radii diversos habent effectus.

13. AD DECIMUMTERTIUM dicendum quod individuatio in Angelis non est per materiam, sed per hoc quod sunt formae per se subsistentes, quae non sunt natae esse in subiecto vel materia, ut dictum est.

14. AD DECIMUMQUARTUM dicendum quod antiqui philosophi posuerunt quod cognoscens debet esse de natura rei cognitae; unde Empedocles dixit quod terram terra cognoscimus, et aquam aqua. Sed ad hoc excludendum Aristoteles posuit quod virtus cognoscitiva in nobis, prout est in potentia, est denudata a natura cognoscibilium, sicut pupilla a colore; sed tamen sensus in actu est sensatum in actu, in quantum fit sensus in actu per hoc

platônicos, assim também sucede em toda a universidade das coisas que, quanto mais altas são algumas nos entes, tanto mais têm de multidão formal, à qual se atende segundo a distinção de espécies: e nisto se salva o dito de Dionísio; e menos de multidão material, à qual se atende segundo a distinção de indivíduos na mesma espécie: no que se salva o dito dos platônicos. Ora, que haja uma só espécie de animal racional, enquanto existem muitas espécies de animais irracionais, provém de que o animal racional se constitui de que a natureza corpórea atinge em seu supremo a natureza das substâncias espirituais em seu ínfimo. Mas o grau supremo de qualquer natureza, ou também o ínfimo, é só um: conquanto se pudesse dizer que há muitas espécies de animais racionais, se se pusesse que os corpos celestes são animados.

11. Quanto ao undécimo, deve dizer-se que os homens se contêm entre as criaturas corruptíveis, que são a parte ínfima do universo, na qual se encontram coisas ordenadas não só *per se*, mas ainda *per accidens*. E por isso na Igreja militante a diversidade segundo potência e ordem não diversifica a espécie; dá-se porém o contrário nos anjos, que são a parte suprema do universo, como se disse. Não obstante, nos homens há similitude com os anjos não perfeita, mas tal qual se dá, como se disse.

12. Quanto ao duodécimo, deve dizer-se que os ornamentos da terra e da água, porque são corruptíveis, requerem multidão na mesma espécie, como se disse. Mas os corpos celestes também são de diversas espécies, como se disse: com efeito, a luz não é sua forma substancial, por ser uma qualidade sensível *per se*, o que não se pode dizer de nenhuma forma substancial. E, ademais, a não luz não é de mesma razão em todos, o que se patenteia de que os raios dos diversos corpos superiores têm efeitos diversos.

13. Quanto ao décimo terceiro, deve dizer-se que a individuação nos anjos não é pela matéria, mas por serem formas por si subsistentes, que por natureza não estão num sujeito ou matéria, como se disse.

14. Quanto ao décimo quarto, deve dizer-se que os antigos filósofos puseram que o cognoscente deve ser da mesma natureza que a coisa conhecida; por isso Empédocles[207] disse que conhecemos terra por terra, e água por água. Mas, para excluir isto, Aristóteles põe que a virtude cognoscitiva em nós, enquanto está em potência, é despida da natureza dos cognoscíveis, como a pupila [o é] da cor; mas o sentido em ato é o que é sentido em ato, enquanto o sentido se faz ato em

quod informatur specie sensibili; et eadem ratione intellectus in actu est intellectum in actu, in quantum informatur per speciem intelligibilem: non enim lapis est in anima, sed species lapidis, ut ipse dicit. Ex hoc autem est aliquid intelligibile in actu, quod est a materia separatum; et ideo dicit quod in his quae sunt sine materia, idem est intellectus et quod intelligitur. Non ergo oportet quod Angelus intelligens sit idem in substantia quod Angelus intellectus, si sunt immateriales; sed oportet quod intellectus unius formetur per similitudinem alterius.

15. AD DECIMUMQUINTUM dicendum quod numerus qui causatur ex divisione continui est species quantitatis, et est tantum in substantiis materialibus. Sed in substantiis immaterialibus est multitudo quae est de transcendentibus, secundum quod unum et multa dividunt ens; et haec multitudo consequitur distinctionem formalem.

16. AD DECIMUMSEXTUM dicendum quod differentia secundum causam et causatum ponitur a quibusdam multiplicare substantias separatas, in quantum per hoc ponunt provenire diversos gradus in eis, prout causatum est infra suam causam. Unde si ponimus diversos gradus in substantiis immaterialibus ex ordine divinae sapientiae causantis, remanebit eadem distinctionis ratio, etiam si una earum non sit causa alterius.

17. AD DECIMUMSEPTIMUM dicendum quod quaelibet natura creata, cum sit finita, non ita perfecte repraesentat divinam bonitatem sicut multitudo naturarum: quia quod in multis naturis multipliciter continetur, comprehenditur in Deo unite; et ideo oportuit esse plures naturas in universo, et etiam in substantiis angelicis.

18. AD DECIMUMOCTAVUM dicendum, quod oppositio differentiarum constituentium angelicas species, accipitur secundum perfectum et imperfectum, vel excedens et excessum; sicut est etiam in numeris, et sicut se habent animatum et inanimatum, et alia huiusmodi.

ato porque informado pela espécie sensível; e pela mesma razão o intelecto em ato é o inteligido em ato, enquanto é informado pela espécie inteligível: com efeito, a pedra não está na alma, mas a espécie da pedra, como ele mesmo[208] o diz. Daí porém há algo inteligível em ato, que é separado da matéria; e por isso mesmo diz ele[209] que nas coisas que são sem matéria é o mesmo o intelecto que o inteligido. Não é necessário, portanto, que o anjo que intelige seja o mesmo em substância que o anjo inteligido, se são imateriais; mas é necessário que o intelecto de um se forme pela similitude do outro.

15. QUANTO AO DÉCIMO QUINTO, deve dizer-se que o número causado pela divisão do contínuo é uma espécie da quantidade, e só se dá nas substâncias materiais. Mas nas substâncias imateriais há multidão resultante dos transcendentes, porquanto uno [numérico] e muitos dividem o ente; e tal multidão é consequente à distinção formal.

16. QUANTO AO DÉCIMO SEXTO, deve dizer-se que a diferença segundo a causa e o causado é posta por alguns com respeito à multiplicação das substâncias separadas, enquanto põem que disso provêm os diversos graus nelas, já que o causado está abaixo de sua causa. Por isso, se pusermos diversos graus nas substâncias imateriais causados pela ordenação da sabedoria divina, permanecerá a mesma razão de distinção, ainda que uma delas não seja causa da outra.

17. QUANTO AO DÉCIMO SÉTIMO, deve dizer-se que nenhuma criatura, por ser finita, representa a bondade divina tão perfeitamente como a multidão das naturezas: porque o que se contém multiplamente em muitas naturezas se compreende em Deus unitariamente; e por isso foi necessário haver muitas naturezas no universo, e também nas substâncias angélicas.

18. QUANTO AO DÉCIMO OITAVO, deve dizer-se que a oposição das diferenças constitutivas das espécies se toma segundo perfeito e imperfeito, ou excedente e excedido; assim se dá também nos números, e assim se têm [entre si] o animado e o inanimado, e outros semelhantes.

ARTICULUS 9

Nono quaeritur utrum intellectus possibilis sit unus in omnibus hominibus

E T V I D E T U R Q U O D S I C .

1. Dicit enim Augustinus in libro de quantitate animae: *si dixero multas esse animas, ipse me ridebo*. Derisibile ergo videtur dicere multas animas intellectivas esse.

2. Praeterea, in his quae sunt sine materia, est unum individuum in una specie, ut ostensum est. Sed intellectus possibilis, sive anima intellectiva, cum sit substantia spiritualis, non est compositus ex materia et forma, ut prius ostensum est. Ergo est una tantum anima intellectiva, sive intellectus possibilis, in tota specie humana.

3. Sed dicebat quod etsi anima intellectiva non habeat materiam ex qua sit, habet tamen materiam in qua est, scilicet corpus, secundum quorum multiplicationem multiplicantur animae intellectivae.- Sed contra, remota causa removetur effectus. Si igitur multiplicatio corporum est causa multitudinis animarum, remotis corporibus, non possunt multae animae remanere.

4. Praeterea, individuatio fit secundum determinationem principiorum essentialium; sicut enim de ratione hominis est ut componatur ex anima et corpore, ita de ratione Socratis est ut componatur ex hac anima et hoc corpore, ut patet per philosophum in VII Metaph. Sed corpus non est de essentia animae. Ergo impossibile est quod anima individuetur per corpus, et ita non multiplicabuntur animae secundum multiplicationem corporum.

5. Praeterea, Augustinus dicit contra Felicianum: *si originem animantis potentiae requiramus, prior est anima matre, et ex hac rursus nata videtur*

ARTIGO 9

Em nono, indaga-se se o intelecto possível é um [só] em muitos homens[210]

E PARECE QUE SIM.

1. Com efeito, diz Agostinho no livro *De Quant. Animae*:[211] "Se eu disser que há muitas almas, eu mesmo me rirei". Parece portanto que é risível dizer que há muitas almas intelectivas.

2. Ademais, nos entes que são sem matéria, há um [só] indivíduo em uma espécie, como se mostrou [a. 8]. Mas o intelecto possível, ou alma intelectiva, por ser substância espiritual, não é composto de matéria e de forma, como anteriormente se mostrou. Logo, há só uma alma intelectiva, ou intelecto possível, em toda a espécie humana.

3. Mas dizia que, conquanto a alma intelectiva não tenha matéria *ex qua* [= de que] seja, tem todavia matéria *in qua* [= em que] é, ou seja, o corpo, e segundo a multiplicação dos corpos se multiplicam as almas intelectivas. – Mas, contrariamente, removida a causa, remove-se o efeito. Se pois a multiplicação dos corpos é causa da multidão das almas, removidos os corpos, não podem permanecer muitas almas.

4. Ademais, a individuação faz-se segundo determinação dos princípios essenciais: com efeito, assim como é da razão de homem que seja composto de alma e de corpo, assim também é da razão de Sócrates que seja composto desta alma e deste corpo, como se patenteia pelo que diz o Filósofo no livro VII da *Metafísica*.[212] Mas o corpo não é da essência da alma. Logo, é impossível que a alma se individue pelo corpo, e assim não se multiplicam as almas segundo a multiplicação dos corpos.

5. Ademais, Agostinho diz em *Contra Feliciano*:[213] "Se buscamos a origem da potência animante, a alma é anterior à mãe, e parece até que [esta] nasce dela

cum sobole; et loquitur de *anima per quam animata est mater*, ut statim subdit. Ex quo videtur dicere quod sit eadem anima in matre et filio, et eadem ratione in omnibus hominibus.

6. Praeterea, si intellectus possibilis esset alius in me et alius in te, oporteret quod res intellecta esset alia in me et alia in te, cum res intellecta sit in intellectu; et ita res intellecta numeraretur per numerationem individuorum hominum. Sed omnia quae numerantur per numerationem individuorum, habent rem intellectam communem; et sic rei intellectae erit aliqua res intellecta in infinitum; quod est impossibile. Non ergo est alius intellectus possibilis in me et in te.

7. Praeterea, si non esset unus intellectus possibilis in omnibus hominibus, cum contingit scientiam a magistro in discipulo causari, oporteret quod vel eadem numero scientia quae est in magistro deflueret ad discipulum, vel quod scientia magistri causaret scientiam discipuli, sicut calor ignis causat calorem in lignis, vel quod addiscere non esset aliud quam reminisci. Si enim discipulus habeat ante addiscere scientiam quam addiscit, addiscere est reminisci. Si vero non habeat eam prius, aut acquirit eam existentem prius in alio, scilicet in magistro, aut non existentem prius in alio, et sic oportet quod in eo de novo causetur ab alio. Haec autem tria sunt impossibilia. Cum enim scientia accidens, non potest eadem numero transire de subiecto in subiectum, quia ut Boetius dicit, accidentia corrumpi possunt, transmutari non possunt. Similiter etiam impossibile est quod scientia magistri causet scientiam in discipulo, tum quia scientia non est qualitas activa, tum quia verba quae magister profert solum excitant discipulum ad intelligendum, ut Augustinus dicit in libro de magistro. Quod autem addiscere sit reminisci, est contra philosophum in I Poster. Non est ergo alius et alius intellectus possibilis in omnibus hominibus.

8. Praeterea, omnis virtus cognoscitiva quae est in materia corporali, cognoscit ea tantum quae habent affinitatem cum materia in qua est; sicut visus cognoscit tantum colores qui habent affinitatem cum pupilla, quae est susceptiva colorum propter suam diaphaneitatem. Sed intellectus possibilis non est susceptivus eorum tantum quae habent affinitatem vel cum toto corpore, vel cum quacumque parte eius. Intellectus ergo possibilis non est virtus cognoscitiva in materia corporali, neque in toto corpore neque in aliqua parte eius. Ergo non multiplicatur secundum multiplicationem corporum.

junto com a descendência"; e fala "da alma pela qual a mãe é animada", como acrescenta em seguida. Daí que pareça dizer que seja a mesma a alma na mãe e no filho, e pela mesma razão em todos os homens.

6. Ademais, se o intelecto possível fosse um em mim e outro em ti, seria necessário que a coisa inteligida fosse uma em mim e outra em ti, porque a coisa inteligida está no intelecto; e assim a coisa inteligida se numeraria pela numeração dos indivíduos dos homens. Mas todas as coisas que se numeram pela numeração dos indivíduos têm uma coisa inteligida comum; e assim da coisa inteligida haverá alguma coisa inteligida ao infinito, o que é impossível. Não há portanto um intelecto possível em mim e outro em ti.

7. Ademais, se não houvesse um [só] intelecto possível em todos os homens, quando acontecesse que a ciência fosse causada pelo mestre no discípulo, seria necessário que ou a mesma ciência que está no mestre fluísse para o discípulo, ou que a ciência do mestre causasse a ciência do discípulo, assim como o calor do fogo causa o calor na madeira, ou que aprender não fosse outra coisa que rememorar. Se, com efeito, o discípulo tem antes de aprender a ciência que aprende, então aprender é rememorar. Se todavia não a tem antes, ou adquire a existente antes em outro, ou seja, no mestre, ou a não existente antes em outro, e assim é necessário que seja causada nele *de novo* por outro. Mas estas três coisas são impossíveis. Como, com efeito, a ciência é um acidente, não pode passar de sujeito para sujeito, porque, como diz Boécio,[214] os acidentes podem corromper-se, mas não transmudar-se. Similarmente, também é impossível que a ciência do mestre cause a ciência no discípulo, tanto porque a ciência não é qualidade ativa como porque os verbos [ou vozes, palavras] que o mestre profere só excitam o discípulo a inteligir, como diz Agostinho no livro *De Magistro*.[215] Que porém aprender seja rememorar vai contra o Filósofo no livro I dos *Analíticos Posteriores*.[216] Não há, portanto, vários intelectos possíveis em todos os homens.

8. Ademais, toda virtude cognoscitiva que está numa matéria corporal conhece tão só as coisas que têm afinidade com a matéria *in qua* está; assim, a visão conhece só as cores porque têm afinidade com a pupila, que é susceptiva das cores por sua diafanidade. Mas o intelecto possível não é susceptivo das coisas que só têm afinidade ou com todo o corpo, ou com qualquer de suas partes. O intelecto possível, por conseguinte, não é virtude cognoscitiva na matéria corporal, nem em todo o corpo nem em alguma parte sua. Logo, não se multiplica segundo a multiplicação dos corpos.

9. Praeterea, si anima intellectiva vel intellectus possibilis multiplicatur secundum multiplicationem corporum, hoc non est nisi quia est corporis forma. Sed non potest esse corporis forma, cum sit composita ex materia et forma, ut a multis ponitur; compositum enim ex materia et forma non potest esse alicuius forma. Ergo anima intellectiva, sive intellectus possibilis, non potest multiplicari secundum multitudinem corporum.

10. Praeterea, sicut Cyprianus dicit, dominus prohibuit discipulis ne in civitatem Samaritanorum intrarent propter peccatum schismatis; quia a regno David recesserunt decem tribus, in Samaria caput sibi regni postmodum statuentes. Idem autem populus erat tempore Christi qui prius fuerat. Sic autem se habet populus ad populum sicut homo ad hominem, et anima ad animam. Ergo eadem ratione una anima est in eo qui prius fuit, et in alio qui post sequitur; et sic per eamdem rationem eadem anima erit in singulis hominibus.

11. Praeterea, magis dependet accidens a subiecto quam forma a materia; cum forma det esse materiae simpliciter, accidens autem non dat esse simpliciter subiecto. Sed unum accidens potest esse in multis substantiis, sicut unum tempus est in multis motibus, ut Anselmus dicit. Ergo multo magis una anima potest esse multorum corporum; et sic non oportet esse multos intellectus possibiles.

12. Praeterea, anima intellectiva virtuosior est quam vegetativa. Sed anima vegetativa est potens vegetare aliquid extra corpus cuius est forma; dicit enim Augustinus in VI musicae, quod radii visuales vegetantur ab anima videntis, etiam longe producti usque ad rem visam. Ergo multo magis anima intellectiva potest perficere alia corpora praeter corpus in quo est.

13. Praeterea, si intellectus possibilis multiplicatur secundum multiplicationem corporum, oportet quod species intelligibiles quae sunt in intellectu possibili in me et in te, secundum multiplicationem corporum multiplicentur. Sed ab omnibus formis multiplicatis secundum multiplicationem materiae corporalis, potest abstrahi aliqua intentio communis. Ergo a formis intellectis per intellectum possibilem potest abstrahi aliqua intentio intellecta communis; et eadem ratione, cum illa intentio intellecta multiplicetur secundum multiplicationem intellectus possibilis,

9. Ademais, se a alma intelectiva ou intelecto possível se multiplica segundo a multiplicação dos corpos, não é senão por ser a forma do corpo. Mas não pode ser a forma do corpo, por ser composta de matéria e de forma, como é posto por muitos; com efeito, o composto de matéria e de forma não pode ser forma de nada. Logo, a alma intelectiva, ou intelecto possível, não pode multiplicar-se segundo a multidão dos corpos.

10. Ademais, como diz Cipriano,[217] o Senhor proibiu aos discípulos que entrassem na cidade dos samaritanos por causa de seu pecado de cisma, porque do reino de Davi se tinham apartado dez tribos, que depois instituíram na Samaria a capital de seu reino. Mas no tempo de Cristo era o mesmo povo que havia antes. Assim, porém, como um povo se tem com respeito a outro povo, assim também um homem com respeito a outro homem, e uma alma com respeito a outra alma. Logo, pela mesma razão há uma [só e mesma] alma naquele que foi antes e naquele que seguiu a ele; e assim pela mesma razão haverá uma [só e] mesma alma em todo e cada homem.

11. Ademais, mais depende do sujeito o acidente que da matéria a forma, porque a forma dá o ser à matéria *simpliciter*, mas o acidente não dá o ser *simpliciter* ao sujeito. Mas um [só] acidente pode estar em muitas substâncias, assim como o tempo está em muitos movimentos, como diz Anselmo.[218] Logo, muito mais uma alma pode ser de muitos corpos; e assim não é necessário que haja muitos intelectos possíveis.

12. Ademais, a alma intelectiva é mais virtuosa que a vegetativa. Mas a alma vegetativa é potente para vegetar algo exterior ao corpo de que é forma; com efeito, diz Agostinho em VI *De Musica*[219] que os raios visuais são vegetados pela alma do vidente, mesmo quando se produzem longe da coisa vista. Logo, muito mais a alma intelectiva pode perfazer outros corpos além do corpo em que está.

13. Ademais, se o intelecto possível se multiplica segundo a multiplicação dos corpos, é necessário que as espécies inteligíveis que estão no intelecto possível em ti e em mim se multipliquem segundo a multiplicação dos corpos. Mas de todas as formas multiplicadas segundo a multiplicação da matéria corporal pode abstrair-se alguma intenção comum. Logo, das formas inteligidas pelo intelecto possível pode abstrair-se alguma intenção inteligida comum; e pela mesma razão, porque tal intenção inteligida se multiplica segundo a multiplicação do intelecto possível,

erit abstrahere aliam intentionem intellectam in infinitum. Hoc autem est impossibile. Est igitur unus intellectus possibilis in omnibus.

14. Praeterea, omnes homines consentiunt in primis principiis. Sed hoc non esset, nisi id quo cognoscunt prima principia esset unum commune in omnibus hominibus. Huiusmodi autem est intellectus possibilis. Est igitur unus intellectus possibilis in omnibus.

15. Praeterea, nulla forma individuata et multiplicata per materiam est intellecta in actu. Sed intellectus possibilis, cum actu intelligit, est intellectus in actu; et intellectus in actu est intellectum in actu, ut dicitur III de anima, sicut sensus in actu est sensatum in actu. Ergo intellectus possibilis non est individuatus, neque multiplicatus per materiam corporalem; et ita est unus in omnibus.

16. Praeterea, receptum est in recipiente per modum recipientis. Sed species intelligibilis recipitur in intellectu ut intellecta in actu, et non individuata per materiam. Ergo intellectus possibilis non est individuatus per materiam. Ergo neque multiplicatur per multiplicationem materiae corporalis.

17. Praeterea, intellectus possibilis Socratis vel Platonis intelligit essentiam suam, cum intellectus in seipsum reflectatur. Ergo ipsa essentia intellectus possibilis est intellecta in actu. Sed nulla forma individuata et multiplicata per materiam est intellecta in actu. Ergo intellectus possibilis non individuatur et multiplicatur per materiam corporalem; et sic relinquitur quod sit unus intellectus possibilis in omnibus.

SED CONTRA.

1. Est quod dicitur Apocal. cap. VII: *post haec vidi turbam magnam quam dinumerare nemo poterat*. Turba autem illa non erat hominum corporaliter viventium, sed animarum a corpore absolutarum. Ergo sunt multae animae intellectivae, non solum nunc cum corpori uniuntur, sed etiam a corporibus absolutae.

2. Praeterea, Augustinus dicit contra Felicianum: *fingamus, sicut plerique volunt, esse in mundo animam generalem*; et postea subdit: *cum talia proponimus, oppugnanda praedicamus*. Est ergo improbabile quod sit una anima omnium.

se terá de abstrair outra intenção inteligida ao infinito. Isto porém é impossível. Por conseguinte, há um [só] intelecto possível em todos.

14. Ademais, todos os homens consentem nos primeiros princípios. Mas isto não se daria se aquilo por que conhecem os primeiros princípios não fosse um [só] comum em todos os homens. Mas tal é o intelecto possível. Há pois [só] um intelecto possível em todos.

15. Ademais, nenhuma forma individuada e multiplicada pela matéria é inteligida em ato. Mas o intelecto possível, quando intelige em ato, é intelecto em ato; e o intelecto em ato é o inteligido em ato, como se diz no livro III de *De Anima*,[220] assim como o sentido em ato é o que é sentido em ato. Logo, o intelecto possível não é individuado nem multiplicado pela matéria corporal; e assim é um [só] em todos.

16. Ademais, o recebido está no recipiente ao modo do recipiente. Mas as espécies inteligíveis são recebidas no intelecto como inteligidas em ato, e não como individuadas pela matéria. Logo, o intelecto possível não é individuado pela matéria. Logo, nem multiplicado pela multiplicação da matéria corporal.

17. Ademais, o intelecto possível de Sócrates ou de Platão intelige sua essência, dado que o intelecto se reflete em si mesmo. Logo, a mesma essência do intelecto possível é inteligida em ato. Mas nenhuma forma individuada e multiplicada pela matéria é inteligida em ato. Logo, o intelecto possível não é individuado e multiplicado pela matéria corporal; e assim resta que haja um [só] intelecto possível em todos.

MAS CONTRARIAMENTE:

1. Está o que se diz em 7,9 do Apocalipse: "Depois disto, vi uma grande multidão que ninguém podia contar". Tal multidão, todavia, não era de homens viventes corporalmente, mas de almas desligadas do corpo. Logo, há muitas almas intelectivas, não só agora enquanto estão unidas ao corpo, mas também desligadas dos corpos.

2. Ademais, diz Agostinho em *Contra Feliciano*:[221] "Imaginemos, como o querem muitos, que no mundo há uma alma geral"; e acrescenta, em seguida: "Quando propomos tais coisas, predicamos o que se deve opugnar". É pois improvável que haja uma [só] alma para todos.

3. Praeterea, magis est alligata anima intellectiva corpori humano, quam corpori caelesti motor eius. Sed Commentator dicit in III de anima quod si essent plura corpora mobilia, essent plures motores in orbibus caelestibus. Ergo magis cum sint multa corpora humana, erunt multae animae intellectivae, et non unus tantum intellectus possibilis.

Respondeo. Dicendum quod ad evidentiam huius quaestionis, oportet praeintelligere quid intelligatur nomine intellectus possibilis et agentis. Sciendum est autem, quod Aristoteles, processit ad considerandum de intellectu per similitudinem sensus. Ex parte autem sensus, cum inveniamur quandoque sentientes in potentia, quandoque in actu, oportet ponere in nobis aliquam virtutem sensitivam per quam simus sentientes in potentia; quam oportet esse in potentia ad species sensibilium, et nullam earum habere actu in sua essentia; alioquin si sensus haberet in actu sensibilia, sicut antiqui philosophi posuerunt, sequeretur quod semper essemus sentientes in actu. Similiter cum inveniamur quandoque intelligentes in actu, quandoque in potentia, necesse est ponere aliquam virtutem per quam simus intelligentes in potentia, quae quidem in sua essentia et natura non habet aliquam de naturis rerum sensibilium, quas intelligere possumus, sed sit in potentia ad omnia; et propter hoc vocatur possibilis intellectus; sicut et sensus, secundum quod est in potentia, posset vocari sensus possibilis. Sensus autem qui est in potentia, reducitur in actum per sensibilia actu, quae sunt extra animam; unde non est necesse ponere sensum agentem. Et similiter non esset necesse ponere intellectum agentem, si universalia quae sunt intelligibilia actu, per se subsisterent extra animam, sicut posuit Plato. Sed quia Aristoteles posuit ea non subsistere nisi in sensibilibus, quae non sunt intelligibilia actu, necesse habuit ponere aliquam virtutem quae faceret intelligibilia in potentia esse intelligibilia actu, abstrahendo species rerum a materia et conditionibus individuantibus; et haec virtus vocatur intellectus agens. De intellectu ergo possibili Averroes in commento III de anima posuit quod esset quaedam substantia separata secundum esse a corporibus hominum, sed quod continuaretur nobiscum per phantasmata; et iterum quod esset unus intellectus possibilis omnium. Quod autem haec positio sit contraria fidei facile est videre: tollit enim praemia et

3. Ademais, mais ligada está ao corpo humano a alma intelectiva do que [o está] ao corpo celeste seu motor. Mas o Comentador diz em III de *De Anima*[222] que, se houvesse muitos corpos móveis, haveria muitos motores nas esferas celestes. Logo, com mais razão, porque há muitos corpos humanos, haverá muitas almas intelectivas, e não um só intelecto possível.[223]

RESPONDO. Deve dizer-se que para a evidência desta questão é necessário preinteligir o que se intelige pelos nomes de intelecto possível e de intelecto agente. Deve saber-se, porém, que Aristóteles[224] procedeu à consideração do intelecto por similitude com o sentido. Da parte todavia do sentido, como encontramos que às vezes sentimos em potência, às vezes em ato, é necessário pôr em nós alguma virtude sensitiva pela qual somos sentientes em potência; a qual é necessário que esteja em potência para as espécies sensíveis, e não tenha em sua essência nenhuma destas [espécies] em ato; do contrário, se o sentido tivesse em ato os sensíveis, como o puseram os antigos filósofos, seguir-se-ia que sempre seríamos sentientes em ato. Similarmente, como encontramos que às vezes somos inteligentes em ato, às vezes em potência, é necessário pôr alguma virtude por que somos inteligentes em potência e que, com efeito, em sua essência e natureza não tenha nenhuma das naturezas das coisas sensíveis que possamos inteligir, senão que esteja em potência para tudo; e por isso se chama intelecto possível; assim como também o sentido, segundo está em potência, poderia chamar-se sentido possível. Mas o sentido que está em potência é reduzido a ato pelos sensíveis em ato, que estão fora da alma; por isso não é necessário pôr um sentido agente. E similarmente não seria necessário pôr um intelecto agente, se os universais, que são inteligíveis em ato, subsistissem por si fora da alma, como o pôs Platão. Mas, porque Aristóteles pôs que eles não subsistem senão nos sensíveis, que não são inteligíveis em ato, foi necessário pôr alguma virtude que fizesse os inteligíveis em potência serem inteligíveis em ato, abstraindo as espécies das coisas da matéria e das condições individuantes; e tal virtude se chama intelecto agente. Do intelecto possível, portanto, Averróis pôs em *Commentum III De Anima*[225] que seria uma substância separada dos corpos dos homens segundo o ser, a qual porém se juntaria a nós pelos fantasmas; e ademais que haveria um [só] intelecto possível para todos. É fácil todavia ver que esta posição é contrária à fé; com efeito, tolhe os prêmios e as penas da vida

poenas futurae vitae. Sed ostendendum est hanc positionem esse secundum se impossibilem per vera principia philosophiae. Ostensum est autem supra cum de unione substantiae spiritualis ad corpus ageretur, quod secundum hanc positionem sequeretur quod nullus homo particularis intelligeret aliquid. Sed dato, disputationis gratia, quod aliquis homo particularis per intellectum sic separatum intelligere posset, sequuntur tria inconvenientia, si ponatur quod sit unus intellectus possibilis omnium quo omnes intelligant. Primo quidem, quia non est possibile unius virtutis simul et semel esse plures actiones respectu eiusdem obiecti. Contingit autem duos homines simul et semel unum et idem intelligibile intelligere. Si igitur uterque intelligit per unum intellectum possibilem, sequeretur quod una et eadem numero esset intellectualis operatio utriusque; sicut si duo homines viderent uno oculo, sequeretur quod eadem esset visio utriusque; quod patet esse omnino impossibile. Nec potest dici quod intelligere meum sit aliud ab intelligere tuo per diversitatem phantasmatum; quia phantasma non est intellectum in actu, sed id quod est ab eo abstractum, quod ponitur esse verbum. Unde diversitas phantasmatum est extrinseca ab intellectuali operatione; et sic non potest diversificare ipsam. Secundo, quia impossibile est esse unum numero in individuis eiusdem speciei illud per quod speciem sortiuntur. Si enim duo equi convenirent in eodem secundum numerum quo speciem equi haberent, sequeretur quod duo equi essent unus equus; quod est impossibile. Et propter hoc in VII Metaph. dicitur, quod principia speciei, secundum quod sunt determinata, constituunt individuum; ut si ratio hominis est ut sit ex anima et corpore, de ratione huius hominis est quod sit ex hac anima et ex hoc corpore. Unde principia cuiuslibet speciei oportet plurificari in pluribus individuis eiusdem speciei. A quo autem aliquid speciem sortiatur, cognoscitur a propria operatione speciem consequente. Diiudicamus enim esse verum aurum, quod habet propriam operationem auri. Propria autem operatio humanae speciei est intelligere; unde secundum hanc operationem ponit philosophus ultimam hominis felicitatem in X Ethic. Huius autem operationis principium non est intellectus passivus, id est vis cogitativa, vel vis appetitiva sensitiva, quae participat aliqualiter ratione; cum hae vires non habeant operationem nisi per organum corporale. Intelligere autem non potest esse per organum corporale, ut in III de anima probatur. Et sic relinquitur quod intellectus possibilis sit quo hic homo speciem humanam

futura. Mas deve mostrar-se que esta posição é de si impossível pelos verdadeiros princípios da Filosofia. Ora, mostrou-se anteriormente [a. 2], quando se tratou da união da substância espiritual ao corpo, que segundo esta posição se seguiria que nenhum homem particular inteligisse nada. Dado, porém, em benefício da disputa, que algum homem particular pudesse inteligir por um intelecto assim separado, seguem-se três inconveniências, se se põe que há um [só] intelecto possível para todos pelo qual todos intelijam. Em primeiro lugar, com efeito, porque não é possível que haja simultaneamente e de uma vez muitas ações de uma [só] virtude com respeito ao mesmo objeto. Acontece, todavia, que dois homens simultaneamente e de uma vez intelijam um e mesmo inteligível. Se pois ambos inteligem por um [só] intelecto possível, seguir-se-ia que haveria uma e mesma operação em número dos dois; assim como, se dois homens vissem por um [só] olho, se seguiria que haveria a mesma visão dos dois – o que se patenteia de todo impossível. Não se pode dizer que meu inteligir seja outro que o teu pela diversidade de fantasmas, porque o fantasma não é inteligido em ato, mas sim o que é abstraído dele, e que se chama verbo. Daí que a diversidade de fantasmas seja extrínseca à operação intelectual, e assim não a pode diversificar. Em segundo, porque é impossível que seja uno em número nos indivíduos da mesma espécie aquilo pelo qual se obtém a espécie. Se, com efeito, dois cavalos conviessem no mesmo segundo o número pelo qual tivessem a espécie de cavalo, seguir-se-ia que os dois cavalos seriam um [só] cavalo, o que é impossível. E por isso se diz no livro VII da *Metafísica*[226] que os princípios da espécie, segundo estão determinados, constituem o indivíduo, de modo que, se a razão de homem é que seja de alma e de corpo, da razão deste homem é que seja desta alma e deste corpo. Por isso, é necessário que os princípios de qualquer espécie se plurifiquem em muitos indivíduos da mesma espécie. Ora, conhece-se aquilo de que se obtém a espécie pela operação própria consequente à espécie. Com efeito, distinguimos que é verdadeiro ouro o que tem a operação própria do ouro. Mas a operação própria da espécie humana é inteligir; por isso, segundo esta operação o Filósofo põe, no livro X da *Ética a Nicômaco*,[227] a felicidade última do homem. O princípio desta operação, todavia, não é o intelecto passivo, isto é, a *vis cogitativa*, ou a *vis apetitiva sensitiva*, que participam de algum modo da razão, porque estas virtudes não têm operação senão por um órgão corporal. Mas inteligir não pode ser por nenhum órgão corporal, como se prova no livro III de *De Anima*.[228] E assim resta que o intelecto possível seja aquilo por que este homem

sortitur; non autem intellectus passivus, ut Averroes fingit. Relinquitur ergo quod impossibile sit unum intellectum possibilem in omnibus hominibus esse. Tertio sequeretur quod intellectus possibilis non reciperet aliquas species a phantasmatibus nostris abstractas, si sit unus intellectus possibilis omnium qui sunt et qui fuerunt. Quia iam cum multi homines praecesserint multa intelligentes, sequeretur quod respectu omnium illorum quae illi sciverunt, sit in actu et non sit in potentia ad recipiendum; quia nihil recipit quod iam habet. Ex quo ulterius sequeretur quod si nos sumus intelligentes et scientes per intellectum possibilem, quod scire in nobis non sit nisi reminisci. Quamvis et hoc ipsum secundum se inconveniens videatur, quod intellectus possibilis, si sit substantia separata secundum esse, efficiatur in actu per phantasmata, cum superiora in entibus non indigeant inferioribus ad sui perfectionem. Sicut enim inconveniens esset dicere quod corpora caelestia perficiantur in actu accipiendo a corporibus inferioribus; similiter, et multo amplius, est impossibile quod aliqua substantia separata perficiatur in actu, accipiendo a phantasmatibus. Manifestum est etiam quod haec positio repugnat verbis Aristotelis. Cum enim incipit inquirere de intellectu possibili, statim a principio nominat eum partem animae, dicens: *de parte autem animae, qua cognoscit anima et sapit*. Volens autem inquirere de natura intellectus possibilis, praemittit quamdam dubitationem, scilicet utrum pars intellectiva sit separabilis ab aliis partibus animae subiecto, ut Plato posuit, vel ratione tantum; et hoc est quod dicit: *sive separabili existente, sive inseparabili secundum magnitudinem, sed secundum rationem*. Ex quo apparet quod si utrumlibet horum ponatur, stabit sententia sua, quam intendit de intellectu possibili. Non autem staret quod esset separata secundum rationem tantum, si praedicta positio vera esset. Unde praedicta opinio non est sententia Aristotelis. Postmodum etiam subdit, quod intellectus possibilis est quo opinatur et intelligit anima; et multa alia huiusmodi. Ex quibus manifeste dat intelligere quod intellectus possibilis sit aliquid animae, et non sit substantia separata.

1. AD PRIMUM ERGO dicendum quod Augustinus intelligit derisibile esse quod ponantur diversorum hominum animae multae, tamen ita quod numero et specie differant; et praecipue secundum opinionem

obtém a espécie humana; não porém o intelecto passivo, como figura Averróis.[229] Resta portanto que seja impossível haver um [só] intelecto possível em todos os homens. Em terceiro, seguir-se-ia que o intelecto possível não recebesse nenhuma espécie abstraída de nossos fantasmas, se houvesse um [só] intelecto possível de todos os que são e de todos os que foram. Porque, já que nos precederam muitos homens que inteligiram muitas coisas, seguir-se-ia que com respeito a todas essas coisas que eles souberam [tal intelecto] estaria em ato e não em potência para receber, porque nada recebe o que já tem. Disso ademais se seguiria que, se nós inteligimos e sabemos pelo intelecto possível, o saber em nós não seria senão ter reminiscência – conquanto também pareça inconveniente de si que o intelecto possível, se é substância separada segundo o ser, se faça em ato pelos fantasmas, porque os superiores entre os entes não carecem dos inferiores para sua perfeição. Assim, com efeito, seria inconveniente dizer que os corpos celestes se perfazem em ato recebendo dos corpos inferiores; similarmente, e muito mais, é impossível que alguma substância separada se perfaça em ato recebendo dos fantasmas. – É manifesto também que esta posição repugna às palavras de Aristóteles. Quando, com efeito, ele começa a inquirir do intelecto possível, logo, desde o princípio, o chama parte da alma, dizendo:[230] "Da parte porém da alma pela qual a alma conhece e sabe". Ao querer todavia inquirir da natureza do intelecto possível, lança previamente uma dúvida, a saber, se a parte intelectiva é separável das outras partes da alma no sujeito, como o pôs Platão, ou só na razão; e é isto o que diz:[231] "Ou existente separável, ou inseparável segundo magnitude, mas segundo razão". Disso aparece que, se se puser qualquer dos dois, se sustentará sua sentença respeitante ao intelecto possível. Mas não se sustentaria que estivesse separada só *secundum rationem*, se a predita posição fosse verdadeira. Por isso a predita opinião não é a sentença de Aristóteles. Mas ele acrescenta pouco depois[232] que o intelecto possível é aquilo pelo que opina e intelige a alma; e muitas coisas semelhantes. Com isso dá manifestamente a inteligir que o intelecto possível é algo da alma, e não é substância separada.

1. QUANTO AO PRIMEIRO, portanto, deve dizer-se que Agostinho entende que é risível pôr muitas almas para os diversos homens, de modo que, todavia, difiram em número e em espécie; e precipuamente segundo a opinião dos

Platonicorum, qui supra omnia quae sunt unius speciei, posuerunt unum aliquod commune subsistens.

2. AD SECUNDUM dicendum, quod Angeli sicut non habent materiam ex qua sunt, ita non habent materiam in qua sunt; anima vero habet materiam in qua est: et ideo Angeli non possunt esse multi in una specie, sed animae possunt esse multae unius speciei.

3. AD TERTIUM dicendum, quod sicut corpus se habet ad esse animae, ita ad eius individuationem; quia unumquodque secundum idem est unum et ens. Esse autem animae acquiritur ei secundum quod unitur corpori, cum quo simul constituit naturam unam, cuius utrumque est pars. Et tamen quia anima intellectiva est forma transcendens corporis capacitatem, habet esse suum elevatum supra corpus; unde destructo corpore adhuc remanet esse animae. Et similiter secundum corpora multiplicantur animae, et tamen remotis corporibus adhuc remanet multitudo animarum.

4. AD QUARTUM dicendum quod licet corpus non sit de essentia animae, tamen anima secundum suam essentiam habet habitudinem ad corpus, in quantum hoc est ei essentiale quod sit corporis forma; et ideo in definitione animae ponitur corpus. Sicut igitur de ratione animae est quod sit forma corporis, ita de ratione huius animae, in quantum est haec anima, est quod habeat habitudinem ad hoc corpus.

5. AD QUINTUM dicendum quod Augustinus ibi loquitur ex suppositione opinionis ponentium esse unam animam universalem, ut ex praecedentibus patet.

6. AD SEXTUM dicendum quod in hac ratione praecipuam vim videtur Averroes constituere: quia videlicet sequeretur, ut ipse dicit, si intellectus possibilis non esset unus in omnibus hominibus, quod res intellecta individuaretur et numeraretur per individuationem et numerationem singularium hominum; et sic esset intellecta in potentia, et non in actu. Ostendendum est igitur primo quod ista inconvenientia non minus sequuntur ponentibus intellectum possibilem esse unum quam ponentibus ipsum multiplicari in multis. Et primo quidem quantum ad individuationem, manifestum est quod forma existens in aliquo individuo eadem ratione individuatur per ipsum, sive sit unum tantum in una specie, sicut sol, sive multa in una specie, sicut margaritae. In utrisque enim est claritas individuata. Oportet enim dicere quod intellectus

platônicos, que acima de todas as coisas que são de uma mesma espécie puseram algo comum subsistente.

2. QUANTO AO SEGUNDO, deve dizer-se que, assim como os anjos não têm matéria *ex qua* são, assim tampouco têm matéria *in qua* são; a alma, porém, tem matéria *in qua* é: e assim os anjos não podem ser muitos em uma espécie, mas as almas podem ser muitas de uma espécie.

3. QUANTO AO TERCEIRO, deve dizer-se que, assim como o corpo se tem com respeito à alma, assim também com respeito à sua individuação, porque cada coisa é una e ente segundo o mesmo. Mas o ser da alma é adquirido por ela segundo se une ao corpo, com o qual simultaneamente constitui uma única natureza, de que ambos são partes. E, todavia, porque a alma intelectiva é forma que transcende a capacidade do corpo, tem seu ser elevado sobre o corpo; por isso, destruído embora o corpo, permanece o ser da alma. E, similarmente, segundo os corpos multiplicam-se as almas, e, no entanto, removidos os corpos, permanece a multidão das almas.

4. QUANTO AO QUARTO, deve dizer-se que, conquanto o corpo não seja da essência da alma, a alma, porém, segundo sua essência tem respeito [*habitudo*] ao corpo, enquanto lhe é essencial que seja a forma do corpo; e por isso na definição da alma se põe o corpo. Assim, pois, como é da razão da alma que seja forma do corpo, assim também é da razão desta alma, enquanto é esta alma, que seja a respeito deste corpo.

5. QUANTO AO QUINTO, deve dizer-se que Agostinho fala ali *ex suppositione* da opinião que põe que há uma [só] alma universal, como se patenteia do dito precedentemente.

6. QUANTO AO SEXTO, deve dizer-se que nesta razão Averróis[233] parece ter maior robustez em seu argumento: porque evidentemente se seguiria, como ele mesmo diz, que, se o intelecto possível não fosse um em todos os homens, a coisa inteligida se individuaria e numeraria pela individuação e numeração dos homens singulares; e assim seria inteligida em potência, e não em ato. Deve mostrar-se, portanto, em primeiro lugar, que essas inconveniências não se seguem menos se se põe que o intelecto possível é um [só] do que se se põe que se multiplica em muitos. E em primeiro lugar, com efeito, quanto à individuação, é manifesto que uma forma existente em algo indivíduo se individualiza pela mesma razão por esse mesmo algo, quer haja um só em uma espécie, como o Sol, quer haja muitos em

possibilis sit quoddam individuum singulare; actus enim singularium sunt. Sive igitur sit unus in una specie, sive multi, eadem ratione individuabitur res intellecta in ipso. Quantum vero ad multiplicationem, manifestum est quod, si non sint multi intellectus possibiles in specie humana, sunt tamen multi intellectus in universo, quorum multi intelligunt unum et idem. Remanebit ergo eadem dubitatio, utrum res intellecta sit una vel plures in diversis. Non ergo potest per hoc probare suam intentionem; quia, sua positione posita, adhuc eadem inconvenientia remanebunt. Et ideo ad huius solutionem considerandum est quod si de intellectu loqui oporteat secundum similitudinem sensus, ut patet ex processu Aristotelis in III de anima, oportet dicere quod res intellecta non se habet ad intellectum possibilem ut species intelligibilis, qua intellectus possibilis sit actu; sed illa species se habet ut principium formale quo intellectus intelligit. Intellectum autem, sive res intellecta, se habet ut constitutum vel formatum per operationem intellectus: sive hoc sit quidditas simplex, sive sit compositio et divisio propositionis. Has enim duas operationes intellectus Aristoteles assignat in III de anima. Unam scilicet quam vocat intelligentiam indivisibilem, qua videlicet intellectus apprehendit quod quid est alicuius rei, et hanc Arabes vocant formationem, vel imaginationem per intellectum. Aliam vero ponit, scilicet compositionem et divisionem intellectuum, quam Arabes vocant credulitatem vel fidem. Utrique autem harum operationum praeintelligitur species intelligibilis, qua fit intellectus possibilis in actu; quia intellectus possibilis non operatur nisi secundum quod est in actu, sicut nec visus videt nisi per hoc quod est factus in actu per speciem visibilem. Unde species visibilis non se habet ut quod videtur, sed ut quo videtur. Et simile est de intellectu possibili; nisi quod intellectus possibilis reflectitur supra seipsum et supra speciem suam, non autem visus. Res igitur intellecta a duobus intellectibus est quodammodo una et eadem, et quodammodo multae: quia ex parte rei quae cognoscitur est una et eadem, ex parte vero ipsius cognitionis est alia et alia. Sicut si duo videant unum parietem, est eadem res visa ex parte rei quae videtur, alia tamen et alia secundum diversas visiones; et omnino simile esset ex parte intellectus, si res quae intelligitur subsisteret extra animam sicut res quae videtur, ut Platonici posuerunt. Sed secundum opinionem Aristotelis videtur habere maiorem difficultatem, licet sit eadem ratio, si quis recte inspiciat. Non enim est

uma espécie, como as pérolas. Em ambos, com efeito, há claridade individuada. É necessário dizer, com efeito, que o intelecto possível é algo indivíduo singular; os atos, com efeito, são dos singulares. Quer, portanto, haja um em uma espécie, quer haja muitos, pela mesma razão a coisa inteligida se individuará nele. Quanto porém à multiplicação, é manifesto que, se não há muitos intelectos possíveis na espécie humana, há todavia muitos intelectos no universo, muitos dos quais inteligem uma e mesma coisa. Permanece, por conseguinte, a mesma dúvida: se a coisa inteligida é uma ou muitas em diversos [intelectos]. Averróis, portanto, não pode provar por isso sua intenção, porque, posta sua posição, ainda permanecem muitas inconveniências. E por isso para sua solução deve considerar-se que, se é necessário falar do intelecto segundo similitude com o sentido, como se patenteia do processo de Aristóteles no livro III de *De Anima*,[234] é necessário dizer que a coisa inteligida não se tem com respeito ao intelecto possível como a espécie inteligível, pela qual o intelecto possível está em ato; senão que tal espécie se tem como princípio formal pelo qual o intelecto intelige. Mas o inteligido, ou coisa inteligida, tem-se como constituído ou formado pela operação do intelecto: trate-se de uma quididade simples, ou da composição e divisão da proposição. Com efeito, Aristóteles assinala no livro III de *De Anima*[235] estas duas operações do intelecto: a saber, uma a que chama "inteligência indivisível", pela qual evidentemente o intelecto apreende *quod quid est* [a quididade ou essência] de alguma coisa, a que os árabes chamam "formação" ou "imaginação pelo intelecto"; põe outra, porém, ou seja, a composição e divisão dos intelectos, a que os árabes chamam "credulidade ou fé". A estas duas operações, no entanto, preintelige-se a espécie inteligível, pela qual o intelecto possível se faz em ato, porque o intelecto possível não opera senão segundo está em ato, assim como a visão não vê senão porquanto se faz em ato pela espécie visível. Daí que a espécie visível não se tenha como aquilo que se vê, mas como aquilo por que se vê. E dá-se algo similar com o intelecto possível, se bem que este pode refletir-se sobre si mesmo e sobre sua espécie; não assim, todavia, a visão. A coisa inteligida por dois intelectos, por conseguinte, de certo modo é uma e a mesma, e de certo modo são muitas: porque da parte da coisa que se conhece é uma e a mesma, mas da parte da mesma cognição é uma e outra; assim como, se dois veem uma parede, é a mesma coisa o visto da parte da coisa que se vê, mas uma e outra segundo as diversas visões; e seria de todo similar da parte do intelecto, se a coisa que se intelige subsistisse fora da alma como a coisa que se

differentia inter Aristotelem et Platonem, nisi in hoc quod Plato posuit quod res quae intelligitur eodem modo habet esse extra animam quo modo eam intellectus intelligit, idest ut abstracta et communis; Aristoteles vero posuit rem quae intelligitur esse extra animam, sed alio modo, quia intelligitur abstracte et habet esse concrete. Et sicut secundum Platonem ipsa res quae intelligitur est extra ipsam animam, ita secundum Aristotelem: quod patet ex hoc quod neuter eorum posuit scientias esse de his quae sunt in intellectu nostro, sicut de substantiis; sed Plato quidem dixit scientias esse de formis separatis, Aristoteles vero de quidditatibus rerum in eis existentibus. Sed ratio universalitatis, quae consistit in communitate et abstractione, sequitur solum modum intelligendi, in quantum intelligimus abstracte et communiter; secundum Platonem vero sequitur etiam modum existendi formarum abstractarum: et ideo Plato posuit universalia subsistere, Aristoteles autem non. Sic igitur patet quomodo multitudo intellectuum non praeiudicat neque universitati, neque communitati, neque unitati rei intellectae.

7. AD SEPTIMUM dicendum quod scientia a magistro causatur in discipulo, non sicut calor in lignis ab igne, sed sicut sanitas in infirmo a medico: qui causat sanitatem, in quantum subministrat aliqua adminicula, quibus natura utitur ad sanitatem causandam, et ideo eodem ordine medicus procedit in sanando, sicut natura sanaret. Sicut enim principalius sanans est natura interior, sic principium principaliter causans scientiam est intrinsecum, scilicet lumen intellectus agentis, quo causatur scientia in nobis, dum devenimus per applicationem universalium principiorum ad aliqua specialia, quae per experientiam accipimus in inveniendo. Et similiter Magister deducit principia universalia in conclusiones speciales; unde dicit Aristoteles in I Poster., quod demonstratio est syllogismus faciens scire.

8. AD OCTAVUM dicendum quod ex hac etiam ratione deceptus fuit Averroes: putavit enim quod quia Aristoteles dixit intellectum possibilem esse separatum, quod esset separatus secundum esse, et per consequens quod non multiplicaretur secundum multiplicationem corporum. Sed Aristoteles intendit quod intellectus possibilis est virtus animae, quae non est actus alicuius organi, quasi habeat operationem suam per organum corporale, sicut potentia visiva est virtus organi habens operationem per organum corporale; et quia non habet operationem intellectus possibilis per organum corporale,

vê, como o puseram os platônicos. Mas, segundo a opinião de Aristóteles, parece haver maior dificuldade, ainda que a razão seja a mesma, se se examina retamente. Com efeito, não há diferença entre Aristóteles e Platão senão em que Platão pôs que a coisa que se intelige tem ser fora da alma no mesmo modo que no modo por que o intelecto a intelige, isto é, como abstrata e comum; Aristóteles, todavia, pôs que a coisa que se intelige é fora da alma, mas de outro modo, porque se intelige abstratamente e tem ser concreto. E, assim como segundo Platão a coisa mesma que se intelige é fora da própria alma, assim também segundo Aristóteles: o que se patenteia de que nenhum dos dois tenha posto que as ciências fossem das coisas que estão em nosso intelecto, como de substâncias; mas Platão de fato disse que as ciências são de formas separadas, enquanto Aristóteles de quididades das coisas existentes nestas. Mas a razão da universalidade, que consiste na comunidade e na abstração, segue-se tão só ao modo de inteligir, enquanto inteligimos abstratamente e comumente; segundo Platão, no entanto, segue-se também ao modo de existir das formas abstratas: e por isso Platão pôs que os universais subsistem, mas não o pôs Aristóteles. Assim se patenteia de que modo a multidão de intelectos não prejulga a universidade, nem a comunidade, nem a unidade da coisa inteligida.

7. QUANTO AO SÉTIMO, deve dizer-se que a ciência é causada pelo mestre no discípulo, não como o calor na madeira pelo fogo, mas como a saúde no enfermo pelo médico, que causa a saúde enquanto administra alguns adminículos de que se utiliza a natureza para causar a saúde, e por isso o médico procede ao sanar na mesma ordem em que a natureza sanaria. Com efeito, assim como o principal sanante é a natureza interior, assim também o principal princípio causante da ciência é intrínseco, a saber, a luz do intelecto agente, por que a ciência é causada em nós enquanto chegamos pela aplicação de princípios universais a algumas coisas especiais, que por experiência recebemos ao investigar. E similarmente o mestre leva os princípios universais a conclusões especiais, razão por que diz Aristóteles no livro I dos *Analíticos Posteriores*[236] que "a demonstração é o silogismo que faz saber".

8. QUANTO AO OITAVO, deve dizer-se que também por esta razão se equivocou Averróis: com efeito, ele pensou que, como Aristóteles dissera que o intelecto possível é separado, então seria separado segundo o ser, e que por conseguinte não se multiplicaria segundo a multiplicação dos corpos. Mas Aristóteles intencionou que o intelecto possível é uma virtude da alma, que não é ato de nenhum órgão, como se tivesse sua operação por meio de algum órgão corporal, assim como a

ideo non oportet quod cognoscat ea tantum quae habent affinitatem vel cum toto corpore, vel cum parte corporis.

9. Ad nonum dicendum quod opinio ponens animam esse compositam ex materia et forma, est omnino falsa et improbabilis. Non enim posset esse corporis forma, si esset ex materia et forma composita. Si enim anima esset forma corporis secundum formam suam tantum, sequeretur quod una et eadem forma perficeret diversas materias diversorum generum, scilicet materiam spiritualem animae et materiam corporalem; quod est impossibile, cum proprius actus sit propriae potentiae. Et praeterea illud compositum ex materia et forma non esset anima, sed forma eius. Cum enim dicimus animam, intelligimus id quod est corporis forma. Si vero forma animae esset forma corporis mediante materia propria, sicut color est actus corporis mediante superficie, ut sic tota anima possit dici corporis forma, hoc est impossibile: quia per materiam intelligimus id quod est in potentia tantum; quod autem est in potentia tantum, non potest esse alicuius actus, quod est esse formam. Si vero aliquis nomine materiae intelligat aliquem actum, non est curandum: quia nihil prohibet quod id quod vocamus actum, aliquis vocet materiam; sicut quod nos vocamus lapidem, aliquis potest vocare asinum.

10. Ad decimum dicendum quod sicut fluvius Sequana non est hic fluvius propter hanc aquam fluentem, sed propter hanc originem et hunc alveum, unde semper dicitur idem fluvius, licet sit alia aqua defluens; ita est idem populus non propter identitatem animae aut hominum, sed propter eamdem habitationem, vel magis propter easdem leges et eumdem modum vivendi, ut Aristoteles dicit in III Politic.

11. Ad undecimum dicendum quod tempus comparatur ad unum tantum motum, sicut accidens ad subiectum; scilicet ad motum primi mobilis, quo mensurantur omnes alii motus. Ad alios autem motus comparatur sicut mensura ad mensuratum; sicut ulna comparatur ad virgam ligneam sicut ad subiectum, ad pannum autem qui per eam mensuratur, sicut ad mensuratum tantum; et ideo non sequitur quod unum accidens sit in multis subiectis.

12. Ad duodecimum dicendum quod visus non fit per radios extra missos secundum veritatem rei; sed Augustinus hoc dicit secundum opinionem aliorum. Hoc tamen posito, anima vegetaret radios quantumcumque extra

potência visiva é uma virtude de um órgão e tem sua operação por meio de um órgão corporal; e, porque o intelecto possível não tem operação por meio de nenhum órgão corporal, por isso mesmo não é necessário que conheça só as coisas que têm afinidade ou com todo o corpo, ou com uma parte do corpo.

9. QUANTO AO NONO, deve dizer-se que a opinião que põe que a alma é composta de matéria e de forma é de todo falsa e improvável [ou indemonstrável]. Com efeito, não poderia ser a forma do corpo se fosse composta de matéria e de forma. Se, com efeito, fosse a forma do corpo segundo somente sua forma, seguir-se-ia que uma e a mesma forma perfaria matérias diversas de gêneros diversos, a saber, a matéria espiritual da alma e a matéria corporal, o que é impossível, porque o ato é próprio de uma potência própria. E, ademais, esse composto de matéria e de forma não seria a alma, mas só sua forma. Quando, com efeito, dizemos alma, inteligimos o que é a forma do corpo. Se porém a forma da alma fosse a forma do corpo mediante a matéria própria, assim como a cor é ato do corpo mediante a superfície, de modo que toda a alma pudesse dizer-se forma do corpo, isso é impossível: porque por matéria inteligimos o que está só em potência; o que todavia está só em potência de nada pode ser ato, o que é ser forma. Se no entanto alguém intelige pelo nome de matéria algum ato, não deve preocupar-se: porque nada proíbe que o que chamamos ato alguém o chame matéria, assim como o que chamamos pedra alguém o pode chamar asno.

10. QUANTO AO DÉCIMO, deve dizer-se que, assim como o rio Sena não é este rio por esta água que flui, mas por esta origem e por este álveo, razão por que sempre se diz o mesmo rio, assim também se trata do mesmo povo não pela identidade da alma ou dos homens, mas pelo mesmo território, ou, mais, pelas mesmas leis e pelo mesmo modo de viver, como diz Aristóteles no livro III da *Política*.[237]

11. QUANTO AO UNDÉCIMO, deve dizer-se que o tempo se compara a um só movimento assim como o acidente ao sujeito: ou seja, ao movimento do primeiro móvel, pelo qual se medem todos os outros movimentos. Mas aos outros movimentos se compara como a medida ao medido, assim como a braça se compara à vara de madeira como ao sujeito, mas ao pano que é medido por ela somente como ao medido; e por isso não se segue que um acidente esteja em muitos sujeitos.

12. QUANTO AO DUODÉCIMO, deve dizer-se que a visão não se faz por raios emitidos para fora, segundo a verdade da coisa; mas Agostinho diz isso segundo a opinião de outros. Posto isso, porém, a alma vegetaria em toda a medida os raios

missos, non quasi extranea corpora, sed in quantum continuantur cum corpore proprio.

13. AD DECIMUMTERTIUM dicendum quod sicut ex praedictis patet, res intellecta non individuatur nec multiplicatur nisi ex parte operationis intellectualis. Non est autem inconveniens quod a re intellecta, in quantum est intellecta, adhuc abstrahitur res intellecta simpliciter; sicut ab hoc intelligente abstrahitur intellectus simpliciter. Nec hoc praeiudicat rationi universalitatis. Accidit enim homini aut intentioni speciei, quod intelligatur a me. Unde non oportet quod de intellectu hominis aut intentione speciei sit quod intelligatur a me vel ab illo.

14. AD DECIMUMQUARTUM dicendum quod consensus in prima principia non causatur ex unitate intellectus possibilis, sed ex similitudine naturae, ex qua omnes in idem inclinamur; sicut omnes oves consentiunt in hoc quod existimant lupum inimicum, nullus tamen diceret in eis unam tantum animam esse.

15. AD DECIMUMQUINTUM dicendum quod esse individuale non repugnat ei quod est esse intellectum in actu: quia substantiae separatae sunt intellectae in actu, cum tamen sint individuae; alioquin non haberent actiones, quae sunt singularium. Sed habere esse materiale, repugnat ei quod est esse intellectum in actu; et ideo formae individuales quae individuantur per materiam, non sunt intellectae in actu, sed in potentia tantum. Anima autem intellectiva non sic individuatur per materiam ut fiat forma materialis, praecipue secundum intellectum, secundum quem transcendit materiae corporalis proportionem; sed eo modo individuatur secundum materiam corporalem ut dictum est, in quantum scilicet habet habitudinem ut sit forma huius corporis. Unde per hoc non tollitur quin intellectus possibilis hominis huius sit intellectum in actu, et similiter ea quae recipiuntur in ipso. Et per hoc patet solutio ad duo sequentia.

emitidos para fora não como a corpos estranhos, mas enquanto prolongam seu próprio corpo.

13. QUANTO AO DÉCIMO TERCEIRO, deve dizer-se que, como se patenteia de todo o predito, a coisa inteligida não se individua nem se multiplica da parte da operação intelectual. Não é todavia inconveniente que da coisa inteligida, enquanto é inteligida, ainda se abstraia a coisa inteligida *simpliciter*; assim como deste inteligente o intelecto é abstraído *simpliciter*. Isto não prejudica a razão de universalidade. Sucede porém ao homem ou à intenção de espécie que sejam inteligidas por mim. Por isso não é necessário que do intelecto do homem ou da intenção de espécie decorra que sejam inteligidos por mim ou por outro.

14. QUANTO AO DÉCIMO QUARTO, deve dizer-se que o consenso nos primeiros princípios não é causado pela unidade do intelecto possível, mas pela similitude de natureza, por que todos os homens nos inclinamos ao mesmo; assim como todas as ovelhas consentem em que consideram o lobo um inimigo, e no entanto ninguém diria que nelas há uma só alma.

15. QUANTO AO DÉCIMO QUINTO, deve dizer-se que ser individual não repugna ao que é ser inteligido em ato: porque as substâncias separadas são inteligidas em ato, e no entanto são indivíduas; do contrário, não teriam ações, que são dos singulares. Mas ter ser material repugna ao que é ser inteligido em ato; e por isso as formas individuais que se individuam pela matéria não são inteligidas em ato, mas só em potência. A alma intelectiva, porém, não se individua pela matéria como o faz a forma material, precipuamente segundo o intelecto, segundo o qual transcende a proporção da matéria corporal; mas individua-se segundo a matéria corporal como se disse, a saber, enquanto tem *habitudo* para ser forma deste corpo. Daí que por isso não se suprima que o intelecto possível deste homem seja inteligido em ato, e similarmente tudo o que se recebe nele. E com isto se patenteia a solução aos dois seguintes.

ARTICULUS 10

Decimo quaeritur utrum intellectus agens sit unus omnium hominum

Et videtur quod sic.

1. Illuminare enim homines est proprium Dei, secundum illud Ioan. I: *erat lux vera quae illuminat* et cetera. Sed hoc pertinet ad intellectum agentem, ut patet in III de anima. Ergo intellectus agens est Deus. Deus autem est unus. Ergo intellectus agens est unus tantum.

2. Praeterea, nihil quod est a corpore separatum multiplicatur secundum multiplicationem corporum. Sed intellectus agens est a corpore separatum, ut dicitur in III de anima. Ergo intellectus agens non multiplicatur secundum multiplicationem corporum; et per consequens neque secundum multiplicationem hominum.

3. Praeterea, nihil est in anima nostra quod semper intelligat. Sed hoc convenit intellectui agenti; dicitur enim in III de anima quod non aliquando quidem intelligit, aliquando autem non. Ergo intellectus agens non est aliquid animae; et ita non multiplicatur secundum multiplicationem animarum et hominum.

4. Praeterea, nihil reducit se de potentia in actum. Sed intellectus possibilis reducitur in actum per intellectum agentem, ut patet III de anima. Ergo intellectus agens non radicatur in essentia animae, in qua radicatur intellectus possibilis; et sic idem quod prius.

5. Praeterea, omnis multiplicatio consequitur aliquam distinctionem. Sed intellectus agens non potest distingui per materiam, cum sit separatus; neque per formam, quia sic differret specie. Ergo intellectus agens non multiplicatur in hominibus.

ARTIGO 10

Em décimo, indaga-se se o intelecto agente é um [só] para todos os homens[238]

E PARECE QUE SIM.

1. Com efeito, iluminar os homens é próprio de Deus, segundo João 1,9: "Era a luz verdadeira que ilumina, etc.". Mas isto pertence ao intelecto agente, como se patenteia no livro III de *De Anima*.[239] Logo, o intelecto agente é Deus. Mas Deus é uno [ou único]. Logo, o intelecto agente é [só] um.

2. Ademais, nada que seja separado de corpo se multiplica segundo a multiplicação dos corpos. Mas o intelecto agente é separado do corpo, como se diz no livro III de *De Anima*.[240] Logo, o intelecto agente não se multiplica segundo a multiplicação dos corpos; e por conseguinte tampouco segundo a multiplicação dos homens.

3. Ademais, não há nada em nossa alma que intelija sempre. Mas isto convém ao intelecto agente; diz-se com efeito no livro III de *De Anima*[241] que não ocorre que às vezes intelija mas às vezes não. Logo, o intelecto agente não é algo da alma; e tampouco se multiplica segundo a multiplicação das almas e dos homens.

4. Ademais, nada se reduz a si mesmo da potência ao ato. Mas o intelecto possível reduz-se a ato pelo intelecto agente, como se patenteia no livro III de *De Anima*.[242] Logo, o intelecto agente não se radica na essência da alma, na qual se radica o intelecto possível; e assim o mesmo que antes.

5. Ademais, toda multiplicação se segue de alguma distinção. Mas o intelecto agente não pode distinguir-se pela matéria, por ser separado, nem pela forma, porque então diferiria em espécie. Logo, o intelecto agente não se multiplica nos homens.

6. Praeterea, id quod est causa separationis est maxime separatum. Sed intellectus agens est causa separationis; abstrahit enim species a materia. Ergo est separatus; et ita non multiplicatur secundum multiplicationem hominum.

7. Praeterea, nulla virtus quae tanto magis potest operari quanto magis operatur, habet terminum suae operationis. Sed intellectus agens est huiusmodi; quia cum intelligimus aliquid magnum intelligibile, non minus possumus intelligere, sed magis, ut dicitur III de anima. Ergo intellectus agens non habet aliquem terminum suae operationis. Esse autem creatum habet terminum suae operationis, cum sit finitae virtutis. Ergo intellectus agens non est aliquid creatum; et sic est unus tantum.

8. Praeterea, Augustinus dicit in libro LXXXIII quaestionum: *omne quod corporeos sensus attingit, sine ulla intermissione temporis commutatur (...). Comprehendi autem non potest quod sine ulla intermissione mutatur. Non est expectanda ergo sinceritas veritatis a sensibus corporis.* Et postmodum subdit:*nihil est sensibile, quod non habeat simile falso, ut internosci non possit (...). Nihil autem percipi potest, quod a falso non discernitur. Non est igitur constitutum iudicium veritatis in sensibus.* Sic ergo probat quod sensibilia de veritate iudicare non possumus, tum propter hoc quod sunt mutabilia, tum propter hoc quod habeant aliquid simile falso. Sed hoc convenit cuilibet creaturae. Ergo secundum nihil creatum possumus iudicare de veritate. Sed secundum intellectum agentem iudicamus de veritate. Ergo intellectus agens non est aliquid creatum; et sic idem quod prius.

9. Praeterea, Augustinus dicit in IV de Trinit. quod *impii multa recte reprehendunt recteque laudant in hominum moribus. Quibus ea tandem regulis iudicant, nisi in quibus vident quemadmodum quisque vivere debeat, etiamsi nec ipsi eodem modo vivant? Ubi eas vident? Non enim in sua natura cum (...) eorum mentes constet esse mutabiles, has vero regulas immutabiles (...). Nec in habitu suae mentis, cum illae regulae sint iustitiae, mentes vero eorum constet esse iniustas (...). Ubi ergo scriptae sunt, nisi in libro lucis illius quae veritas dicitur?* Ex quo videtur quod iudicare de iusto et iniusto, nobis competit secundum lucem quae est supra mentes nostras. Iudicium autem tam in rebus speculativis quam practicis nobis convenit secundum intellectum agentem. Ergo intellectus agens est lux aliqua supra mentem nostram. Non ergo multiplicatur secundum multiplicationem animarum et hominum.

6. Ademais, o que é causa da separação é maximamente separado. Mas o intelecto agente é causa de separação; com efeito, abstrai da matéria as espécies. Logo, é separado; e também não se multiplica segundo a multiplicação dos homens.

7. Ademais, nenhuma virtude que tanto mais pode operar quanto mais opera tem término de sua operação. Mas o intelecto agente é assim, porque, quando inteligimos algo magnamente inteligível, não podemos inteligir menos, mas mais, como se diz no livro III de *De Anima*.[243] Logo, o intelecto agente não tem nenhum término de sua operação. Mas o ser criado tem término de sua operação, por ser de virtude finita. Logo, o intelecto agente não é algo criado; e assim é um só.

8. Ademais, diz Agostinho no livro LXXXIII das *Quaest.*:[244] "Tudo o que chega até aos sentidos corpóreos imediatamente se transforma [...], mas não pode ser compreendido o que sem cessar se transforma. Logo, não se deve esperar a verdade sincera dos sentidos do corpo". E depois acrescenta: "Não há nada sensível que não tenha algo similar a falso, de modo que impeça o distinguir [...]. Mas não pode ser percebido o que não pode distinguir-se do falso. Não há, portanto, indício seguro de verdade nos sentidos". Prova assim, por conseguinte, que não podemos julgar da verdade segundo os sensíveis, tanto por serem mutáveis como por terem algo similar a falso. Mas isso convém a toda e qualquer criatura. Logo, por nada criado podemos julgar da verdade. Mas segundo o intelecto agente julgamos da verdade. Logo, o intelecto agente não é algo criado; e assim o mesmo que antes.

9. Ademais, diz Agostinho no livro IV de *De Trin*.[245] que "os ímpios repreendem e louvam muitas coisas nos costumes dos homens. Com que regras as julgam senão com as que veem como deve viver cada um, ainda que eles mesmos não as sigam? Onde as veem? Não em si mesmos [...], pois consta que suas mentes são mutáveis, enquanto essas regras são imutáveis [...]. Nem no hábito de suas mentes, porque tais regras são justas, enquanto suas mentes consta que são injustas [...]. Onde pois estão escritas senão no livro daquela luz que se chama a verdade?". Disso se vê que julgar do justo e do injusto nos compete segundo a luz que está sobre nossas mentes. Mas o juízo, tanto nas coisas especulativas como nas práticas, convém-nos segundo o intelecto agente. Logo, o intelecto agente é certa luz sobre nossa mente. Portanto, não se multiplica segundo a multiplicação das almas e dos homens.

10. Praeterea, Augustinus dicit in libro de vera religione, quod de aliquibus duobus quorum neutrum est optimum, non possumus iudicare quid eorum sit altero melius, nisi per aliquid quod sit melius utroque. Iudicamus autem quod Angelus est melior anima, cum tamen neutrum eorum sit optimum. Ergo oportet quod hoc iudicium fiat per aliquid quod est melius utroque; quod nihil aliud est quam Deus. Cum ergo iudicemus per intellectum agentem, videtur quod intellectus agens sit Deus; et sic idem quod prius.

11. Praeterea, philosophus dicit III de anima quod intellectus agens se habet ad possibilem sicut ars ad materiam. Sed in nullo genere artificii ars et materia in idem coincidunt; neque universaliter agens et materia incidunt in idem numero, ut dicitur in II Physic. Ergo intellectus agens non est aliquid in essentia animae, in qua est intellectus possibilis; et sic non multiplicatur secundum multiplicationem animarum et hominum.

12. Praeterea, Augustinus dicit II de libero Arbit., quod ratio et veritas numeri omnibus ratiocinantibus praesto est. Sed ratio et veritas numeri est una. Ergo oportet esse aliquid unum secundum quod praesto sit omnibus. Hoc autem est intellectus agens, cuius virtute rationes universales a rebus abstrahimus. Ergo intellectus agens est unus in omnibus.

13. Praeterea, in eodem libro: *si summum bonum omnibus unum est, oportet etiam veritatem in qua cernitur et tenetur, id est sapientiam, omnibus unam esse communem*. Sed summum bonum cernitur et tenetur a nobis per intellectum, et praecipue per agentem. Ergo intellectus agens est unus in omnibus.

14. Praeterea, idem natum est facere idem. Sed universale est unum in omnibus. Cum ergo intellectus agentis sit universale facere, videtur quod etiam intellectus agens sit unus in omnibus.

15. Praeterea, si intellectus agens est aliquid animae, oportet quod vel sit creatus vestitus seu opulentus speciebus, et sic illas species ponit etiam in intellectum possibilem, et non indigebit abstrahere species intelligibiles a phantasmatibus; aut creatus est nudus et carens speciebus, et sic non erit efficax ad abstrahendum species a phantasmatibus, quia non cognoscet illam quam quaerit, postquam eam abstraxerit, nisi prius aliquam rationem habuerit; sicut ille qui quaerit servum fugitivum, non cognoscit eum cum invenerit, nisi prius aliquam eius notitiam habuerit. Non est ergo aliquid animae intellectus agens; et sic non multiplicatur secundum animas et homines.

10. Ademais, diz Agostinho no livro *De Vera Relig.*[246] que dentre duas coisas das quais nenhuma é ótima não podemos julgar qual é melhor senão por algo que seja melhor que as duas. Julgamos porém que o anjo é melhor que a alma, ainda que nenhum dos dois seja ótimo. Logo, é necessário que este juízo se faça por algo que é melhor que os dois, o que não é outro que Deus. Porque julgamos pelo intelecto agente, parece que o intelecto agente é Deus; e assim o mesmo que antes.

11. Ademais, diz o Filósofo no livro III de *De Anima*[247] que o intelecto agente se tem ao possível como a arte à matéria. Mas em nenhum gênero de artifício a arte e a matéria coincidem no mesmo; nem universalmente o agente e a matéria incidem no mesmo em número, como se diz no livro II da *Física*.[248] Logo, o intelecto agente não é algo na essência da alma, na qual está o intelecto possível; e assim não se multiplica segundo a multiplicação das almas e dos homens.

12. Ademais, diz Agostinho no livro II de *De Libero Arbit.*[249] que "a razão e a verdade do número são imediatas a quem quer que raciocine". Mas a razão e a verdade do número são algo uno. Logo, é necessário que haja algo uno segundo o qual sejam imediatas a todos. Isso porém é o intelecto agente, por cuja virtude abstraímos das coisas as razões universais. Logo, o intelecto agente é um [só] em todos.

13. Ademais, no mesmo livro:[250] "Se o sumo bem é um para todos, é necessário que também a verdade em que se compreende e se tem, isto é, a sabedoria, seja uma e comum para todos". Mas o sumo bem é compreendido e tido por nós pelo intelecto, e precipuamente pelo agente. Logo, o intelecto agente é um [só] em todos.

14. Ademais, o mesmo *natum* [por natureza] faz o mesmo. Mas o universal é um [só] em todos. Como pois é do intelecto agente fazer o universal, parece que também o intelecto agente é um [só] em todos.

15. Ademais, se o intelecto agente é algo da alma, é necessário que seja criado ou vestido ou repleto de espécies, e assim a tais espécies as põe no intelecto possível, e não carece de abstrair dos fantasmas as espécies inteligíveis; ou que seja criado nu e carente de espécies, e assim não será eficaz para abstrair dos fantasmas as espécies, porque não conheceria a que busca para em seguida abstraí-la senão porque antes já teria alguma razão [dela]; assim como aquele que busca um escravo fugitivo não o conhece senão por ter tido antes alguma notícia sua. O intelecto agente, por conseguinte, não é algo da alma; e assim não se multiplica segundo as almas e os homens.

16. Praeterea, posita causa sufficienti, superfluum est aliam causam ponere ad eumdem effectum. Sed est aliqua causa extrinseca sufficiens ad illuminationem hominum, scilicet Deus. Ergo non oportet ponere intellectum agentem, cuius officium est illuminare. Non est ergo aliquid in anima hominis; et sic non multiplicatur secundum animas et homines.

17. Praeterea, si intellectus agens ponitur aliquid animae hominis, oportet quod aliquid homini conferat; quia nihil est otiosum et frustra in rebus a Deo creatis. Sed intellectus agens non confert homini ad cognoscendum, quantum ad hoc quod illuminat intellectum possibilem; quia intellectus possibilis, cum fuerit factus in actu per speciem intelligibilem, per se sufficit ad operandum, sicut et quodlibet aliud habens formam. Similiter non confert quantum ad hoc quod illustret phantasmata, abstrahens species intelligibiles ab eis: quia sicut species quae est recepta in sensu, imprimit sui similitudinem in imaginatione; ita videtur quod forma quae est in imaginatione, cum sit spiritualior, ac per hoc virtuosior, possit imprimere suam similitudinem in ulteriorem potentiam, scilicet in intellectum possibilem. Non ergo intellectus agens est aliquid animae; et sic non multiplicatur in hominibus.

SED CONTRA.

1. Est quod philosophus dicit III de anima, quod intellectus agens est aliquid animae. Ergo multiplicatur secundum multiplicationem animarum.

2. Praeterea, Augustinus dicit IV de Trin. quod philosophi ceteris meliores non sunt in illis summis aeternisque rationibus intellectu contemplati ea quae historice disseruerunt; et ita videtur quod in aliqua luce eis connaturali sint ea contemplati. Lux autem in qua contemplamur veritatem est intellectus agens. Ergo intellectus agens est aliquid animae; et sic idem quod prius.

3. Praeterea, Augustinus dicit XII de Trin.: *credendum est mentis intellectualis ita conditam esse naturam, ut subiuncta ista sic videat in quadam luce sui generis incorporea, quemadmodum oculus carnis videt quae in hac corporea luce circumiacent.* Lux autem ista qua mens nostra intelligit, est intellectus agens. Ergo intellectus agens est aliquid de genere animae; et ita multiplicatur per multiplicationem animarum et hominum.

16. Ademais, posta uma causa suficiente, é supérfluo pôr outra causa para o mesmo efeito. Mas há uma causa extrínseca para a iluminação dos homens, ou seja, Deus. Logo, não é necessário pôr o intelecto agente, cujo ofício é iluminar. Não é portanto algo na alma dos homens; e assim não se multiplica segundo as almas e os homens.

17. Ademais, se se põe o intelecto agente como algo da alma do homem, é necessário que confira algo ao homem, porque nada é ocioso e vão nas coisas criadas por Deus. Mas o intelecto agente não confere nada ao homem para conhecer, quanto a que ilumina o intelecto possível, porque o intelecto possível, uma vez feito em ato pela espécie inteligível, é suficiente por si para operar, assim como qualquer outra coisa que tenha forma. Similarmente, não o confere quanto a que ilustra os fantasmas, abstraindo deles as espécies inteligíveis: porque assim a espécie que é recebida no sentido imprime sua similitude na imaginação, assim também parece que a forma que está na imaginação, como é mais espiritual, e por isso mais virtuosa, pode imprimir sua similitude na potência ulterior, ou seja, no intelecto possível. O intelecto agente, por conseguinte, não é algo da alma; e assim não se multiplica nos homens.

MAS CONTRARIAMENTE:

1. Está o que diz o Filósofo no livro III de *De Anima*:[251] que o intelecto agente é algo da alma. Logo, multiplica-se segundo a multiplicação das almas.

2. Ademais, diz Agostinho no livro IV de *De Trin*.[252] que "os filósofos melhores que os demais não contemplaram com o intelecto nas sumas razões eternas as coisas que disseram historicamente"; e assim parece que as contemplaram em alguma luz que lhes era conatural. A luz porém em que contemplamos a verdade é o intelecto agente. Logo, o intelecto agente é algo da alma; e assim o mesmo que antes.

3. Ademais, diz Agostinho no livro XII de *De Trin*.:[253] "Deve crer-se que a natureza de nossa alma intelectual foi feita de tal modo, que vê tudo isso numa luz incorpórea *sui generis*, assim como o olho de carne vê as coisas que nesta luz corpórea circunjazem". Mas a luz pela qual nossa mente intelige é o intelecto agente. Logo, o intelecto agente é algo do gênero da alma; e assim se multiplica pela multiplicação das almas e dos homens.

Articulus 10

RESPONDEO. Dicendum quod sicut prius dictum fuit, necesse est ponere intellectum agentem Aristoteli: quia non ponebat naturas rerum sensibilium per se subsistere absque materia, ut sint intelligibilia actu; et ideo oportuit esse aliquam virtutem quae faceret eas intelligibiles actu, abstrahendo a materia individuali; et haec virtus vocatur intellectus agens. Quem quidam posuerunt quamdam substantiam separatam, non multiplicatam secundum multitudinem hominum; quidam vero posuerunt ipsum esse quamdam virtutem animae, et multiplicari in multis hominibus; quod quidem utrumque aliqualiter est verum. Oportet enim quod supra animam humanam sit aliquis intellectus a quo dependeat suum intelligere; quod quidem ex tribus potest esse manifestum. Primo quidem, quia omne quod convenit alicui per participationem, prius est in aliquo substantialiter; sicut si ferrum est ignitum, oportet esse in rebus aliquid quod sit ignis secundum suam substantiam et naturam. Anima autem humana est intellectiva per participationem; non enim secundum quamlibet sui partem intelligit, sed secundum supremam tantum. Oportet igitur esse aliquid superius anima quod sit intellectus secundum totam suam naturam, a quo intellectualitas animae derivetur, et a quo eius intelligere dependeat. Secundo, quia necesse est quod ante omne mobile inveniatur aliquid immobile secundum motum illum: sicut supra alterabilia est aliquid non alterabile, ut corpus caeleste; omnis enim motus causatur ab aliquo immobili. Ipsum autem intelligere animae humanae est per modum motus; intelligit enim anima discurrendo de effectibus in causas, et de causis in effectus, et de similibus in similia, et de oppositis in opposita. Oportet igitur esse supra animam aliquem intellectum cuius intelligere sit fixum et quietum absque huiusmodi discursu. Tertio, quia necesse est quod, licet in uno et eodem potentia sit prior quam actus, tamen simpliciter actus praecedat potentiam in altero; et similiter ante omne imperfectum necesse est esse aliud perfectum. Anima autem humana invenitur in principio in potentia ad intelligibilia, et invenitur imperfecta in intelligendo; quia nunquam consequetur in hac vita omnem intelligibilium veritatem. Oportet igitur supra animam esse aliquem intellectum semper in actu existentem, et totaliter perfectum intelligentia veritatis. Non autem potest dici quod iste intellectus superior faciat intelligibilia actu in nobis immediate, absque aliqua virtute quam ab eo anima nostra participet. Hoc enim communiter invenitur etiam in rebus corporalibus, quod in rebus inferioribus inveniuntur virtutes particulares activae ad determinatos

Respondo. Deve dizer-se que, como antes se disse [a. 9], foi necessário a Aristóteles pôr o intelecto agente: porque não punha que as naturezas das coisas sensíveis subsistissem por si sem matéria, para serem inteligíveis em ato; e por isso foi necessário que houvesse alguma virtude que as fizesse inteligíveis em ato, abstraindo da matéria individual; e esta virtude se chama intelecto agente. Alguns de fato puseram que é certa substância separada, não multiplicada segundo a multidão dos homens; outros porém puseram que é certa virtude da alma e que se multiplica nos muitos homens. E de fato as duas [posições] são de algum modo verdadeiras. É necessário, com efeito, que acima da alma humana haja algum intelecto de que dependa seu inteligir, o que de fato pode manifestar-se de tríplice modo. Em primeiro lugar, de fato, porque tudo o que convém a algo por participação há de estar antes em algo substancialmente; assim como, se o ferro é aceso, é necessário que haja nas coisas algo que seja fogo segundo sua substância e sua natureza. A alma humana, porém, é intelectiva por participação; não intelige, com efeito, segundo qualquer de suas partes, mas só segundo a suprema. É necessário, por conseguinte, haver algo superior à alma que seja intelecto segundo toda a sua natureza, de que derive a intelectualidade da alma, e de que dependa seu inteligir. Em de acordo com lugar, porque é necessário que antes de todo móvel se encontre algo imóvel segundo tal movimento: assim como sobre as coisas alteráveis há algo não alterável, como o corpo celeste; com efeito, todo movimento é causado por algo imóvel. Mas o mesmo inteligir da alma humana é por modo de movimento; com efeito, a alma intelige discorrendo dos efeitos para as causas, e das causas para os efeitos, e dos semelhantes para os semelhantes, e dos opostos para os opostos. É necessário, portanto, haver acima da alma algum intelecto cujo inteligir seja fixo e quieto sem tal discurso. Em terceiro lugar, porque é necessário que, conquanto em uma e mesma coisa a potência seja anterior ao ato, *simpliciter* porém o ato precede à potência em outra; e similarmente antes de toda coisa imperfeita é necessário haver algo perfeito. Mas a alma humana encontra-se no princípio em potência para os inteligíveis, e encontra-se imperfeita ao inteligir, porque nunca conseguirá nesta vida toda a verdade dos inteligíveis. É necessário, por conseguinte, que haja sobre a alma algum intelecto que exista sempre em ato, e que seja totalmente perfeito na inteligência da verdade. Não pode dizer-se, todavia, que este intelecto superior faça em nós os inteligíveis em ato imediatamente, sem que a alma participe de alguma virtude que provenha dele. Com efeito, isso se encontra comumente também nas coisas corporais, porque nas coisas inferiores se encontram virtudes particulares

effectus, praeter virtutes universales agentes; sicut animalia perfecta non generantur ex sola universali virtute solis, sed ex virtute particulari quae est in semine; licet quaedam animalia imperfecta generentur absque semine ex virtute solis: quamvis etiam in horum generatione non desit actio particularis virtutis alterantis et disponentis materiam. Anima autem humana est perfectissima eorum quae sunt in rebus inferioribus. Unde oportet quod praeter virtutem universalem intellectus superioris participetur in ipsa aliqua virtus quasi particularis ad hunc effectum determinatum, ut scilicet fiant intelligibilia actu. Et quod hoc verum fit experimento apparet. Unus enim homo particularis, ut Socrates vel Plato, facit cum vult intelligibilia in actu, apprehendendo scilicet universale a particularibus, dum secernit id quod est commune omnibus individuis hominum, ab his quae sunt propria singulis. Sic igitur actio intellectus agentis, quae est abstrahere universale, est actio huius hominis, sicut et considerare vel iudicare de natura communi, quod est actio intellectus possibilis. Omne autem agens quamcumque actionem, habet formaliter in seipso virtutem quae est talis actionis principium. Unde sicut necessarium est quod intellectus possibilis sit aliquid formaliter inhaerens homini, ut prius ostendimus; ita necessarium est quod intellectus agens sit aliquid formaliter inhaerens homini. Nec ad hoc sufficit continuatio per phantasmata, ut Averroes fingit, sicut etiam supra de intellectu possibili ostensum est. Et hoc manifeste videtur Aristotelem sensisse, cum dicit quod necesse est in anima esse has differentias, scilicet intellectum possibilem et agentem; et iterum dicit quod intellectus agens est sicut lumen, quod est lux participata. Plato vero, ut Themistius dicit in commento de anima, ad intellectum separatum attendens et non ad virtutem animae participatam, comparavit ipsum soli. Quis autem sit iste intellectus separatus, a quo intelligere animae humanae dependet, considerandum est. Quidam enim dixerunt hunc intellectum esse infimam substantiarum separatarum, quae suo lumine continuatur cum animabus nostris. Sed hoc multipliciter repugnat veritati fidei.- Primo quidem, quia cum istud lumen intellectuale ad naturam animae pertineat, ab illo solo est a quo animae natura creatur. Solus autem Deus est creator animae, non autem aliqua substantia separata, quam Angelum dicimus; unde significanter dicitur Gen. quod ipse Deus in faciem hominis spiravit spiraculum vitae. Unde relinquitur quod lumen intellectus agentis non causatur in anima ab aliqua alia substantia separata, sed immediate a Deo.- Secundo, quia ultima perfectio uniuscuiusque

ativas para determinados efeitos, além das virtudes universais agentes; assim, os animais perfeitos não se geram da só virtude universal do sol, mas da virtude particular que há no sêmen, ainda que alguns animais imperfeitos se gerem sem sêmen, da virtude do sol: ainda que também nesta geração não falte a ação de uma virtude particular alterante e disponente da matéria.[254] Mas a alma humana é a perfeitíssima entre as coisas inferiores. Por isso é necessário que, além da virtude universal do intelecto superior, participe nela alguma virtude como particular para este efeito determinado, a saber, para que se faça inteligível em ato. E que isto é verdadeiro aparece por experimento. Com efeito, um homem particular, como Sócrates ou Platão, quando quer faz inteligíveis em ato, ou seja, apreendendo do particular o universal, quando separa o que é comum a todos os indivíduos dos homens de tudo o que é próprio de cada um. Assim, pois, a ação do intelecto agente, a qual é abstrair o universal, é ação deste homem, assim como o considerar ou julgar da natureza comum, que é ação do intelecto possível. Mas todo agente de qualquer ação tem formalmente em si a virtude que é princípio de tal ação. Por isso, assim como é necessário que o intelecto possível seja algo formalmente inerente ao homem, como mostramos anteriormente, assim também é necessário que o intelecto agente seja algo formalmente inerente ao homem. Tampouco para isto é suficiente uma continuação [ou prolongação] pelos fantasmas, como o imagina Averróis, como já se mostrou com respeito ao intelecto possível. E vê-se manifestamente que Aristóteles[255] sentiu isso mesmo, ao dizer que é necessário haver na alma estas diferenças, a saber, o intelecto possível e o agente; e diz[256] ainda que o intelecto agente é como luz, pois que é luz participada. Mas Platão, como diz Temístio em *Commentum De Anima*,[257] atendendo ao intelecto separado e não à virtude participada da alma, comparou-o ao mesmo sol. Deve considerar-se, porém, quem é esse intelecto separado de que o inteligir da alma humana depende. Uns, com efeito, disseram que este intelecto é a ínfima das substâncias separadas, a qual por sua luz se continua com nossas almas. Mas isto se opõe multiplicemente à verdade da fé. – Em primeiro lugar, com efeito, porque, dado que esta luz intelectual pertence à natureza da alma, procede tão somente daquele por quem a natureza da alma é criada. Mas tão somente Deus é o criador da alma, não nenhuma substância separada, que dizemos anjo; por isso, significativamente se diz no Gênesis [2,7] que Deus mesmo inspirou no rosto do homem um sopro de vida. Por isso, resta que a luz do intelecto agente não seja causada na alma por nenhuma outra substância separada, mas imediatamente por Deus. – Em segundo lugar, porque a perfeição última de

agentis est quod possit pertingere ad suum principium. Ultima autem perfectio sive beatitudo hominis est secundum intellectualem operationem, ut etiam philosophus dicit X, Ethic. Si igitur principium et causa intellectualitatis hominum esset aliqua alia substantia separata, oporteret quod ultima hominis beatitudo esset constituta in illa substantia creata; et hoc manifeste ponunt ponentes hanc positionem: ponunt enim quod ultima hominis felicitas est continuari intellectui agenti. Fides autem recta ponit ultimam beatitudinem hominis esse in solo Deo, secundum illud Ioan. XVII,: *haec est vita aeterna, ut cognoscant te solum verum Deum*; et in huius beatitudinis participatione homines esse Angelis aequales, ut habetur Lucae XX.- Tertio, quia si homo participet lumen intelligibile ab Angelo, sequeretur quod homo secundum mentem non esset ad imaginem ipsius Dei, sed ad imaginem Angelorum, contra id quod dicitur Gen. I: *faciamus hominem ad imaginem et similitudinem nostram*, idest ad communem Trinitatis imaginem, non ad imaginem Angelorum. Unde dicimus, quod lumen intellectus agentis, de quo Aristoteles loquitur, est nobis immediate impressum a Deo, et secundum hoc discernimus verum a falso, et bonum a malo. Et de hoc dicitur in Psal.: *multi dicunt: quis ostendet nobis bona? Signatum est super nos lumen vultus tui, domine*, scilicet per quod nobis bona ostenduntur. Sic igitur id quod facit in nobis intelligibilia actu per modum luminis participati, est aliquid animae, et multiplicatur secundum multitudinem animarum et hominum. Illud vero quod facit intelligibilia per modum solis illuminantis, est unum separatum, quod est Deus. Unde Augustinus dicit in I Soliloquiorum: *promittit ratio (...) se demonstraturam Deum meae menti, ut oculis sol demonstratur; nam mentis quasi oculi sunt sensus animae. Disciplinarum autem quaeque certissima talia sunt qualia illa quae sole illustrantur, ut videri possint. Deus autem est ipse qui illustrat*. Non autem potest hoc unum separatum nostrae cognitionis principium intelligi per intellectum agentem, de quo philosophus loquitur, ut Themistius dicit quia Deus non est in natura animae; sed intellectus agens ab Aristotele nominatur lumen receptum in anima nostra a Deo. Et sic relinquitur simpliciter dicendum, quod intellectus agens non est unus in omnibus.

1. AD PRIMUM ERGO dicendum quod proprium est Dei illuminare homines, imprimendo eis lumen naturale intellectus agentis, et super hoc

qualquer agente é que possa estender-se a seu princípio. Mas a perfeição ou beatitude última do homem é segundo a operação intelectual, como também o diz o Filósofo no livro X da *Ética a Nicômaco*.[258] Se pois o princípio e a causa da intelectualidade dos homens fosse alguma outra substância separada, seria necessário que a beatitude última do homem se constituísse em tal substância criada; e isto manifestamente é posto pelos que sustentam esta posição: põem, com efeito, que a felicidade última do homem é continuar-se com o intelecto agente. A reta fé, todavia, põe que a beatitude última do homem está somente em Deus, segundo aquilo de João 17,3: "A vida eterna é esta: que te conheçam a ti, único Deus verdadeiro"; e que na participação desta beatitude os homens são "iguais aos anjos", como se tem de Lucas 20,36. – Em terceiro lugar, porque, se o homem participasse da luz inteligível do anjo, seguir-se-ia que o homem segundo a mente não seria à imagem de Deus mesmo, mas à imagem dos anjos, contra o que se diz em Gênesis 1,26: "Façamos o homem à nossa imagem e semelhança", isto é, à comum imagem da Trindade, não à imagem dos anjos. – Por isso dizemos que a luz do intelecto agente, de que fala Aristóteles, nos é imediatamente impressa por Deus, e segundo isto discernimos o verdadeiro do falso, e o bom do mau. E disto se diz nos Salmos [4,7]: "Muitos dizem: 'Quem nos mostrará o bem?' Assinalada sobre nós está a luz de teu rosto, ó Senhor", ou seja, aquilo pelo qual nos é mostrado o bem. Assim, pois, o que faz em nós inteligíveis em ato por modo de luz participada é algo da alma, e multiplica-se segundo a multidão das almas e dos homens. Mas o que faz inteligíveis por modo de sol que ilumina é um [só] separado, que é Deus. Por isso diz Agostinho no livro I dos *Solil.*:[259] "A razão promete [...] que ela mostrará Deus à minha mente, tal como se mostra o Sol aos olhos, pois os sentidos da alma são como os olhos da mente. As coisas mais certas das disciplinas são como as coisas que o Sol ilumina para poderem ser vistas [...] e é Deus mesmo o que ilumina". Mas não é possível inteligir que este princípio único e separado de nossa cognição seja o intelecto agente de que fala o Filósofo, como diz Temístio,[260] porque Deus não está na natureza da alma; senão que o intelecto agente que Aristóteles chama luz nossa alma o recebe de Deus. E assim resta que se deva dizer *simpliciter* que não há um [só] intelecto agente em todos.

1. Quanto ao primeiro, portanto, deve dizer-se que é próprio de Deus iluminar os homens, imprimindo-lhes a luz natural do intelecto agente, e sobre esta

lumen gratiae et gloriae; sed intellectus agens illustrat phantasmata, sicut lumen a Deo impressum.

2. AD SECUNDUM dicendum quod intellectus agens dicitur ab Aristotele separatus, non quasi sit quaedam substantia habens esse extra corpus; sed quia non est actus alicuius partis corporis, ita quod eius operatio sit per aliquod organum corporale, sicut et de intellectu possibili dictum est.

3. AD TERTIUM dicendum quod istud verbum non dicit Aristoteles de intellectu agente, sed de intellectu in actu. Primo enim locutus est de intellectu possibili, et postea de intellectu agente, et tandem incipit loqui de intellectu in actu, ubi dicit: *idem est autem secundum actum scientia rei*, et distinguit intellectum in actu ab intellectu in potentia tripliciter.- Primo quidem, quia intellectus in potentia non est intellectum in potentia; sed intellectus in actu, sive scientia in actu, est res intellecta vel scita in actu. Ita et circa sensum dixerat quod sensus in potentia et sensibile in potentia sunt diversa.- Secundo comparat intellectum in actu ad intellectum in potentia, quia intellectus in potentia est prior tempore in uno et eodem quam intellectus in actu; prius enim tempore aliquis est intellectus in potentia quam in actu. Sed naturaliter est prius actus quam potentia; et simpliciter loquendo, etiam prius tempore oportet ponere aliquem intellectum in actu quam intellectum in potentia, qui reducitur in actum per aliquem intellectum in actu, et hoc est quod subdit: *quae vero secundum potentiam, tempore prior in uno; omnino autem neque in tempore*; et ista comparatione utitur inter potentiam et actum etiam in IX Metaphysic. et in pluribus aliis locis.- Tertio ostendit differentiam quantum ad hoc quod intellectus in potentia, sive possibilis, quandoque invenitur intelligens, quandoque non intelligens. Sed hoc non potest dici de intellectu in actu; sicut et potentia visiva quandoque videt quandoque non videt. Sed visus in actu est in ipso videre actu; et hoc est quod dicit: *sed non aliquando quidem intelligit, aliquando autem non*. Et postmodum subdit: *separatum autem hoc solum quod vere est*; quod non potest intelligi nec de intellectu agente, nec de intellectu possibili cum utrumque supra dixerit separatum; sed oportet quod intelligatur de omni eo quod requiritur ad intellectum in actu, idest de tota parte intellectiva. Unde et subdit: *et hoc solum immortale et perpetuum est*; quod si exponatur de intellectu agente, sequetur quod intellectus possibilis sit corruptibilis, ut Alexander intellexit. Sed hoc est contra ea quae Aristoteles

a luz da graça e a da glória; mas o intelecto agente ilumina os fantasmas como luz impressa por Deus.

2. QUANTO AO SEGUNDO, deve dizer-se que Aristóteles diz separado o intelecto agente não como sendo alguma substância que tenha ser fora do corpo; mas porque não é ato de nenhuma parte do corpo, e porque sua operação não é por nenhum órgão corporal, como também se disse do intelecto possível.

3. QUANTO AO TERCEIRO, deve dizer-se que esta palavra Aristóteles não a diz do intelecto agente, mas do intelecto em ato. Primeiro, com efeito, falou do intelecto possível, e depois do intelecto agente, e por fim começa a falar do intelecto em ato, onde diz: "É o mesmo segundo o ato que a ciência da coisa",[261] e distingue o intelecto em ato do intelecto em potência triplicemente. – Em primeiro lugar, com efeito, porque o intelecto em potência não é o inteligido em potência; mas o intelecto em ato, ou ciência em ato, é a coisa inteligida ou sabida em ato. Também acerca do sentido dissera que o sentido em potência e o sensível em potência são diversos. – Em segundo lugar, compara o intelecto em ato ao intelecto em potência, porque o intelecto em potência é anterior no tempo em um e o mesmo ao intelecto em ato; com efeito, o intelecto em potência é anterior no tempo ao intelecto em ato. Mas naturalmente o ato é anterior à potência; e, falando *simpliciter*, também é necessário pôr que algum intelecto em ato é anterior no tempo ao intelecto em potência, que é reduzido a ato por algum intelecto em ato, e isto é o que acrescenta:[262] "Que, porém, segundo a potência, anterior em um; mas em geral nem no tempo"; e essa comparação entre potência e ato também se usa no livro IX da *Metafísica*[263] e em muitos outros lugares. – Em terceiro lugar, mostra a diferença quanto a que o intelecto em potência ou possível às vezes se encontra inteligente, às vezes não inteligente.[264] Mas isto não pode dizer-se do intelecto em ato; assim como a potência visiva às vezes vê, às vezes não vê. Mas a visão em ato está no mesmo ver em ato; e é isto o que diz:[265] "Mas não, com efeito, que às vezes intelija, às vezes não". E em seguida acrescenta: "Separado, todavia, isso é só o que [ele] verdadeiramente é"; o que não pode entender-se do intelecto agente, nem do intelecto possível, porque anteriormente os chamou a ambos separados; senão que é necessário que se entenda de tudo o que se requer para o intelecto em ato, isto é, de toda a parte intelectiva. Por isso ainda acrescenta:[266] "E só isto é imortal e perpétuo", do que, se se expõe do intelecto agente, se seguirá que o intelecto possível é corruptível, como o entendeu Alexandre [de Afrodísias]. Mas isto vai contra o que Aristóteles

superius dixerat de intellectu possibili. Haec autem verba Aristotelis hic exponere necessarium fuit, ne esset alicui occasio errandi.

4. AD QUARTUM dicendum quod nihil prohibet aliqua duo ad invicem comparata sic se habere quod utrumque sit et ut potentia et ut actus respectu alterius secundum diversa; sicut ignis est potentia frigidus et actu calidus, aqua vero e converso; et propter hoc agentia naturalia simul patiuntur et agunt. Si igitur comparetur pars intellectiva ad phantasmata; quantum ad aliquid se habebit in potentia, et quantum ad aliquid in actu respectu eorum. Phantasma actu quidem habet similitudinem determinatae naturae; sed illa similitudo determinatae speciei est in phantasmate in potentia abstrahibilis a materialibus conditionibus. In parte vero intellectiva est e converso: nam non habet actu similitudines distinctarum rerum; sed tamen actu habet lumen immateriale habens virtutem abstrahendi quae sunt abstrahibilia in potentia. Et sic nihil prohibet in eadem essentia animae inveniri intellectum possibilem, qui est in potentia respectu specierum quae abstrahuntur a phantasmatibus, et intellectum agentem, qui abstrahit speciem a phantasmatibus. Et esset simile, si esset aliquod unum et idem corpus, quod esset diaphanum, existens in potentia ad omnes colores, et cum hoc haberet lucem, qua posset illuminare colores; sicut aliquo modo apparet in oculo cati.

5. AD QUINTUM dicendum quod lumen intellectus agentis multiplicatur immediate per multiplicationem animarum, quae participant ipsum lumen intellectus agentis. Animae autem multiplicantur secundum corpora, sicut supra dictum est.

6. AD SEXTUM dicendum quod hoc ipsum quod lumen intellectus agentis non est actus alicuius organi corporei per quod operetur, sufficit ad hoc quod possit separare species intelligibiles a phantasmatibus; cum separatio specierum intelligibilium quae recipiuntur in intellectu possibili, non sit maior quam separatio intellectus agentis.

7. AD SEPTIMUM dicendum quod ratio illa magis concluderet de intellectu possibili quam de intellectu agente. Hoc enim philosophus inducit de intellectu possibili, quod cum intellexerit maximum intelligibile, non minus intelliget minimum. De quocumque tamen intelligatur, non sequitur ex hoc quod virtus intellectus quo intelligimus sit infinita simpliciter, sed quod sit infinita respectu alicuius generis. Nihil enim prohibet aliquam virtutem

dissera do intelecto possível. Foi porém necessário expor aqui essas palavras de Aristóteles, a fim de que não haja para ninguém ocasião de errar.

4. QUANTO AO QUARTO, deve dizer-se que nada proíbe que duas coisas comparadas entre si se tenham de modo que ambas estejam tanto em potência como em ato com respeito a outra segundo [aspectos] diversos; assim o fogo é frio em potência e quente em ato, mas a água ao revés; e por isso os agentes naturais simultaneamente padecem e agem. Se pois se compara a parte intelectiva aos fantasmas, quanto a algo se terá em potência e quanto a algo em ato com respeito a eles. O fantasma, com efeito, tem em ato a similitude de uma natureza determinada; mas esta similitude de uma espécie determinada está no fantasma em potência abstraível das condições materiais. Na parte intelectiva, todavia, ocorre o contrário: com efeito, não tem em ato similitudes de coisas distintas; mas tem em ato uma luz imaterial que tem a virtude de abstrair as coisas que são abstraíveis em potência. E assim nada proíbe que na mesma essência da alma se encontre um intelecto possível, que está em potência com respeito às espécies que se abstraem dos fantasmas, e um intelecto agente, que abstrai a espécie dos fantasmas. Seria similar se houvesse algo uno e o mesmo corpo que fosse diáfano, existente em potência para todas as cores, e que tivesse luz, pela qual pudesse iluminar as cores; como de algum modo aparece no olho do gato.

5. QUANTO AO QUINTO, deve dizer-se que a luz do intelecto agente se multiplica imediatamente pela multiplicação das almas, que participam da luz do intelecto agente. Mas as almas multiplicam-se segundo os corpos, como já se disse.

6. QUANTO AO SEXTO, deve dizer-se que o fato mesmo de que a luz do intelecto agente não seja ato de nenhum órgão corpóreo pelo qual operasse é suficiente para que possam separar dos fantasmas as espécies inteligíveis, porque a separação das espécies inteligíveis que se recebem no intelecto possível não é maior que a separação do intelecto agente.

7. QUANTO AO SÉTIMO, deve dizer-se que esta razão concluiria mais do intelecto possível que do intelecto agente. Com efeito, o filósofo induziu isto do intelecto possível, a saber, que, quando inteligiu já o máximo inteligível, não menos intelige o mínimo. Ainda que todavia se entenda dos dois, disso não se segue que a virtude do intelecto por que inteligimos seja infinita *simpliciter*, e sim que é infinita com respeito a algum gênero. Nada com efeito proíbe que uma virtude que em si é finita não tenha termo em algum gênero determinado, mas tenha termo enquanto

quae in se finita est, non habere terminum in aliquo genere determinato; sed tamen habet terminum in quantum ad superius genus se extendere non potest: sicut visus non habet terminum in genere coloris, quia si in infinitum multiplicarentur, omnes possent a visu cognosci; non tamen potest cognoscere ea quae sunt superioris generis sicut universalia. Similiter intellectus noster non habet terminum respectu intelligibilium sibi connaturalium, quae a sensibus abstrahuntur; sed tamen terminum habet, quia circa superiora intelligibilia, quae sunt substantiae separatae, deficit: habet enim se ad manifestissima rerum sicut oculus noctuae ad lucem solis, ut dicitur in II Metaph.

8. AD OCTAVUM dicendum quod ratio illa non est ad propositum. Iudicare enim aliquo de veritate dicimur dupliciter. Uno modo, sicut medio; sicut iudicamus de conclusionibus per principia, et de regulatis per regulam; et sic videntur rationes Augustini procedere. Non enim illud quod est mutabile, vel quod habet similitudinem falsi, potest esse infallibilis regula veritatis. Alio modo dicimur aliquo iudicare de veritate aliqua, sicut virtute iudicativa; et hoc modo per intellectum agentem iudicamus de veritate. Sed tamen ut profundius intentionem Augustini scrutemur, et quomodo se habeat veritas circa hoc, sciendum est quod quidam antiqui philosophi, non ponentes aliam vim cognoscitivam praeter sensum, neque aliqua entia praeter sensibilia, dixerunt, quod nulla certitudo de veritate a nobis haberi potest; et hoc propter duo. Primo quidem, quia ponebant sensibilia semper esse in fluxu, et nihil in rebus esse stabile. Secundo, quia inveniuntur circa idem aliqui diversimode iudicantes, sicut aliter vigilans et aliter dormiens; et aliter infirmus, aliter sanus. Nec potest accipi aliquid quo discernatur quis horum verius existimet, cum quilibet aliquam similitudinem veritatis habeat. Et hae sunt duae rationes quas Augustinus tangit, propter quas antiqui dixerunt veritatem non posse cognosci a nobis. Unde et Socrates, desperans de veritate rerum capessenda, totum se ad moralem philosophiam contulit. Plato vero discipulus eius consentiens antiquis philosophis quod sensibilia semper sunt in motu et fluxu, et quod virtus non habet certum iudicium de rebus, ad certitudinem scientiae stabiliendam, posuit quidem ex una parte species rerum separatas a sensibilibus et immobiles, de quibus dixit esse scientias; ex alia parte posuit in homine virtutem cognoscitivam supra sensum scilicet mentem vel intellectum illustratum a quodam

não possa estender-se a um gênero superior: assim, a visão não tem termo no gênero das cores, porque, ainda que estas se multiplicassem ao infinito, a visão as poderia conhecer a todas; mas não pode conhecer o que é de um gênero superior, como os universais. Similarmente, nosso intelecto não tem termo com respeito aos inteligíveis que lhe são conaturais, os que se abstraem dos sentidos; mas tem termo, porque acerca dos inteligíveis superiores, que são as substâncias separadas, falha: com efeito, tem-se com respeito às coisas manifestíssimas como "o olho da coruja com respeito ao Sol", como se diz no livro II da *Metafísica*.[267]

8. QUANTO AO OITAVO, deve dizer-se que esta razão não vem a propósito. Com efeito, dizemos que se julga da verdade por algo duplamente. De um modo, por um meio; assim julgamos das conclusões pelos princípios, e dos regulados pela regra; e assim parece que procedem as razões de Agostinho. Com efeito, o que é mutável, ou o que tem similitude de falso, não pode ser regra infalível de verdade. De outro modo, dizemos que julgamos da verdade por algo como pela virtute judicativa; e deste modo julgamos da verdade pelo intelecto agente. Mas, para escrutar mais profundamente a intenção de Agostinho, e de que modo se tem a verdade acerca disto, deve saber-se que alguns filósofos antigos, que não punham outra *vis cognoscitiva* além do sentido, nem outros entes além dos sensíveis, disseram que não podemos ter nenhuma certeza acerca da verdade; e isto por duas razões. A primeira, com efeito, porque punham que os sensíveis sempre estão em fluxo, e nada neles é estável. A segunda, porque se encontram acerca do mesmo alguns que julgam de modo diverso, como se para um desperto, para outro dormido; para um enfermo, para outro são. Não se pode encontrar algo pelo qual se distinga qual dos juízos é mais verdadeiro, dado que todos têm alguma similitude de verdade. E estas são as duas razões que toca Agostinho, pelas quais os antigos disseram que a verdade não pode ser conhecida por nós. Por isso também Sócrates, desesperado de alcançar a verdade das coisas, consagrou-se somente à filosofia moral. Mas seu discípulo Platão, assentindo aos filósofos antigos quanto a que os sensíveis sempre estão em movimento e fluxo, e quanto a que a virtude [sensitiva] não tem juízo certo das coisas, para estabelecer a certeza da ciência pôs, com efeito, de um lado, as espécies das coisas separadas dos sensíveis e imóveis, sobre as quais disse que eram as ciências; de outro lado, pôs no homem a virtude cognoscitiva sobre o sentido, ou seja, a mente ou intelecto iluminado por certo sol superior inteligível, assim como a visão é iluminada pelo Sol visível. Mas Agostinho, que seguiu a Platão em tanto quanto a fé católica podia suportar,

superiori sole intelligibili, sicut illustratur visus a sole visibili. Augustinus autem, Platonem secutus quantum fides Catholica patiebatur, non posuit species rerum per se subsistentes; sed loco earum posuit rationes rerum in mente divina, et quod per eas secundum intellectum illustratum a luce divina de omnibus iudicamus: non quidem sic quod ipsas rationes videamus, hoc enim esset impossibile, nisi Dei essentiam videremus; sed secundum quod illae supremae rationes imprimunt in mentes nostras. Sic enim Plato posuit scientias de speciebus separatis esse, non quod ipsae viderentur; sed secundum eas mens nostra participat, de rebus scientiam habet. Unde et in quadam Glossa super illud: *diminutae sunt veritates a filiis hominum*, dicitur, quod sicut ab una facie resplendent multae similitudines in speculis, ita ex una prima veritate resultant multae veritates in mentibus nostris. Aristoteles autem per aliam viam processit. Primo enim, multipliciter ostendit in sensibilibus esse aliquid stabile. Secundo, quod iudicium sensus verum est de sensibilibus propriis, sed decipitur circa sensibilia communia, magis autem circa sensibilia per accidens. Tertio, quod supra sensum est virtus intellectiva, quae iudicat de veritate, non per aliqua intelligibilia extra existentia, sed per lumen intellectus agentis, quod facit intelligibilia. Non multum autem refert dicere, quod ipsa intelligibilia participentur a Deo, vel quod lumen faciens intelligibilia participetur.

9. AD NONUM dicendum quod regulae illae quas impii conspiciunt, sunt prima principia in agendis, quae conspiciuntur per lumen intellectus agentis a Deo participati, sicut etiam prima principia scientiarum speculativarum.

10. AD DECIMUM dicendum quod illud quo iudicatur de duobus quid sit melius, oportet esse utroque melius, si eo iudicetur ut regula et mensura. Sic enim album est regula et mensura omnium aliorum colorum, et Deus omnium entium: quia unumquodque tanto melius est, quanto magis optimo appropinquat. Illud autem quo iudicamus aliquid esse melius altero ut virtute cognoscitiva, non oportet esse utroque melius. Sic autem per intellectum agentem iudicamus Angelum esse anima meliorem.

11. AD UNDECIMUM patet solutio ex dictis. Sic enim intellectus agens comparatur ad possibile ut ars movens ad materiam, in quantum facit intelligibilia in actu, ad quae est intellectus possibilis in potentia. Dictum est autem quomodo haec duo in una substantia animae fundari possint.

não pôs as espécies das coisas como por si subsistentes; mas em seu lugar pôs as razões das coisas na mente divina, e que por elas julgamos de todas as coisas segundo o intelecto iluminado pela luz divina: não, com efeito, como se víssemos as razões mesmas, isto seria de fato impossível sem que víssemos a essência de Deus; mas segundo o que essas supremas razões imprimem em nossas mentes. Assim, com efeito, pôs Platão que as ciências são sobre as espécies separadas, não porque se vissem, mas porque, enquanto nossa mente participa delas, pode ter ciência das coisas. Por isso, também em uma Glosa sobre isto: "Diminutas são as verdades entre os filhos dos homens", se diz que, assim como de uma face resplendem muitas similitudes nos espelhos, assim também de uma [só] verdade primeira resultam muitas verdades em nossas mentes. Aristóteles, todavia, procedeu por outra via. Em primeiro lugar, com efeito, mostrou multiplicemente que nos sensíveis há algo estável. Em segundo lugar, que o juízo do sentido é verdadeiro quanto aos sensíveis próprios, mas falha quanto aos sensíveis comuns, e mais, todavia, quanto aos sensíveis *per accidens*. Em terceiro lugar, que sobre o sentido está a virtude intelectiva, que julga da verdade não por nenhuns inteligíveis existentes fora, mas pela luz do intelecto agente, que faz os inteligíveis. No entanto, não importa dizer muito que os mesmos inteligíveis participam de Deus, ou que participa a luz que faz os inteligíveis.

9. Quanto ao nono, deve dizer-se que tais regras que os ímpios contemplam são os primeiros princípios no agir, os quais se contemplam pela luz do intelecto agente participado por Deus, assim como os primeiros princípios das ciências especulativas.

10. Quanto ao décimo, deve dizer-se que aquilo pelo qual se julga de dois qual seja o melhor é necessário que seja melhor que os dois, se se julga por ele como regra ou medida. Assim, com efeito, como o branco é a regra e medida de todas as outras cores, e Deus de todos os entes: porque cada coisa é melhor quanto mais se aproxima do ótimo. Se aquilo porém pelo qual julgamos é a virtude cognoscitiva, não é necessário que seja melhor que os dois. Assim, com efeito, julgamos pelo intelecto agente que o anjo é melhor que a alma.

11. Quanto ao undécimo, patenteia-se do dito a solução. Assim, com efeito, o intelecto agente compara-se ao possível como a arte movente à matéria, enquanto faz inteligíveis em ato, para os quais o intelecto possível está em potência. Disse-se todavia de que modo estes dois [intelectos] podem fundar-se em uma [única] substância da alma.

12. Ad duodecimum dicendum quod sic est una ratio numerorum in omnibus mentibus, sicut et una ratio lapidis; quae quidem est una ex parte rei intellectae, non autem ex parte actus intelligendi, quod non est de ratione rei intellectae: non enim est de ratione lapidis quod intelligatur. Unde talis unitas rationis numerorum vel lapidum vel cuiuscumque rei, nihil facit ad unitatem intellectus possibilis vel agentis, ut supra magis expositum est.

13. Ad decimumtertium dicendum quod veritas illa in qua tenetur summum bonum, est communis omnibus mentibus vel ratione unitatis rei, vel ratione unitatis primae lucis in omnes mentes influentis.

14. Ad decimumquartum dicendum quod universale quod facit intellectus agens, est unum in omnibus a quibus ipsum abstrahitur; unde intellectus agens non diversificatur secundum eorum diversitatem. Diversificatur autem secundum diversitatem intellectuum: quia et universale non ex ea parte habet unitatem qua est a me et a te intellectum; intelligi enim a me et a te accidit universali. Unde diversitas intellectuum non impedit unitatem universalis.

15. Ad decimumquintum dicendum quod inconvenienter dicitur intellectus agens nudus vel vestitus plenus speciebus vel vacuus. Impleri enim speciebus est intellectus possibilis sed facere eas est intellectus agentis. Non est autem dicendum quod intellectus agens seorsum intelligat ab intellectu possibili: sed homo intelligit per utrumque; qui quidem habet cognitionem in particulari, per sensitivas potentias, eorum quae per intellectum agentem abstrahuntur.

16. Ad decimumsextum dicendum quod non est ex Dei insufficientia quod rebus creatis virtutes actionis attribuit, sed ex eius perfectissima plenitudine, quae sufficit ad omnibus communicandum.

17. Ad decimumseptimum dicendum quod species quae est in imaginatione, est eiusdem generis cum specie quae est in sensu, quia utraque est individualis et materialis; sed species quae est in intellectu, est alterius generis, quia est universalis. Et ideo species imaginaria non potest imprimere speciem intelligibilem, sicut species sensibilis imprimit speciem imaginariam; propter quod necessaria est virtus intellectiva activa, non autem virtus sensitiva activa.

12. QUANTO AO DUODÉCIMO, deve dizer-se que, assim como é uma [só] em todas as mentes a razão dos números, assim também é uma [só] a razão da pedra, a qual, com efeito, é uma da parte da coisa inteligida, mas não da parte do ato de inteligir, que não é da razão da coisa inteligida: com efeito, não é da razão da pedra que seja inteligida. Por isso, tal unidade da razão dos números ou das pedras ou de qualquer outra coisa não tem nada que ver com a unidade do intelecto possível ou do agente, como antes se expôs.

13. QUANTO AO DÉCIMO TERCEIRO, deve dizer-se que a verdade em que se tem o sumo bem é comum a todas as mentes ou em razão da unidade da coisa, ou em razão da unidade da luz primeira, que influi em todas as mentes.

14. QUANTO AO DÉCIMO QUARTO, deve dizer-se que o universal que o intelecto agente faz é um [só] em todas as coisas de que se abstraiu; por isso o intelecto agente não se diversifica segundo a diversidade delas. Diversifica-se, no entanto, segundo a diversidade de intelectos: porque tampouco o universal tem unidade do fato de ter sido inteligido por mim e por ti; com efeito, ser inteligido por mim e por ti acontece ao universal. Daí que a diversidade de intelectos não impeça a unidade do universal.

15. QUANTO AO DÉCIMO QUINTO, deve dizer-se que inconvenientemente se diz que o intelecto agente está nu ou vestido, cheio de espécies ou vazio. Com efeito, encher-se de espécies é do intelecto possível, mas fazê-las é do intelecto agente. Não se deve dizer, todavia, que o intelecto agente intelige separadamente do intelecto possível, e sim que o homem intelige por ambos: de fato, é ele quem tem cognição em particular, pelas potências sensitivas, das coisas que são abstraídas pelo intelecto agente.

16. QUANTO AO DÉCIMO SEXTO, deve dizer-se que não resulta de insuficiência de Deus o atribuir virtudes de ação às coisas criadas, mas de sua perfeitíssima plenitude, que é suficiente para comunicar a todos.

17. QUANTO AO DÉCIMO SÉTIMO, deve dizer-se que a espécie que está na imaginação é do mesmo gênero que a espécie que está no sentido, porque ambas são individuais e materiais; mas a espécie que está no intelecto é de outro gênero, porque é universal. E por isso a espécie imaginária [ou seja, da imaginação] não pode imprimir uma espécie inteligível, assim como a espécie sensível imprime uma espécie imaginária; por isso é necessária uma virtude intelectual ativa, mas não uma virtude sensitiva ativa.

ARTICULUS 11

Ultimo quaeritur utrum potentiae animae sint idem quod animae essentia

Et videtur quod sic.

1. Dicit enim Augustinus, IX, de Trin.: *admonemur (...) haec, (scilicet mentem, notitiam et amorem) in anima existere (...) substantialiter sive essentialiter; non tamquam in subiecto, ut calor aut figura in corpore, aut ulla alia quantitas aut qualitas.*

2. Praeterea, in libro de spiritu et anima dicitur quod Deus est omnia sua; anima vero est quaedam sua, scilicet potentiae, et quaedam sua non est, scilicet virtutes.

3. Praeterea, differentiae substantiales non sumuntur ab aliquibus accidentalibus. Sed sensibile et rationale sunt differentiae substantiales, quae sumuntur a sensu et ratione. Ergo sensus et ratio non sunt accidentia, et pari ratione neque aliae animae potentiae; et ita videntur esse de essentia animae.

4. Sed dicebat quod potentiae animae neque sunt accidentia, neque sunt de essentia animae, quia sunt proprietates naturales sive substantiales; et ita sunt medium inter subiectum et accidens.- Sed contra, inter affirmationem et negationem non est aliquid medium. Sed substantia et accidens distinguuntur secundum affirmationem et negationem; quia accidens est quod est in subiecto; substantia vero est quae non est in subiecto. Ergo inter essentiam rei et accidens nihil est medium.

5. Praeterea, si potentiae animae dicuntur proprietates naturales vel substantiales; aut hoc est quia sunt partes essentiae, aut quia causantur a principiis essentiae. Si primo modo, pertinent ad essentiam animae,

ARTIGO 11

Em último, indaga-se se as potências da alma são o mesmo que a essência da alma[268]

E PARECE QUE SIM.

1. Com efeito, diz Agostinho no livro X de *De Trin.*:[269] "Advertimos que [...] estas coisas" (ou seja, mente, notícia e amor) "existem na alma [...] substancialmente ou essencialmente; não como num sujeito, como o calor ou a figura num corpo, ou alguma outra quantidade ou qualidade".

2. Ademais, no livro *De Spiritu et Anima*[270] se diz que "Deus é tudo o que é seu; a alma, todavia, [só] algumas coisas suas, a saber, as potências, "e não outras coisas suas", a saber, as virtudes.

3. Ademais, as diferenças substanciais não se tomam dos acidentes. Mas sensível e racional são diferenças substanciais, que se tomam do sentido e da razão. Logo, o sentido e a razão não são acidentes, e por essa mesma razão nem as outras potências da alma; e assim parecem ser da essência da alma.

4. Mas dizia que as potências da alma não são acidentes nem são da essência da alma, porque são propriedades naturais ou substanciais; e assim são médias entre o sujeito e o acidente. – Mas, contrariamente, entre a afirmação e a negação não há nada médio. Mas a substância e o acidente distinguem-se segundo afirmação e negação, porque o acidente é o que está num sujeito; a substância, no entanto, é o que não está num sujeito. Logo, entre a essência da coisa e o acidente não há nada médio.

5. Ademais, se as potências da alma se dizem propriedades naturais ou substanciais, então será ou porque são partes da essência, ou porque decorrem dos princípios da essência. Se do primeiro modo, pertencem à essência da alma,

quia partes essentiae sunt de essentia rei. Si secundo modo sic etiam accidentia possunt dici essentialia, quia ex principiis subiecti causantur. Ergo oportet quod potentiae animae vel pertineant ad essentiam animae, vel sint accidentia.

6. Sed dicebat quod, licet accidentia causentur ex principiis substantiae, non tamen omne quod causatur ex principiis substantiae, est accidens.- Sed contra omne medium oportet quod distinguatur ab utroque extremorum. Si ergo potentiae animae sint mediae inter essentiam et accidens, oportet quod distinguantur tam ab essentia quam ab accidente. Sed nihil potest distingui ab aliquo per id quod est commune utrique. Cum ergo fluere a principiis substantiae, propter quod potentiae dicuntur esse essentiales, conveniat etiam accidentibus, videtur quod potentiae animae non distinguantur ab accidentibus; et ita videtur quod non sit medium inter substantiam et accidens.

7. Sed dicebat quod distinguuntur ab accidentibus per hoc quod anima potest intelligi sine accidentibus, non autem potest intelligi sine suis potentiis.- Sed contra unumquodque intelligitur per suam essentiam; quia proprium obiectum intellectus est quod quid est, ut dicitur III de anima. Quidquid igitur est sine quo res intelligi non potest, est de essentia rei. Si igitur anima sine potentiis non potest intelligi, sequitur quod sint de essentia animae, et quod non sit medium inter essentiam et accidentia.

8. Praeterea, Augustinus dicit, X de Trinit., quod memoria, intelligentia et voluntas, sunt una vita, una mens, una substantia; et ita videtur quod potentiae animae sint ipsa eius essentia.

9. Praeterea, sicut se habet tota anima ad totum corpus, ita se habet pars animae ad partem corporis. Sed tota anima est forma substantialis corporis. Ergo pars animae, ut visus, est forma substantialis partis corporis, scilicet oculi. Sed anima secundum suam essentiam est forma substantialis totius corporis et cuiuslibet partium eius. Ergo potentia visiva est idem quod essentia animae; et eadem ratione omnes aliae potentiae.

10. Praeterea, anima est dignior quam forma accidentalis. Sed forma accidentalis activa est sua virtus. Ergo multo magis anima est suae potentiae.

11. Praeterea, Anselmus dicit in Monologio, quod nihil potuit animae maius dari quam reminisci, intelligere et velle. Sed inter omnia quae

porque as partes da essência são da essência da coisa. Se do segundo modo, então também os acidentes podem dizer-se essenciais, porque decorrem dos princípios do sujeito. Logo, é necessário que as potências da alma ou pertençam à essência da alma, ou sejam acidentes.

6. Mas dizia que, conquanto os acidentes decorram dos princípios da substância, nem tudo o que decorre dos princípios da substância é acidente. – Mas, contrariamente, é necessário que todo médio se distinga dos dois extremos. Se pois as potências da alma são médias entre a essência e o acidente, é necessário que se distingam tanto da essência como do acidente. Mas nada pode distinguir-se de algo por aquilo que é comum a ambos. Como portanto fluir dos princípios da substância, pelo que se diz que as potências são essenciais, convém também aos acidentes, parece que as potências da alma não se distinguem dos acidentes; e assim parece que não são médias entre a substância e o acidente.

7. Mas dizia que [as potências] se distinguem dos acidentes em que a alma pode inteligir-se sem os acidentes, mas não pode inteligir-se sem suas potências. – Mas, contrariamente, tudo se intelige por sua essência, porque o objeto próprio do intelecto é *quod quid est*, como se diz no livro III de *De Anima*.[271] Aquilo portanto sem o qual uma coisa não pode inteligir-se é da essência da coisa. Se pois a alma não pode inteligir-se sem as potências, segue-se que estas são da essência da alma, e que não há [nada] médio entre a essência e os acidentes.

8. Ademais, diz Agostinho no livro X de *De Trin.*[272] que a memória, a inteligência e a vontade são uma [só] vida, uma [só] alma e uma [só] substância; e assim parece que as potências da alma são sua mesma essência.

9. Ademais, assim como a alma toda se tem com respeito ao corpo todo, assim se tem uma parte da alma com respeito a uma parte do corpo. Mas a alma toda é a forma substancial do corpo. Logo, uma parte, como a visão, é a forma substancial de uma parte do corpo, a saber, o olho. Mas segundo sua essência a alma é a forma substancial de todo o corpo e de cada uma de suas partes. Logo, a potência visiva é o mesmo que a essência da alma; e pela mesma razão todas as outras potências.

10. Ademais, a alma é mais digna que uma forma acidental. Mas a forma acidental ativa é sua virtude. Logo, muito mais a alma são suas potências.

11. Ademais, diz Anselmo em *Monológio*[273] que nada maior se pode dar à alma que o rememorar, o inteligir e o querer. Mas, entre todas as coisas que

conveniunt animae, praecipuum est sua essentia, quae a Deo est ei data. Ergo potentiae animae sunt idem quod eius essentia.

12. Praeterea, si potentiae animae sunt aliud quam eius essentia, oportet quod fluant ab essentia animae sicut a principio. Sed hoc est impossibile, quia sequeretur quod principiatum esset immaterialius suo principio: intellectus enim, qui est potentia quaedam, non est actus alicuius corporis; anima autem secundum suam essentiam est actus corporis. Ergo et primum est inconveniens; scilicet quod potentiae animae non sunt essentia eius.

13. Praeterea, maxime proprium substantiae est esse susceptivum contrariorum. Sed potentiae animae sunt susceptivae contrariorum, sicut voluntas virtutis et vitii, et intellectus scientiae et erroris. Ergo potentiae animae sunt substantia aliqua. Sed non alia substantia quam substantia animae. Ergo sunt idem quod ipsa animae substantia.

14. Praeterea, anima immediate unitur corpori ut forma, et non mediante aliqua potentia. Sed in quantum est forma corporis, dat aliquem actum corpori. Non autem hunc actum quod est esse, quia hic actus invenitur etiam in quibus non est anima; nec iterum hunc actum qui est vivere, quia hic actus invenitur in quibus non est anima rationalis. Ergo relinquitur quod det hunc actum quod est intelligere. Sed hunc actum dat potentia intellectiva. Ergo potentia intellectiva est idem quod essentia animae.

15. Praeterea, anima est nobilior et perfectior quam materia prima. Sed materia prima est idem quod sua potentia. Non enim potest dici quod potentia materiae sit accidens eius; quia sic accidens praeexisteret formae substantiali, cum potentia in uno et eodem sit prius tempore quam actus, ut dicitur in IX Metaph.: nec iterum est forma substantialis, quia forma est actus qui opponitur potentiae; et similiter nec substantia composita, quia sic substantia composita praecederet formam, quod est impossibile; et ita relinquitur quod potentia materiae sit ipsa essentia materiae. Multo igitur magis potentiae animae sunt eius essentia.

16. Praeterea, accidens non extenditur ultra suum subiectum. Sed potentiae animae extenduntur ultra ipsam animam; quia anima non solum intelligit et vult se, sed etiam alia. Ergo potentiae animae non sunt eius accidentia. Relinquitur ergo quod sint ipsa essentia animae.

convêm à alma, o mais precípuo é sua essência, dada por Deus. Logo, as potências da alma são o mesmo que sua essência.

12. Ademais, se as potências da alma são outra coisa que sua essência, é necessário que fluam da essência da alma como de um princípio. Mas isto é impossível, porque se seguiria que o principiado fosse mais imaterial que seu princípio: com efeito, o intelecto, que é certa potência, não é ato de nenhum corpo; a alma, todavia, segundo sua essência é ato do corpo. Logo, é inconveniente também o primeiro, ou seja, que as potências da alma não são sua essência.

13. Ademais, o maximamente próprio da substância é ser susceptiva de contrários. Mas as potências da alma são susceptivas de contrários, como a vontade [o é] de virtude e de vício, e o intelecto de ciência e de erro. Logo, as potências da alma são alguma substância. Mas não outra substância que a substância da alma. Logo, são o mesmo que a mesma substância da alma.

14. Ademais, a alma une-se imediatamente ao corpo como forma, e não mediante nenhuma potência. Mas, enquanto é forma do corpo, dá algum ato ao corpo. Não porém o ato que é ser, porque este ato se encontra também nas coisas em que não há alma; nem o ato que é viver, porque este ato se encontra entre as coisas em que não há alma racional. Resta, por conseguinte, que dê o ato que é inteligir. Mas este ato dá-o a potência intelectiva. Logo, a potência intelectiva é o mesmo que a essência da alma.

15. Ademais, a alma é mais nobre e mais perfeita que a *materia prima*. Mas a *materia prima* é o mesmo que sua potência. Com efeito, não pode dizer-se que a potência da matéria seja acidente seu, porque assim o acidente preexistiria à forma substancial, já que a potência em um e o mesmo é anterior no tempo ao ato, como se diz no livro IX da *Metafísica*;[274] nem, ainda, que seja forma substancial, porque a forma é ato, o que se opõe à potência; nem, similarmente, que seja substância composta, porque então a substância composta precederia à forma, o que é impossível; e assim resta que a potência da matéria seja a essência mesma da matéria. Muito mais, portanto, as potências da alma são sua essência.

16. Ademais, o acidente não se estende além de seu sujeito. Mas as potências da alma se estendem além da própria alma, porque a alma não só se intelige e se quer, mas também [o faz] a outros. Logo, as potências da alma não são acidentes seus. Resta, por conseguinte, que seja a mesma essência da alma.

17. Praeterea, omnis substantia ex hoc ipso est intellectualis quod est immunis a materia, ut Avicenna dicit. Sed esse immateriale convenit animae secundum suam essentiam; ergo et esse intellectuale. Intellectus ergo est sua essentia, et pari ratione aliae eius potentiae.

18. Praeterea, in his quae sunt sine materia, idem est intellectus et intellectum, secundum philosophum. Sed ipsa essentia animae est quae intelligitur. Ergo ipsa essentia animae est intellectus intelligens; et pari ratione anima est aliae suae potentiae.

19. Praeterea, partes rei sunt de substantia eius. Sed potentiae animae dicuntur partes eius. Ergo pertinent ad substantiam animae.

20. Praeterea, anima est substantia simplex, ut supra dictum est; potentiae autem animae plures sunt. Si igitur potentiae animae non sunt eius essentia, sed accidentia quaedam, sequitur quod in uno simplici sint plura et diversa accidentia; quod videtur inconveniens. Non ergo potentiae animae sunt eius accidentia, sed ipsa eius essentia.

Sed contra.

1. Est quod Dionysius dicit, XI cap. Angel. Hierar., quod superiores essentiae dividuntur in substantiam, virtutem et operationem. Multo igitur magis in animabus aliud est earum essentia, et aliud virtus, sive potentia.

2. Praeterea, Augustinus dicit, XV de Trinit., quod anima dicitur imago Dei, sicut tabula, propter picturam quae in ea est. Sed pictura non est ipsa essentia tabulae. Ergo nec potentiae animae, secundum quas imago Dei assignatur in anima, sunt ipsa animae substantia.

3. Praeterea, quaecumque essentialiter numerantur non sunt una essentia. Sed illa tria, secundum quae attenditur imago in anima, numerantur essentialiter vel substantialiter. Non ergo sunt ipsa essentia animae, quae est una.

4. Praeterea, potentia est medium inter substantiam et operationem. Sed operatio differt a substantia animae. Ergo potentia differt ab utroque; alioquin non esset medium, si esset idem cum extremo.

5. Praeterea, agens principale et instrumentale non sunt unum. Sed potentia animae comparatur ad essentiam eius ut agens instrumentale ad

17. Ademais, toda substância é intelectual do fato mesmo de ser isenta de matéria, como diz Avicena.²⁷⁵ Mas ser imaterial convém à alma segundo sua essência; logo, também ser intelectual. O intelecto, portanto, é sua essência, e pela mesma razão suas outras potências.

18. Ademais, nos que são sem matéria, são o mesmo o intelecto e o inteligido, segundo o Filósofo.²⁷⁶ Mas a essência da alma é a que é inteligida. Logo, a mesma essência da alma é o intelecto que intelige; e pela mesma razão a alma são suas outras potências.

19. Ademais, as partes de uma coisa são de sua substância. Ora, as potências da alma dizem-se partes suas. Logo, pertencem à substância da alma.

20. Ademais, a alma é uma substância simples, como se disse anteriormente; mas as potências da alma são muitas. Se pois as potências da alma não são sua essência, mas certos acidentes, segue-se que em algo simples há muitos e diversos acidentes, o que parece inconveniente. As potências da alma, portanto, não são acidentes seus, mas sua mesma essência.

Mas contrariamente:

1. Está o que diz Dionísio no cap. XI de *Angel. Hierar.*,²⁷⁷ a saber, que as essências superiores se dividem em substância, virtude e operação. Muito mais, por conseguinte, nas almas uma coisa é sua essência e outra sua virtude, ou potência.

2. Ademais, diz Agostinho no livro XV de *De Trin.*²⁷⁸ que a alma se diz imagem de Deus como uma tábua, "pela pintura que há nela". Mas a pintura não é a mesma essência da tábua. Logo, tampouco as potências da alma, segundo as quais a imagem de Deus se sela na alma, são a mesma substância da alma.

3. Ademais, as coisas que se numeram essencialmente não são uma [só] essência. Mas estas três, segundo as quais se atende à imagem na alma, são numeradas essencialmente ou substancialmente. Não são portanto a mesma essência da alma, que é una [numericamente].

4. Ademais, a potência é média entre a substância e a operação. Mas a operação difere da substância da alma. Logo, a potência difere de ambas; do contrário, não seria média, se fosse o mesmo que um extremo.

5. Ademais, o agente principal e o instrumental não são [algo] uno. Mas a potência da alma compara-se à sua essência como o agente instrumental ao principal;

principale; dicit enim Anselmus in libro de concordia praescientiae et liberi arbitrii quod voluntas quae est potentia animae, est sicut instrumentum. Ergo anima non est suae potentiae.

6. Praeterea, philosophus dicit, I cap. de Mem. et Remin. quod memoria est passio aut habitus sensitivi aut phantastici. Passio autem et habitus est accidens; et eadem ratione aliae potentiae animae.

Respondeo. Dicendum quod quidam posuerunt, potentias animae non esse aliud quam ipsam eius essentiam: ita quod una et eadem essentia animae, secundum quod est principium sensitivae operationis, dicitur sensus; secundum vero quod est intellectualis operationis principium, dicitur intellectus; et sic de aliis. Et ad hoc praecipue videntur moti fuisse, ut Avicenna dicit, propter simplicitatem animae; quasi non compateretur tantam diversitatem, quanta apparet in potentiis animae. Sed haec positio est omnino impossibilis. Primo quidem, quia impossibile est quod alicuius substantiae creatae sua essentia sit sua potentia operativa. Manifestum est enim quod diversi actus diversorum sunt: semper enim actus proportionatur ei cuius est actus. Sicut autem ipsum esse est actualitas quaedam essentiae, ita operari est actualitas operativae potentiae seu virtutis. Secundum enim hoc, utrumque eorum est in actu: essentia quidem secundum esse, potentia vero secundum operari. Unde, cum in nulla creatura suum operari sit suum esse, sed hoc sit proprium solius Dei, sequitur quod nullius creaturae operativa potentia sit eius essentia; sed solius Dei proprium est ut sua essentia sit sua potentia. Secundo, impossibile apparet hoc speciali ratione in anima, propter tria. Primo quidem, quia essentia una est; in potentiis autem oportet ponere multitudinem propter diversitatem actuum et obiectorum. Oportet enim potentias secundum actus diversificari, cum potentia ad actum dicatur. Secundo, idem apparet ex potentiarum differentia; quarum quaedam sunt quarumdam partium corporis actus, ut omnes potentiae sensitivae et nutritivae partis; quaedam vero potentiae non sunt actus alicuius partis corporis, ut intellectus et voluntas: quod non posset esse, si potentiae animae non essent aliud quam eius essentia. Non enim potest dici quod unum et idem possit esse actus corporis et separatum, nisi secundum diversa. Tertio apparet idem ex ordine potentiarum animae, et

com efeito, diz Anselmo no livro *De Concordia Praescientiae et Praedestinationis et Gratiae Dei cum libero Arbitri*[279] que a vontade, que é potência da alma, é como instrumento. Logo, a alma não são suas potências.

6. Ademais, diz o Filósofo no cap. I de *De Mem. et Remin.*[280] que a memória é paixão ou hábito do sensitivo ou fantástico. A paixão e o hábito, porém, são acidentes; e pela mesma razão [o são] as outras potências da alma.

RESPONDO. Deve dizer-se que alguns puseram que as potências da alma não são outra coisa que sua mesma essência: de modo que uma e mesma essência da alma, enquanto é princípio da operação sensitiva, se diz sentido; mas, enquanto é princípio da operação intelectual, se diz intelecto; e assim quanto ao mais. E precipuamente parece que os moveu a isso, como o diz Avicena,[281] a simplicidade da alma; como se não suportasse tanta diversidade quanta aparece nas potências da alma. Mas esta posição é de todo impossível. Em primeiro lugar, com efeito, porque é impossível que a essência de nenhuma essência criada seja sua potência operativa. É manifesto, de fato, que diversos atos são de diversos: com efeito, o ato sempre é proporcionado àquilo de que é ato. Mas, assim como o mesmo ser é a atualidade da essência, assim também o operar é atualidade da potência ou virtude operativa. Segundo isto, com efeito, ambas estão em ato: a essência, de fato, segundo o ser, mas a potência segundo o operar. Por isso, como em nenhuma criatura seu operar é seu ser, o que não é próprio senão de Deus, segue-se que a potência operativa de nenhuma criatura é sua essência; enquanto é próprio só de Deus, de modo que sua essência seja sua potência. Em segundo lugar, isto parece impossível por uma razão especial na alma, triplicemente. Em primeiro lugar, sem dúvida, porque a essência é una; mas é necessário pôr nas potências multidão por causa da diversidade de atos e de objetos. É necessário, com efeito, que as potências se diversifiquem segundo os atos, porque a potência se diz com respeito ao ato. Em segundo lugar, aparece o mesmo da diferença das potências; algumas delas são atos de algumas partes do corpo, como todas as potências da parte sensitiva e da nutritiva; enquanto outras potências não são atos de nenhuma parte do corpo, como o intelecto e a vontade: o que não poderia ser, se as potências da alma não fossem outras que sua essência. Não pode dizer-se, com efeito, que uma e mesma coisa possa ser ato do corpo e separada senão segundo diversas [razões]. Em terceiro

habitudine earum ad invicem. Invenitur enim quod una aliam movet, sicut ratio irascibilem et concupiscibilem, et intellectus voluntatem; quod esse non posset si omnes potentiae essent ipsa animae essentia: quia idem secundum idem non movet seipsum ut probat philosophus. Relinquitur ergo quod potentiae animae non sunt ipsa eius essentia. Quod quidam concedentes dicunt quod nec etiam sunt animae accidens; sed sunt eius proprietates essentiales, seu naturales. Quae quidem opinio uno modo intellecta, potest sustineri; alio vero modo est impossibilis. Ad cuius evidentiam considerandum est, quod accidens a philosophis dupliciter accipitur. Uno modo, secundum quod condividitur substantiae, et continet sub se novem rerum genera. Sic autem accipiendo accidens, positio est impossibilis. Non enim inter substantiam et accidens potest esse aliquid medium, cum substantia et accidens dividant ens per affirmationem et negationem; cum proprium substantiae sit non esse in subiecto, accidentis vero sit in subiecto esse. Unde, si potentiae animae non sunt ipsa essentia animae (et manifestum est quod non sunt aliae substantiae), sequitur quod sint accidentia in aliquo novem generum contenta. Sunt enim in secunda specie qualitatis, quae dicitur potentia vel impotentia naturalis. Alio modo accipitur accidens, secundum quod ponitur ab Aristotele unum de quatuor praedicamentis in I topicorum, et secundum quod a Porphyrio ponitur unum quinque universalium. Sic enim accidens non significat id quod commune est novem generibus, sed habitudinem accidentalem praedicati ad subiectum, vel communis ad ea quae sub communi continentur. Si enim haec esset eadem acceptio cum prima, cum accidens sic acceptum dividatur contra genus et speciem, sequeretur quod nihil quod sit in novem generibus posset dici vel genus vel species; quod patet esse falsum, cum color sit genus albedinis, et numerus binarii. Sic igitur accipiendo accidens, est aliquid medium inter substantiam et accidens, id est inter substantiale praedicatum et accidentale; et hoc est proprium. Quod quidem convenit cum substantiali praedicato, in quantum causatur ex principiis essentialibus speciei; et ideo per definitionem significantem essentiam demonstratur proprietas de subiecto. Cum accidentali vero praedicato convenit in hoc quod nec est essentia rei, nec pars essentiae, sed aliquid praeter ipsam. Differt autem ab accidentali praedicato, quia accidentale praedicatum non causatur ex principiis essentialibus speciei, sed accidit individuo sicut proprium speciei; quandoque tamen separabiliter,

lugar, aparece o mesmo da ordem das potências da alma, e da *habitudo* delas entre si. Encontra-se, com efeito, que uma move a outra, como a razão à irascível e à concupiscível, e o intelecto à vontade; mas tal não poderia ser se todas as potências fossem a mesma essência da alma: porque o mesmo segundo o mesmo não se move a si mesmo, como o prova o Filósofo.[282] Resta portanto que as potências da alma não sejam sua mesma essência. Alguns que o concedem dizem que nem sequer são acidentes da alma, senão que são propriedades essenciais ou naturais suas. Esta opinião, entendida de um modo, pode sustentar-se; de outro modo, porém, é impossível. Para evidenciá-lo, deve considerar-se que nas filosofias acidente tem dupla acepção. Primeira, segundo a qual se condivide da substância, e contém sob si nove gêneros de coisas. Tomado assim o acidente, tal posição é impossível. Com efeito, não pode haver entre a substância e o acidente nada médio, porque a substância e o acidente dividem o ente por afirmação e por negação; porque o próprio da substância não é estar num sujeito, mas [o próprio] do acidente é estar num sujeito. Por isso, se as potências da alma não são a mesma essência da alma (e é manifesto que não são outras substâncias), segue-se que são acidentes contidos em algum dos nove gêneros. Estão, com efeito, na segunda espécie da qualidade, que se diz potência [natural] ou impotência natural. A segunda [acepção] de acidente é aquela segundo a qual Aristóteles o põe como um dos quatro predicamentos no livro I dos *Tópicos*,[283] e segundo a qual Porfírio[284] o põe como um dos cinco universais. Assim, com efeito, o acidente não significa o que é comum aos nove gêneros, mas uma *habitudo* acidental do predicado ao sujeito, ou do comum ao que se contém sob o comum. Se pois esta fosse a mesma acepção que a primeira, como acidente assim tomado se divide contra gênero e espécie, seguir-se-ia que nada do que está nos nove gêneros poderia dizer-se ou gênero ou espécie, o que se patenteia falso, porque a cor é o gênero da brancura, e o número de binário. Assim tomado, portanto, o acidente é algo médio entre a substância e o acidente, isto é, entre o predicado substancial e o acidental; e isto é o próprio. Este, com efeito, convém com o predicado substancial, enquanto é causado pelos princípios essenciais da espécie; e por isso pela definição que significa a essência se demonstram as propriedades do sujeito. Mas com o predicado acidental convém em que não é a essência da coisa, nem parte da essência, mas algo além desta. Difere porém do predicado acidental, porque o predicado acidental não é causado pelos princípios essenciais da espécie, mas se dá no indivíduo como próprio da espécie; às vezes todavia separavelmente,

quandoque inseparabiliter. Sic igitur potentiae animae sunt medium inter essentiam animae et accidens, quasi proprietates naturales vel essentiales, idest essentiam animae naturaliter consequentes.

1. AD PRIMUM ERGO dicendum quod quidquid dicatur de potentiis animae, tamen nullus unquam opinatur, nisi insanus, quod habitus et actus animae sint ipsa eius essentia. Manifestum autem est quod notitia et amor, de quibus ibi Augustinus loquitur, non nominant potentias, sed actus aut habitus. Unde non intendit Augustinus dicere, quod notitia et amor sint ipsa essentia animae; sed quod insint ei substantialiter vel essentialiter. Ad cuius intellectum sciendum est, quod Augustinus ibi loquitur de mente, secundum quod novit se et amat se. Sic igitur notitia et amor possunt comparari ad mentem, aut sicut ad amantem et cognoscentem, aut sicut ad amatam et cognitam. Et hoc secundo modo loquitur hic Augustinus: ea enim ratione dicit notitiam et amorem substantialiter vel essentialiter in mente vel in anima existere, quia mens amat ipsam essentiam, vel substantiam novit. Unde postea, subdit: *quomodo illa tria non sint eiusdem essentiae, non video, cum mens ipsa se amet, atque ipsa se noverit.*

2. AD SECUNDUM dicendum quod liber de spiritu et anima est apocryphus, cum enim auctor ignoretur, et sunt ibi multa vel falsa vel improprie dicta: quia ille qui librum composuit, non intellexit dicta sanctorum, a quibus accipere conatus fuit. Si tamen sustineri debeat, sciendum est triplex esse totum. Unum universale, quod adest cuilibet parti secundum totam suam essentiam et virtutem; unde proprie praedicatur de suis partibus, ut cum dicitur: homo est animal. Aliud vero est totum integrale, quod non adest alicui suae parti neque secundum totam essentiam neque secundum totam suam virtutem; et ideo nullo modo praedicatur de parte, ut dicatur: paries est domus. Tertium est totum potentiale, quod est medium inter haec duo: adest enim suae parti secundum totam suam essentiam, sed non secundum totam suam virtutem. Unde medio modo se habet in praedicando: praedicatur enim quandoque de partibus, sed non proprie. Et hoc modo quandoque dicitur, quod anima est suae potentiae, vel e converso.

3. AD TERTIUM dicendum quod formae substantiales per seipsas sunt ignotae; sed innotescunt nobis per accidentia propria. Frequenter

outras vezes inseparavelmente. Assim, pois, as potências da alma são algo médio entre a essência da alma e o acidente, como propriedades naturais ou essenciais, isto é, são naturalmente consequentes à essência da alma.

1. Quanto ao primeiro, portanto, deve dizer-se que, diga-se o que se disser das potências da alma, ninguém todavia além de um insano pode opinar que os hábitos e os atos da alma são sua mesma essência. É manifesto, porém, que a notícia e o amor, de que fala aí Agostinho, não nomeiam potências, mas atos ou hábitos. Por isso, não pretende Agostinho dizer que a notícia e o amor sejam a essência mesma da alma, e sim que se dão nela substancialmente ou essencialmente. Para entendê-lo, deve saber-se que Agostinho fala aí da mente, enquanto se conhece e se ama a si mesma. Assim, portanto, a notícia e o amor podem comparar-se à mente, ou como ao amante e cognoscente, ou como ao amado e conhecido. E isto segundo o modo como fala aqui Agostinho: com efeito, diz por essa razão que a notícia e o amor estão substancialmente ou essencialmente na mente ou na alma, porque a mente ama a mesma essência, ou conhece a substância. Por isso em seguida acrescenta:[285] "Não vejo como estas três coisas não sejam da mesma essência, dado que é a mente mesma a que se ama e se conhece a si mesma".

2. Quanto ao segundo, deve dizer-se que o livro *De Spiritu et Anima* é apócrifo, pois, com efeito, se ignora o autor, e há aí muitas coisas ou falsas ou impropriamente ditas: porque o que o compôs não entendeu os ditos dos santos que empreendeu empregar. Se porém houvesse que sustentá-lo, deve saber-se que é tríplice o ser todo. Um universal, que vai unido a qualquer parte segundo toda a sua essência e toda a sua virtude; daí que propriamente se predique de suas partes, como quando se diz: O homem é animal. Outro, porém, é o todo integral, que não vai unido a cada uma de suas partes nem segundo toda a essência nem segundo toda a sua virtude; e por isso de nenhum modo se predica da parte, como se se dissesse: A parede é a casa. O terceiro é o todo potencial, que é médio entre aqueles dois: com efeito, vai unido a suas partes segundo toda a sua essência, mas não segundo toda a sua virtude. Por isso, no predicar se tem de modo médio: predica-se, com efeito, às vezes das partes, mas não propriamente. E deste modo às vezes se diz que a alma são suas potências, ou ao revés.

3. Quanto ao terceiro, deve dizer-se que as formas substanciais por si são ignotas; mas se fazem conhecer a nós pelos acidentes próprios. Frequentemente,

enim differentiae substantiales ab accidentibus sumuntur, loco formarum substantialium, quae per huiusmodi accidentia innotescunt; sicut bipes et gressibile et huiusmodi; et sic etiam sensibile et rationale ponuntur differentiae substantiales. Vel potest dici, quod sensibile et rationale, prout sunt differentiae, non sumuntur a ratione et a sensu secundum quod nominant potentias, sed ab anima rationali, et ab anima sensitiva.

4. AD QUARTUM dicendum quod ratio illa procedit de accidente secundum quod est commune ad novem genera, et sic nihil est medium inter substantiam et accidens; sed alio modo, ut dictum est.

5. AD QUINTUM dicendum quod potentiae animae dici possunt proprietates essentiales, non quia sint partes essentiae, sed quia causantur ab essentia; et sic non distinguuntur ab accidente quod est commune novem generibus: sed distinguuntur ab accidente, quod est accidentale praedicatum et non causatur a natura speciei.

6. Unde patet solutio ad sextum.

7. AD SEPTIMUM dicendum quod duplex est operatio intellectus, sicut dicitur in III de anima. Una qua intelligit quod quid est, et tali operatione intellectus potest intelligi essentia rei et sine proprio et sine accidente, cum neutrum eorum ingrediatur rei essentiam; et sic procedit ratio. Alia est operatio intellectus componentis et dividentis; et sic potest substantia intelligi sine accidentali praedicato, etiamsi secundum rem sit inseparabile: sicut potest intelligi corvus esse albus. Non enim est ibi repugnantia intellectuum, cum oppositum praedicati non dependeat ex principiis speciei, quae signatur nomine in subiecto posito. Hac vero operatione intellectus non potest intelligi substantia sine proprio: non enim potest intelligi quod homo non sit risibilis, vel triangulus non habeat tres angulos aequales duobus rectis: hic enim est repugnantia intellectuum, quia oppositum praedicati dependet ex natura subiecti. Sic igitur potest intelligi prima operatione intellectus essentia animae, ut scilicet intelligatur quod quid est absque potentiis; non autem secunda operatione, ita scilicet quod intelligatur non habere potentias.

8. AD OCTAVUM dicendum quod illa tria dicuntur esse una vita, una essentia, vel secundum quod comparantur ad essentiam ut ad obiectum, vel eo modo quo totum potentiale praedicatur de partibus.

com efeito, as diferenças substanciais tomam-se dos acidentes, em lugar das formas substanciais, que por tais acidentes se fazem conhecer; assim bípede, capaz de andar, etc.; e assim também sensível e racional se põem como diferenças substanciais. Ou pode dizer-se que sensível e racional, enquanto são diferenças, não se tomam da razão e do sentido enquanto nomeiam potências, mas da alma racional, e da alma sensitiva.

4. QUANTO AO QUARTO, deve dizer-se que esta razão procede quanto ao acidente enquanto é comum aos nove gêneros, e assim não há nada médio entre a substância e o acidente; mas no outro modo, como se disse.

5. QUANTO AO QUINTO, deve dizer-se que as potências da alma podem dizer-se propriedades essenciais, não porque sejam partes da essência, mas porque decorrem da essência; e assim não se distinguem do acidente que é comum aos nove gêneros: mas distinguem-se do acidente que é predicado acidental e não causado pela natureza da espécie.

6. Por isso se patenteia a solução AO SEXTO.

7. QUANTO AO SÉTIMO, deve dizer-se que é dupla a operação do intelecto, como se diz no livro III de *De Anima*.[286] Uma que intelige *quod quid est*, e por tal operação do intelecto pode inteligir-se a essência da coisa tanto sem próprio como sem acidente, porque nenhum dos dois integra a essência da coisa; e assim a razão procede. A outra é a operação do intelecto que compõe e divide; e assim pode inteligir-se a substância sem predicado acidental, ainda que *secundum rem* seja inseparável: assim, pode inteligir-se que um corvo seja branco. Com efeito, não há aí repugnância de intelectos, porque o oposto do predicado não depende dos princípios da espécie, que se designa pelo nome posto no sujeito. Mas por esta operação do intelecto não pode inteligir-se a substância sem próprio: com efeito, não pode inteligir-se que o homem não seja risível, ou que o triângulo não tenha três ângulos iguais a dois retos: aqui, com efeito, há repugnância de intelectos, porque o oposto do predicado depende da natureza do sujeito. Assim, pois, pode inteligir-se pela primeira operação do intelecto a essência da alma, ou seja, intelige-se *quod quid est* sem potências; não porém pela segunda operação, ou seja, de modo que se inteligia que não tem potências.

8. QUANTO AO OITAVO, deve dizer-se que estas três coisas são uma vida, uma essência, ou enquanto se comparam à essência como ao objeto, ou ao modo pelo qual o todo potencial se predica das partes.

9. Ad nonum dicendum quod tota anima est forma substantialis totius corporis, non ratione totalitatis potentiarum, sed per ipsam essentiam animae, ut supra dictum est. Unde non sequitur quod ipsa potentia visiva sit forma substantialis oculi, sed ipsa essentia animae, secundum quod est subiectum vel principium talis potentiae.

10. Ad decimum dicendum quod forma accidentalis, quae est principium actionis, ipsamet est potentia vel virtus substantiae agentis; non autem proceditur in infinitum, ut cuiuslibet virtutis sit alia virtus.

11. Ad undecimum dicendum quod essentia est maius donum quodammodo quam potentia, sicut causa est potior effectu. Potentiae etiam sunt quodammodo potiores, in quantum sunt propinquiores actibus, quibus anima suo fini inhaeret.

12. Ad duodecimum dicendum quod ex hoc contingit quod ab essentia animae aliqua potentia fluat quae non est actus corporis, quia essentia animae excedit corporis proportionem, ut supra dictum est. Unde non sequitur quod potentia sit immaterialior quam essentia; sed ex immaterialitate essentiae sequitur immaterialitas potentiae.

13. Ad decimumtertium dicendum quod accidentium unum est alio subiecto propinquius, sicut quantitas est propinquior substantiae quam qualitas; et ita substantia recipit unum accidens alio mediante; sicut colorem mediante superficie, et scientiam mediante potentia intellectiva. Eo igitur modo potentia animae est susceptiva contrariorum sicut superficies albi et nigri, in quantum scilicet substantia suscipit contraria secundum praedicta.

14. Ad decimumquartum dicendum quod anima, in quantum est forma corporis secundum suam essentiam, dat esse corpori, in quantum est forma substantialis; et dat sibi huiusmodi esse quod est vivere, in quantum est talis forma, scilicet anima; et dat ei huiusmodi vivere, scilicet intellectuali natura, in quantum est talis anima, scilicet intellectiva. Intelligere autem quandoque sumitur pro operatione, et sic principium eius est potentia vel habitus; quandoque vero pro ipso esse intellectualis naturae, et sic principium eius quod est intelligere, est ipsa essentia animae intellectivae.

15. Ad decimumquintum dicendum quod potentia materiae non est ad operari, sed ad esse substantiale; et ideo potentia materiae potest esse in genere substantiae, non autem potentia animae quae est ad operari.

9. QUANTO AO NONO, deve dizer-se que a alma toda é forma substancial de todo o corpo, não em razão da totalidade das potências, mas pela mesma essência da alma, como antes [a. 4] se disse. Por isso não se segue que a mesma potência visiva seja forma substancial do olho, senão que [o é] a mesma essência da alma, enquanto é sujeito ou princípio de tal potência.

10. QUANTO AO DÉCIMO, deve dizer-se que a forma acidental, que é princípio da ação, é ela mesma potência ou virtude da substância agente; mas não se proceda ao infinito, de modo que de cada virtude haja outra virtude.

11. QUANTO AO UNDÉCIMO, deve dizer-se que a essência é de certo modo um dom maior que a potência, assim como a causa é preferível ao efeito. As potências, todavia, são de certo modo preferíveis, enquanto são mais próximas dos atos, pelos quais a alma inere a seu fim.

12. QUANTO AO DUODÉCIMO, deve dizer-se que disso sucede que da essência da alma pode fluir alguma potência que não seja ato corpo, porque a essência da alma excede a proporção do corpo, como se disse anteriormente [a. 2; a. 9, a. 5]. Por isso não se segue que a potência seja mais imaterial que a essência, senão que da imaterialidade da essência se segue a imaterialidade da potência.

13. QUANTO AO DÉCIMO TERCEIRO, deve dizer-se que um acidente está mais próximo do sujeito que outro, como a quantidade está mais próxima da substância que a qualidade; como a substância recebe um acidente mediante outro; como a cor mediante a superfície, e a ciência mediante a potência intelectiva. Por conseguinte, uma potência da alma é susceptiva de contrários, como a superfície de branco e de negro, ou seja, enquanto a substância recebe os contrários segundo todo o predito.

14. QUANTO AO DÉCIMO QUARTO, deve dizer-se que a alma, enquanto é forma do corpo segundo sua essência, dá o ser ao corpo, porquanto é forma substancial; e lhe dá o ser determinado que é o viver, enquanto é tal forma, ou seja, alma; e lhe dá um viver determinado, ou seja, por uma natureza intelectual, enquanto é tal alma, ou seja, intelectiva. O inteligir, porém, às vezes se toma pela operação, e assim seu princípio é a potência ou o hábito; às vezes, porém, pelo mesmo ser de natureza intelectual, e assim seu princípio que é o inteligir é a mesma essência da alma intelectiva.

15. QUANTO AO DÉCIMO QUINTO, deve dizer-se que a potência da matéria não é para o operar, mas para o ser substancial; e assim a potência da matéria pode estar no gênero da substância, mas não a potência da alma que é para o operar.

16. Ad decimumsextum dicendum quod, sicut supra dictum est, Augustinus comparat notitiam et amorem ad mentem, secundum quod cognoscitur et amatur; et si secundum hanc habitudinem notitia et amor essent in mente vel in anima sicut in subiecto, sequeretur quod pari ratione essent sicut in subiecto in omnibus cognitis et amatis: et sic accidens transcenderet suum subiectum; quod est impossibile. Alioquin, si Augustinus intenderet probare quod haec essent ipsa essentia animae, nulla esset eius probatio. Non enim minus verum est de essentia rei quod non est extra rem; quam de accidente quod non est extra subiectum.

17. Ad decimumseptimum dicendum quod ex hoc ipso quod anima est immunis a materia secundum suam substantiam, sequitur quod habeat virtutem intellectivam; non autem ita quod eius virtus sit sua substantia.

18. Ad decimumoctavum dicendum quod intellectus non solum est potentia intellectiva, sed multo magis substantia per potentiam; unde intelligitur non solum potentia, sed etiam substantia.

19. Ad decimumnonum dicendum quod potentiae animae dicuntur partes non essentiae animae, sed totalis virtutis eius; sicut si diceretur quod potentia ballivi est pars totius potestatis regiae.

20. Ad vicesimum dicendum quod potentiarum animae plures non sunt in anima sicut in subiecto, sed in composito; et huic multiplicitati potentiarum competit multiformitas partium corporis. Potentiae vero quae sunt in sola substantia animae sicut in subiecto, sunt intellectus agens et possibilis et voluntas. Et ad hanc multiplicitatem potentiarum sufficit quod in substantia animae est aliqua compositio actus et potentiae, ut supra dictum est.

16. QUANTO AO DÉCIMO SEXTO, deve dizer-se que, como antes [ad 1] se disse, Agostinho compara a notícia e o amor à mente, enquanto é conhecida e amada; e, se segundo esta *habitudo* a notícia e o amor estivessem na mente ou na alma como num sujeito, seguir-se-ia que pela mesma razão estariam como num sujeito em todas as coisas conhecidas e amadas: e assim o acidente transcenderia seu sujeito, o que é impossível. Pelo contrário, se Agostinho intentasse provar que estas coisas são a essência mesma da alma, nula seria sua provação. Com efeito, não é menos verdade que é da essência de uma coisa não estar fora desta do que é do acidente não estar fora do sujeito.

17. QUANTO AO DÉCIMO SÉTIMO, deve dizer-se que do fato mesmo de a alma ser isenta de matéria segundo sua substância se segue que tem virtude intelectiva; não porém que sua virtude seja substância.

18. QUANTO AO DÉCIMO OITAVO, deve dizer-se que o intelecto não só é potência intelectiva, mas muito mais substância pela potência; daí que se intelija não só a potência, mas também a substância.

19. QUANTO AO DÉCIMO NONO, deve dizer-se que as potências da alma se dizem partes não da essência da alma, mas de sua virtude total; como se se dissesse que a potência de um meirinho-mor é parte de toda a potestade régia.

20. QUANTO AO VIGÉSIMO, deve dizer-se que muitas das potências da alma não estão na alma como num sujeito, mas no composto; e a essas multiplicadas potências corresponde a multiformidade das partes do corpo. Mas as potências que estão só na substância da alma como num sujeito são o intelecto agente e o possível e a vontade. E para essa multiplicidade de potências é suficiente que na substância da alma haja alguma composição de ato e de potência, como antes [a. 1] se disse.

Notas

[1] Lugares paralelos: *De Ente et Ess.*, c. 5; *In Sent.* 1, d. 8, q. 5, a. 2; *In Sent.* 2, d. 3, q. 1, a. 1; d. 17, q. 1, a. 2; *In Boeth. De Trin.* 5, a. 4, ad 4; *In Boeth. De Hebdo.*, lect. 2; *Cont. Gent.* 2, c. 50-51; *De Pot.*, q. 6, a. 6, ad 4; *Quodl.* 9, a. 6; *Q. de Anima*, q. 6; *De Subst. Separatis*, c. 5-8; *Quodl.* 3, a. 20; *Summa* I, q. 50, a. 2; q. 75, a. 5.

[2] C. 2 (ML 64, 1250 C-D).

[3] *Metafísica* 2, c. 2 (BK 994b26).

[4] Cf. c. 17, n. 25 (ML 32, 835).

[5] Cf. c. 6 (BK 1045a36).

[6] Q. 23 (ML 35, 2229).

[7] ML 64, 1311 C-D.

[8] As espécies inteligíveis infundidas por Deus em cada substância separada assinalam uma perfeição ontológica absolutamente *irrepetível* na ordem do ser, conforme destaca o tomista brasileiro Luiz Astorga. Cf. Luiz Augusto de Oliveira ASTORGA, *El Intelecto de la Substancia Separada – Su Perfección y Unidad según Tomás de Aquino*. Navarra, Ediciones Universidad de Navarra (EUNSA), 2016, p. 59-60. Além da irrepetibilidade – que reflete o grau específico de universalidade das formas inteligíveis de cada anjo –, outra característica das espécies angélicas infusas é a sua *impenetrabilidade* quanto aos atos particulares de volição e de cognição. Em sua objeção, Santo Tomás aponta ser inconveniente que um anjo, por meio de sua substância, esteja presente em outro (*Hoc autem est inconveniens quod unus Angelus per sui substantia sit praesens in alio*). Em suma, um anjo não pode penetrar a vontade de outro quando esta move o intelecto a dirigir-se a este ou àquele inteligível; cumpre, porém, advertir que um anjo conhece a outro no que diz respeito à essência, porque a natureza de um anjo não priva o seu entendimento de conhecer outras naturezas angélicas. (*Et sic natura unius Angeli non prohibet intellectum ipsius a cognoscendis aliis naturis Angelorum*. Cf. TOMÁS DE AQUINO, *Suma Teológica*, I, q. 56, art. 2, resp.) Frise-se, neste contexto, que as relações entre a inteligência e a vontade estão devidamente consideradas por Santo Tomás em sua gnosiologia angélica: a inteligência move a vontade quanto à "razão de bem", ou seja, em sentido geral; a vontade porém move *hic et nunc* a inteligência a contemplar este ou aquele inteligível. Esta última moção é chamada por diferentes autores escolásticos de "segredo do coração", signo de uma realidade recôndita absolutamente insondável: a intenção da vontade. Vale a pena ressaltar que *intentio* e *electio* são dois atos distintos da vontade: a *intentio* tem como objeto o fim em vista do qual se quer agir; a *electio* é a volição dos meios conducentes ao fim. Nas palavras do Doutor Comum, os anjos não podem intuir os pensamentos do coração (*Angeli cogitationes cordium per se et directe intueri non possunt*), pois, para a mente ter a cognição de algo, requer-se a intenção da vontade (*intentio voluntatis*), e esta é impenetrável. Cf. TOMÁS DE AQUINO, *De Veritate*, q. 8, art. 13, resp. (NOTA DO COORDENADOR, doravante N. C.)

[9] 12, comm. 36.

[10] C. 6, n. 9 (ML 34, 359).

[11] *De Fide Orth.* 2, c. 3 e c. 12 (MG 94, 867 e 919).

[12] Não nos parece ocioso assinalar, neste ponto, a primeira das 24 Teses Tomistas, as quais foram consignadas pelo Magistério da Igreja no começo do século XX para demarcar os postulados essenciais

da Filosofia e da Teologia de Santo Tomas. Ei-la: *I – Potentia et actus ita dividunt ens, ut quidquid est, vel sit actus purus, vel ex potentia et actu tanquam primis atque intrinsecis principiis necessario coalescat.* ("A potência e o ato dividem o ente de tal modo, que tudo o que é ou será ato puro, ou se comporá, necessariamente, de potência e ato como seus princípios primeiros e intrínsecos".) A promulgação das 24 Teses Tomistas ocorreu no dia 7 de março de 1916; naquela ocasião, por ordem expressa do papa Bento XV, a Sagrada Congregação declarou que este conjunto de proposições expressa fielmente a doutrina do Aquinate. (N. C.)

[13] C. 13, 41 A-B.

[14] 13, c. 16, n. 1 (ML 41, 388).

[15] 21, c. 10, n. 2 (ML 41, 725).

[16] ML 63, 1076-1077.

[17] ML 63, 1311.

[18] O "próprio ser" (lat. "ipsum esse"). Neste caso, Deus, o Absoluto – que metafisicamente não tem mistura de nenhuma espécie. (N. C.)

[19] ML 64, 184.

[20] ARISTÓTELES, 8, c. 2 (BK 1043a20); c. 3 (BK 1053b30).

[21] § 1 (MG 3, 693 C).

[22] C. 4 (BK 211a12).

[23] 5, c. 4 (ML 175, 1010 B).

[24] *Metaph.*, tract 9, c. 4 (Van Riet, 479, 6).

[25] *Liber Philosophiae* 1, tr. 4, c. 3.

[26] C. 8 (BK 431b29).

[27] Prop. 6.

[28] 9, c. 4, n. 4 (ML 42, 963).

[29] *De Fide Orth.* 2, c. 12 (MG 94, 924 B).

[30] 12, c. 7 (ML 32, 828-829).

[31] Na resposta à sexta objeção deste primeiro artigo, Santo Tomás sublinha, em sua crítica ao filósofo árabe Avicebrão, que a nota distintiva da substância, a sua propriedade mais radical, é manter-se no ser *por si* (e não pelos acidentes). Disto, porém, não se segue que toda substância seja composta de matéria e forma, pois pode convir à forma subsistir *sem a matéria*, embora o contrário não se dê. TOMÁS DE AQUINO, *De Subs. Sep.* I, ad 6. (N. C.)

[32] C. 7 e 8 (ML 38, 828-829).

[33] C. 14 e 15 (ML 34, 402-404).

[34] C. 3 (BK 1029a20).

[35] § 1 (MG 3, 177 D).

[36] O problema da composição ontológica do anjo é resolvido em diferentes passagens da obra de Santo Tomás a partir da consideração de que a sua finitude, em se tratando de uma criatura espiritual, não pode radicar na matéria. Graças ao conceito intensivo de ser como *actualitas omnium actualitatum* e *perfectio omnium perfectionum*, o Aquinate chega a uma solução mais adequada do que a hilemórfica aristotélica. Cf. Battista MONDIN, *Dizionario Enciclopedico del Piensero di San Tommaso d'Aquino*, Bologna, Edizioni Studio Domenicano, 2000, p. 45. Em síntese, a finitude e a composição ontológica de uma criatura espiritual só podem explicar-se pelo binômio *essência/ato de ser*, no seguinte sentido: ao passo que Deus é infinito por ser ato puro sem mescla de nenhuma potência passiva – e portanto de Deus pode dizer-se que a Sua essência *é ser*, em sentido absoluto –, o anjo, mesmo sendo imaterial, é finito porque a sua forma não se identifica plenamente com o seu ato de ser. Como se pode deduzir, o anjo

participa do ser em grau elevado, sem contudo abarcar a ordem do ser. Quando Santo Tomás, na resposta a esta objeção, diz que o anjo é como a potência com respeito a seu ser (*potentia respectu sui esse*), está a indicar-nos a diferença radical que tem para com Deus, o qual não está em potência para o Seu próprio ser, pois, como se frisou acima, em Deus não há potência; Sua essência é ser. (N. C.)

[37] Nesta passagem, o Aquinate usa o termo "matéria" em sentido analógico, pois aproveita do conceito de matéria apenas o aspecto de ser potência para novas formas, sem considerar outras de suas características. (N. C.)

[38] Cf. SANTO TOMÁS DE AQUINO, *In Sent.* 1, d. 8, q. 5, a. 2; e *Cont. Gent.* 2, c. 52-54.

[39] *Hoc aliquid* (= grego aristotélico *tóde tí*): este algo. (N. T.)

[40] C. 3 (BK 1043b33).

[41] *A Cidade de Deus* 21, c. 10, n. 1 (ML 41, 725).

[42] Lugares paralelos: *In Sent.* 2, d. 1, q. 2, a. 4; d. 17, q. 2, a. 1; *Cont. Gent.* 2, c. 56, 57, 68-70; *Summa* I, q. 76, a. 1; *In De Anima* 2, lect. 4 e lect. 7; *De Unit. Intell.*, c. 3.

[43] § 1 (MG 3, 588 B).

[44] C. 1 (BK 454a8).

[45] C. 4 (BK 429a25).

[46] C. 14: ML 40, 790. – Santo Tomás sabe que este livro não é de Santo Agostinho. É de Alcher de Clairvaux. (N. T.)

[47] 2, c. 6 (BK 288b14).

[48] C. 14 e *passim*.

[49] AVERRÓIS, Comm. 16.

[50] *De Lib. Arb.* 3, c. 11, n. 32 (ML 32, 1287).

[51] C. 1 (ML 64, 1342 B).

[52] Livro 2, c. 1 (BK 413a7).

[53] GRACIANO, *Decretum* pars II, causa 26, q. 5 (RICHTER-FRIEDBERG, I, p. 1.030 [ML 187, 1350 A]).

[54] ALANO DE LILLE, 1, c. 4 (ML 210, 599 A).

[55] C. 10 (BK 1058b28).

[56] *In Categ.* 4 (ML 64, 282 C).

[57] Comm. 5 e 36.

[58] § 1 (MG 3, 694 C).

[59] ARISTÓTELES, c. 1 (BK 412b5).

[60] PSEUDO-GREGÓRIO (NEMÉSIO DE EDESSA) (MG 45, 199).

[61] ARISTÓTELES, c. 4 (BK 429b24).

[62] Cf. *In De Anima* 3, comm. 5.

[63] C. 7 (BK 431a14).

[64] As duas últimas frases, tais quais se encontram nos diversos códices e nas diversas edições, não primam pela clareza. Mas tampouco nos parece fazê-lo o texto sugerido por Keller e seguido pela referida edição da BAC (cf. p. 703 e nota 58). Preferimos, por isso, traduzi-las o mais literalmente possível. (N. T.)

[65] Tampouco esta frase, tal qual se encontra nos diversos códices e edições, parece primar pela clareza. Aqui, porém, seguimos antes a tradução simplificadora de Ángel Martínez Casado. (N. T.)

[66] (NEMÉSIO DE EDESSA) (MG 45, 216).

[67] C. 6 (BK 323a28).

[68] C. 1 (BK 413a8).

[69] C 1 (BK 312a).

[70] Literalmente, "o que era o ser". "É também", escreve Santo Tomás de Aquino em *De Ente et Essentia*

(1, 3), "o que o Filósofo chama frequentemente *o que era o ser (algo)*. Chama-se também 'forma' na medida em que é pela forma que se significa a certeza de cada coisa, como o diz Avicena no livro II de sua *Metafísica* [2, 2, e 1, 6]. Chama-se também 'natureza', entendendo-a no primeiro dos quatro sentidos que Boécio lhe atribui em seu livro *Das Duas Naturezas*, quer dizer, no sentido em que se chama natureza tudo o que pode ser apreendido de algum modo pelo intelecto". (N. T.)

[71] Lat. *anima vegetabilis*. Segundo Aristóteles e Santo Tomás, a alma vegetativa tem como função nutrir e fortalecer o corpo. Neste ponto, o leitor não familiarizado com a terminologia do Aquinate pode supor tratar-se de uma tese próxima à da *pluralidade das formas* – justamente a que Tomás combateu e refutou. Vale, pois, mencionar a passagem em que o Doutor Comum não deixa margem a dúvidas: "(...) no homem há uma só alma segundo a substância, (...) a alma racional dá ao corpo humano tudo o que a alma vegetativa dá às plantas, e tudo o que a alma sensitiva dá aos brutos, e ainda mais. Por esta razão a alma humana é vegetativa, sensitiva e racional [*et propter hoc ipsa est in homine et vegetabilis, sensibilis et rationalis*]". TOMÁS DE AQUINO, *Questões Disputadas sobre a Alma*, q. XI, resp. (N. C.)

[72] § 1 (MG 3, 872 B).

[73] C. 35, n. 68 (ML 34, 483).

[74] *Tract.* 24, 1 (ML 35, 1953).

[75] Tenha-se em conta, para esta e para as demais citações bíblicas, que o texto de Santo Tomás segue a Vulgata Latina. Quanto à numeração dos versículos empregada por ele, a qual frequentemente diverge das edições modernas, atualizamos todas as referências, adotando como padrão *A Bíblia de Jerusalém*. Nova edição, revista. São Paulo, Edições Paulinas, 1985.

[76] § 2 (MG 3, 180 A).

[77] Lugares paralelos: *Cont. Gent.* 2, c. 71; *Summa* I, q. 76, a. 3, 4, 6, 7; *Q. de Anima*, q. 9; *In De Anima* 2, lect. 1; *In Metaph.* 8, lect. 5; *Quodl.* 1, a. 6; 12, a. 6; *Compend. Theol.* 91, 92.

[78] *Cael. Hierar.*, § 3 (MG 3, 304 B).

[79] C. 1 (BK 412b5).

[80] C. 2 (BK 1043a19); c. 3 (BK 1043b30).

[81] C. 4 (BK 254b22).

[82] Lat. *materia nuda*. O Aquinate alude aqui a uma hipotética matéria não unida a nenhuma forma – e, por esta razão, desprovida de corpo. No caso humano, a alma move o corpo, e não essa suposta "matéria nua". (N. C.)

[83] C. 4 (BK 234b10-235b5) e c. 10 (BK 240b7-241b20).

[84] *De Fide Orth.* 4, c. 6 (MG 94, 1006).

[85] C. 14 (ML 40, 789).

[86] C. 19 (ML 34, 365).

[87] C. 10 (BK 1058b28).

[88] COSTA BEN LUCA, c. 4; BH 138.

[89] ARISTÓTELES, c. 6 (BK 1045a8).

[90] Lat. *intelligere phantasticum*. Em resumo, o homem conhece a partir das imagens (ou fantasmas) que recebe do seu aparato sensitivo externo, as quais são laboradas pelos sentidos internos e servem de material cognoscitivo para o intelecto agente, que transforma essas imagens inteligíveis em potência em formas inteligidas em ato. (N. C.)

[91] ARISTÓTELES, 2, C. 3 (BK 736b12).

[92] ARISTÓTELES, C. 2 (BK 193b35).

[93] ARISTÓTELES, C. 2 (BK 1036a26).

[94] *In Metaph.* 1, comm. 17.

~ Notas ~

[95] C. 1.

[96] 2, c. 4 (BK 331a).

[97] Genádio de Massília, C. 15 (ML 42, 1216).

[98] ML 192, 655.

[99] C. 6 (BK 411b7).

[100] A alma é princípio primeiro dos movimentos do homem enquanto ser vivente; porém ela pode valer-se de instrumentos diversos para que esses movimentos se deem. No caso humano, o instrumento principal é o coração, na medida em que o seu movimento é *acidente próprio* da vida que surge da união da alma com o corpo – daí Santo Tomás dizer que o movimento do coração é *natural*, porque nada violento conserva a natureza (*nullum autem violentum conservat naturam*). Cf. Tomás de Aquino, *De Motu Cordis*. O coração é o órgão por cuja animação a vida se mantém; quando cessam os seus movimentos, o homem morre. (N. C.)

[101] Proêmio.

[102] Tract. 4, c. 1.

[103] 3, c. 4 (BK 999b25); 8, c. 6 (BK 1045a16).

[104] C. 3 (BK 1043b33).

[105] C. 3 (BK 414b31).

[106] Na resposta a esta objeção, Santo Tomás lança por terra a tese da *pluralidade de formas*, defendida por vários mestres da Universidade de Paris do seu tempo, de acordo com a qual haveria uma justaposição de substratos metafísicos no ente humano, que, segundo isto, possuiria várias almas ao modo de substâncias justapostas – e não uma só, abarcadora de potências diversas. (N. C.)

[107] *De Gener. Animal.* 2, c. 6. Cf. também Tomás de Aquino, *Summa* I, q. 75, a. 1.

[108] É de Alquero de Claraval (h. 1165). Mais adiante (a. 11, ad 2), Santo Tomás dirá que é apócrifo; em *Questões Disputadas sobre a Alma*, q. 12, ad 1 (São Paulo, É Realizações Editora, 2012, p. 257), porém, diz que se atribui a um cisterciense. (N. T.)

[109] Neste ponto, Tomás alude ao labor de imagens pelo aparato sensitivo interno, particularmente à *vis imaginativa*. A função precípua desta potência da alma humana é *reter* e *conservar* a imagem produzida pelos sentidos externos, a qual, na gnosiologia tomista, serve de matéria à cognição. (N. C.)

[110] Em breves palavras, a *sensualitas* divide-se em dois apetites: o concupiscível e o irascível. O concupiscível é o deleite ou o desconforto decorrente da captação de um dado sensível; por sua vez, o irascível é a busca de um bem árduo que se deseja, ou a fuga de um mal árduo que se queira evitar. As paixões dos apetites concupiscível e irascível representam dois grandes movimentos anímicos: impulsividade perante o bem e retraimento ou fuga perante o mal. (N. C.)

[111] C. 10 (BK 703a10). – E parece, com efeito, que não é de Aristóteles. (N. T.)

[112] De fato, como estabeleceu Aristóteles, a geração de um é a corrupção de outro. Mas aplicá-lo à alma decorre da doutrina aristotélica da *animação diferida*, à qual, entre os Padres e os Doutores cristãos, parece que só se opôs expressamente São Máximo, o Confessor (constantinopolitano, 580-662). Santo Tomás sustentou-a expressamente, como se acaba de ver e como se voltará a ver na solução seguinte. Hoje, porém, com as descobertas relativas ao zigoto e ao embrião, sabe-se que desde o início está presente o genoma da espécie, o que pressupõe a informação por uma alma já perfeita. Caduca assim aquela doutrina, e no homem, desse modo, a alma não pode não ser intelectiva desde o início. Como porém a matéria não têm potência para o intelectual ou espiritual, Deus infunde-nos a alma no momento mesmo da concepção. (N. T.)

[113] C. 2 (BK 998a7).

[114] C. 9 (BK 335b).

¹¹⁵ Lugares paralelos: *In Sent.* 1, d. 8, q. 5, a. 3; *Cont. Gent.* 2, c. 72; *Summa* I, q. 76, a. 8; *Q. de Anima*, q. 10; *In de Anima* 1, lect. 14.

¹¹⁶ C. 10 (BK 703a36).

¹¹⁷ SANTO AGOSTINHO, c. 5, n. 7 (ML 32, 1039).

¹¹⁸ Epist. 137, c. 2, n. 5 (ML33, 517).

¹¹⁹ *De Anima* 1, c. 3 (BK 406b).

¹²⁰ C. 15 (ML 26, 109 A).

¹²¹ AVERRÓIS, comm. 53, f. 119 r.

¹²² AVERRÓIS, *In De Anima* 1, comm. 94, f. 126 r.

¹²³ Livro 8, c. 10 (BK 267b7).

¹²⁴ ARISTÓTELES, c. 1 (BK 312b5).

¹²⁵ Livro I, c. 8 (BK 988b24).

¹²⁶ ARISTÓTELES, c. 6 (BK 207a13).

¹²⁷ ARISTÓTELES, c. 3 (BK 246a13).

¹²⁸ Livro 6, c. 6, n. 8 (ML 42, 929).

¹²⁹ *De Fide Orth.*, 1, c. 13 (MG 94, 854 A); 2, c. 3 (MG 94, 870 C).

¹³⁰ C. 18 (ML 40, 793).

¹³¹ C. 1 (BK 454a8).

¹³² ARISTÓTELES, c. 8 (BK 1050a35).

¹³³ Com a tradição platônico-aristotélica, Tomás de Aquino não hesitava em pôr que o movimento dos corpos celestes tem por motor próximo alguma substância intelectual. Opunham-se a isto um Alberto Magno (por uma razão de certo modo pietista) ou um Robert Kilwardby (por uma razão mais plausível). Consigne-se, aliás, que os adversários do aristotelismo-tomismo (como Kilwardby), incapazes de alcançar sua complexa profundidade, amiúde se encarniçam contra sua parte mais débil, ou seja, sua cosmologia. Mas consigne-se também que, conquanto com muito menos caráter científico que o aristotelismo-tomismo, ainda mantinham a necessidade de substâncias separadas para certos movimentos celestes, por exemplo, um Cornélio Agrippa de Nettesheim (1486-1535) e até um Isaac Newton (1643-1727); e que, conquanto com caráter muito menos científico que o platonismo, ainda mantinham a necessidade de que o mundo tivesse uma alma, por exemplo, um Teofrasto Bombast "Paracelso" (1493-1541), um Giordano Bruno (1548-1600) ou um Tommaso Campanella (1568-1639). (N. T.)

¹³⁴ C. 1 (BK 209a28); c. 6 (BK 213b4).

¹³⁵ I da *Metafísica*.

¹³⁶ Lugares paralelos: *Cont. Gent.* 2, c. 46, 91-92; *De Potentia*, q. 6, a. 6; *Summa* I, q. 50, a. 1; *In De Causis*, comm. 7; *De Subst. Separatis*, 18; *Comp. Theol.*, c. 74-75.

¹³⁷ C. 6; MG 11, 170.

¹³⁸ DECRETUM, parte 2, causa 2, q. 3 (ML 187, 550 B).

¹³⁹ Sermo 5 (ML 183, 800).

¹⁴⁰ "(...) et per consequens a VERSIONE incipiant, necesse est eas VERTIBILES esse" (trecho da Edição Leonina). Ao dizer que "começaram numa versão", Santo Tomás está apontando nesta passagem que as substâncias espirituais *variaram* do não ser ao ser – por criação. Isto se confirma, ainda na presente objeção, quando o Aquinate frisa que elas "podem falhar deixando de ser, se não forem mantidas por outro" (*ut possint deficere in non esse, nisi ab alio continerentur*). Em suma, o anjo, não obstante a sua imaterialidade, tem *potência para não ser*, diferentemente de Deus, ato puro sem mescla de nenhuma potência. (N. C.)

¹⁴¹ ARISTÓTELES, c. 2-3.

¹⁴² O ato angélico de cognição dos singulares é um *acidente inseparável* da essência de cada anjo. Traduzamos

conceptualmente isto de maneira sumária: em termos metafísicos, o conhecimento angélico é *acidente* porque não se identifica em grau máximo com a substância do anjo; é *inseparável* porque o anjo, criado por Deus sem composição de matéria em sua forma entitativa, não pode perdê-lo de nenhuma maneira. Noutras palavras, *ao anjo é impossível esquecer o que sabe desde o momento de sua criação*; cada conhecimento angélico tem, pois, o selo da aquisição definitiva. Diferentemente do homem, que conhece o singular mediante imagens recebidas pelos sentidos externos e laboradas pela imaginação, a partir das quais abstrai o conceito imaterial, o anjo, não tendo sentidos, conhece a partir das espécies inteligíveis que já possui. A partir destas considerações, o problema que Santo Tomás enfrenta em diferentes obras é o seguinte: como pode uma criatura não dotada de sentidos corpóreos conhecer o singular, visto que os sentidos dão a conhecer o particular, e a inteligência, o universal? A resposta básica segue a linha de que as espécies inteligíveis angélicas são semelhanças das coisas não apenas no que diz respeito à forma, mas também no que diz respeito à matéria individuada (cf. TOMÁS DE AQUINO, *Suma Teológica*, I, q. 57, art. 2, ad 2). Para qualquer aprofundamento deste tema, *vide* Luiz Augusto de Oliveira ASTORGA, op. cit., p. 160-89. (N. C.)

[143] § I (MG 3, 693 B).
[144] C. 5 (BK 256b20).
[145] *De Trin.*, 3, c. 9 (ML 196, 921).
[146] *Metafísica*, 12, c. 8 (BK 1073a).
[147] ARISTÓTELES, c. 4 (BK 420a-b).
[148] 8, C. 20-22, n. 39-43 (ML 34, 388-389).
[149] C. 14 (BK 1039a30).
[150] Idem.
[151] Lugares paralelos: *In Sent.* 2, d. 14, q. 1, a. 3; *De Veritate*, q. 5, a. 9, ad 14; *Cont. Gent.* 2, c. 70; *De Pot.*, q. 6, a. 6; *Summa* I, q. 70, a. 3; *Q. de Anima*, q. 8, ad 3, ad 17, ad 18; *In De Caelo* 2, lect. 3 e 13; *In Metaph.* 12, lect. 9.
[152] § 4 (MG 3, 872 B).
[153] ARISTÓTELES, c. 12 (BK 292b).
[154] *Vide* nota 134. A hipótese de o movimento dos corpos celestes ter como motor os anjos implica problemas distintos de metafísica. Um deles é relativo à natureza do tempo e ao tipo de entes que ele abarca. No caso das substâncias compostas de matéria e forma –, por exemplo, o homem –, Aristóteles já observara na Antiguidade que todas estão, direta ou indiretamente, submetidas ao movimento dos corpos celestes, o qual seria a primeira medida do *tempo contínuo*; isto o levara à conclusão de que, se o tempo é contínuo, o movimento também o é. Cf. ARISTÓTELES, *Física*, VI. No caso das substâncias espirituais, a imaterialidade que as distingue é indicativa de que não podem estar sujeitas a esse tipo de movimento e, por conseguinte, ao tempo. A sucessão angélica dá-se, pois, relativamente às operações intelectuais e afetivas (*pro ipsa sucessione operationum intellectus, vel etiam affectus*. Cf. TOMÁS DE AQUINO, *Suma Teológica*, I, q. 63, art. 6, ad 4). Embora às vezes Tomás chame o modo dessa sucessão angélica de "tempo", o faz analogicamente, e nestas passagens costuma dizer que esse tempo nada tem a ver com o que mede o movimento celeste (*non est idem cum tempore quod mensurat motum caeli*). Ao agora (*nunc*) da sucessão angélica Tomás chama, em sentido forte, "evo", e, no que tange propriamente ao problema da moção dos corpos celestes pelos anjos, o Aquinate é enfático: "É congruente que Deus mova os corpos celestes mediante a criatura espiritual" (TOMÁS DE AQUINO, *Responsio de XLIII Articulis ad Magistrum Ioannem de Vercellis*, a. 3). Vale consignar que nisto o Doutor Comum diverge de Santo Alberto Magno e de Roberto Kilwardby, que também se debruçaram sobre o tema: o primeiro deles não identifica as inteligências celestes com os anjos e parece relegar por completo o estudo das substâncias espirituais à

Teologia Sagrada (cf. Luiz Augusto de Oliveira ASTORGA, op. cit., p. 32); o segundo propõe que os corpos celestes têm um peso natural que os faz inclinar, de modo a formar as suas respectivas órbitas. (N. C.)

[155] C. 4, N. 9 (ML 42, 873).
[156] C. 8 (BK 276b).
[157] ARISTÓTELES, 8, c. 5.
[158] Comm. 48.
[159] Comm. 25.
[160] C. 55, n. 109 (ML 34, 170).
[161] C. 2.
[162] De Fide Orth., c. 6 (MG 94, 886).
[163] Obviamente, a doutrina cosmológica segundo a qual os corpos celestes são incorruptíveis e não têm potência senão para o lugar era falha (por falta do devido instrumental) e caducou; mas foi compartilhada universalmente até Galileu, que por sua vez cometeu equívocos tão graves como pôr o Sol imóvel no centro do universo. (N. T.)
[164] C. 5 (BK 411b7).
[165] Cf. Diels, 59a1; e Agostinho, *A Cidade de Deus*, 18, c. 41 (ML 41, 601).
[166] *Peri Archon*, 1, c. 7 (MG 11, 173).
[167] *In Eccle.*, 1, 6 (ML 23, 1608).
[168] *De Fide Orth.*, 2, c. 6 (MG 94, 885).
[169] C. 18, n. 38 (ML 34, 279).
[170] C. 58 (ML 40, 260).
[171] C. 4 (ML 42, 873).
[172] C. 6 (ML 77, 329).
[173] C. 18, n. 38 (ML 34, 279).
[174] C. 8, n. 13 (ML 42, 875).
[175] C. 1.
[176] 12, comm. 38 e 41.
[177] Comm. 31, f. 85 v.
[178] *De Fide Orth.*, 2, c. 6 (MG 94, 885).
[179] C. 58 (ML 40, 260).
[180] *De Fide Orth.*, 2, c. 4 (MG 94, 875).
[181] *Homiliae in Evang.*, 2, hom. 34 (ML 76, 1250 C); *Moralia*, 32, c. 23 (ML 76 665 C).
[182] Livro 8, c. 10 (BK 267b7).
[183] Lugares paralelos: *In Sent.* 2, d. 8, q. 1, a. 1; *Cont. Gent.* 2, c. 90-91; *De Pot.*, q. 6, a. 6; *Summa* I, q. 51, a. 1; *De Malo*, q. 16, a. 1; *De Subst. Separatis*, c. 18-19.
[184] C. 10 (ML 34, 284).
[185] 8, c. 16 (ML 41, 284).
[186] Embora não haja nenhuma razão filosófica que *exija* a união da substância espiritual a um corpo – quer essencial, quer acidentalmente –, isto não implica que não possa haver um tipo de união acidental transitória, intencional, como consta da Sagrada Escritura em diferentes passagens nas quais alude a aparições de anjos. Nestes casos, o Doutor Angélico costuma dizer que se trata de uma união em que o motor se serve instrumentalmente do movido para executar um fim qualquer. "O anjo assume um corpo não unindo-o a sua natureza (...), mas para fazer-se representar (...)." Cf. TOMÁS DE AQUINO, *De Potentia*, q. 6, art. 7, ad 1. No caso dos "corpos aéreos", antes de tudo convém frisar que estes não devem ser confundidos *simpliciter* com o ar, do qual pode valer-se o anjo para assumir um corpo, conforme diz o

Aquinate em diferentes passagens: "De qualquer elemento pode o anjo formar o corpo que assume, e inclusive pode valer-se de vários elementos combinados. É mais próprio porém que o forme do ar, que pode condensar-se facilmente, recebendo e retendo desta maneira uma figura". Cf. TOMÁS DE AQUINO, *De Potentia*, q. 6, art. 7, ad 7. "A matéria do corpo assumido por um anjo pode considerar-se sob dois aspectos: quanto ao princípio e quanto ao fim. Se se considera quanto ao princípio, digo que o forma do ar." Cf. TOMÁS DE AQUINO, *II Sent.*, d. 8., q. 1, art. 3. Os "corpos aéreos" a que se refere o Aquinate neste artigo e noutras passagens de sua obra são, comumente, mencionados em referência ao seguinte texto de Santo Agostinho: "Chama-se aos demônios 'animais do ar', devido a que, por natureza, têm corpos aéreos". SANTO AGOSTINHO, *Super Gen. ad. Litt.*, c. 10. Agostinho, nesta afirmação, menciona sempre outros autores de cariz socrático-platônico e também neoplatônico, e com razão: a ideia remonta distantemente ao *daimonion* de Sócrates, depois assumido por Platão, que no *Timeu* (41a) se refere a esse tipo de entidade como sendo moldada pelo Demiurgo, noção que, por sua vez, foi abraçada por Plotino (*Enéadas*, VI, 7, 6), para quem os demônios são imagens de Deus. Santo Tomás não era alheio a toda essa literatura, como se vê no tratado em que faz referência ao corpo supremo do primeiro céu (*primum caelum*), abaixo do qual estão os corpos imortais (*imortalia corpora*), chamados aéreos ou etéreos (*scilicet aerea vel aetherea*), e por fim os corpos dos demônios (*corpora daemonum*), distintos por sua vez dos corpos terrenos. TOMÁS DE AQUINO, *De Subs. Sep.*, I. Esta citação do Doutor Angélico não implica, evidentemente, assunção das teses platônicas e neoplatônicas como verdadeiras. (N. C.)

[187] C. 3, n. 7 (ML 40, 584).
[188] 7, c. 19 (ML 34, 364).
[189] AVERRÓIS, c. 2.
[190] ARISTÓTELES, 3, c. 12 (BK 434b10).
[191] C. 10, n. 1 (ML 41, 724).
[192] Lugares paralelos: *De Ente et Ess.*, c. 5; *De Nat. Mat.*, c. 3; *In Sent.* 2, d. 3, q. 1, a. 4-5; *In Sent.* 4, d. 12, q. 1, a. 1, sol. 3, ad 3; *Cont. Gent.* 2, c. 93 e 95; *Summa* I, q. 50, a. 4; *Q. de Anima*, q. 7; *In De Causis*, lect. 4; *De Subst. Separatis*, c. 8; *Quodl.* 2, a. 4.
[193] C. 29 (ML 40, 246).
[194] ARISTÓTELES, C. 4 (BK 203b30).
[195] *In Porph.* 1 (ML 64, 79 D e 91).
[196] *De Fide Orth.* 2, c. 3 (MG 94, 866).
[197] BONIFÁCIO II, *Epist.* 2 (ML 65, 43-44).
[198] ARISTÓTELES, *De Anima* 3, c. 4, 430a3.
[199] § 1; c. 4 (MG 3, 273 A).
[200] AGOSTINHO, *Confissões*, XII, cap. 7.
[201] C. 28 (BK 1024b10).
[202] C. 3 (BK 1043b36).
[203] *De Div. Nomin.*, c. 5, § 1 (MG 3, 815).
[204] Desde cedo Santo Tomás assumiu como verdadeira a tese de que o princípio de individuação, nos entes que não têm matéria em seu constitutivo formal, não pode ser a matéria assinalada pela quantidade. É a forma que os especifica. Já em *De Ente et Essentia*, obra de juventude, frisava o Angélico: "Donde ser necessário que nas substâncias simples não se encontrem muitos indivíduos da mesma espécie, mas que entre elas haja tantos indivíduos quantas espécies existam" (*sed quot sunt ibi individua, tot sunt ibi species*). Cf. TOMÁS DE AQUINO, *De Ente et Essentia*, cap. V. O pressuposto metafísico desta tese é o de que nenhuma forma, *com exceção da corpórea*, é recebida na matéria ao modo de quantidade. "Logo, é impossível que haja dois anjos da mesma espécie." TOMÁS DE AQUINO, *II Sent.*, d. 3, art. 4, resp. (N. C.)

[205] § 2 (MG 3, 292 C).
[206] MG 3, 321 A.
[207] Cf. Diels, B. 109; e ARISTÓTELES, *De Anima* 1, c. 2 (BK 404b13).
[208] *De Anima* 3, c. 8 (BK 431b29).
[209] ARISTÓTELES, *De Anima* 3, c. 4 (BK 430a2).
[210] Lugares paralelos: *In Sent.* 2, d. 17, q. 2, a. 1; *Cont. Gent.* 2, c. 59, 73, 75; *Summa* I, q. 76, a. 2; *Q. de Anima*, q. 3; *In De Anima* 3, lect. 7-8; *De Unit. Intell.*, c. 4-5; *Compend. Theol.*, c. 85.
[211] C. 32, 69 (ML 32, 1073).
[212] C. 10 (BK 1035b29).
[213] C. 12 (ML 42, 1167).
[214] *In Categ.*, c. 1 (ML 64, 173).
[215] Passim.
[216] C. 1 (BK 71a).
[217] *Epist. ad Magnum* (ML 3, 1143).
[218] *De Veritate*, c. 13 (ML 158, 486 C).
[219] C. 8 (ML 32, 1174).
[220] ARISTÓTELES, C. 7 (BK 431a1).
[221] C. 12 (ML 42, 1166-1167).
[222] Comm. 5, f. 166 r.
[223] Alguns mestres da Faculdade de Artes da Universidade de Paris, ao tempo de Santo Tomás, defendiam a tese averroísta de que só existe um intelecto possível para todos os homens. Esta interpretação nasceu de textos relativamente obscuros de Aristóteles, como este: "Quanto ao intelecto e à faculdade teorética, nada é ainda claro, mas parece ser um gênero da alma, o único separado, como o eterno o é do corruptível". ARISTÓTELES, *De Anima*, III. Mais adiante, na mesma obra, diz o Estagirita: "Há, com efeito, por um lado, o intelecto capaz de se tornar todas as coisas; por outro, o intelecto capaz de produzir todas as coisas, semelhante a uma espécie de estado, como a luz, pois, de certa maneira, também a luz faz com que as cores passem de um estado de potência a ato" (*De Anima*, V, 430a14-15). Tendo em vista estas passagens, mestres como Siger de Brabante interpretaram a potência intelectiva como separada dos homens individuais – e única para todos. Esta será a tese que o Aquinate refutará com grande veemência no livro *De Unitate Intellectus contra Averroistas*, chegando a assumir um tom que não é o seu habitual: "Se alguém, gloriando-se do falso nome de ciência (*gloriabundus de falsi nominis scientia*), quiser dizer alguma coisa contra o que acabamos de escrever, não o faça pelos cantos nem à frente dos rapazes (*non loquatur in angulis nec coram pueris*) que não sabem julgar de assuntos tão árduos, mas, em vez disso, responda a esta obra se tiver coragem (*si audet*)". TOMÁS DE AQUINO, *De Unit. Intell.*, V, 120. (N. C.)
[224] *De Anima* 3, c. 4 (BK 429a13).
[225] Comm. 5, f. 164 r.
[226] ARISTÓTELES, c. 10 (BK 1035b30).
[227] C. 7 (BK 1177a-1178a).
[228] ARISTÓTELES, c. 4 (BK 429a10-430a9).
[229] *In De Anima* 3, comm. 20.
[230] *De Anima* 3, c. 4 (BK 429a10).
[231] (BK 429a11).
[232] (BK 429a23).
[233] Cf. *In De Anima* 3, comm. 5, f. 166.
[234] C. 4 (BK 429a10-430a9).

[235] C. 6 (BK 430a26-431b19).

[236] C. 2 (BK 71b).

[237] C. 3 (BK 1276a25-b14).

[238] Lugares paralelos: *In Sent.* 2, d. 17, q. 2, a. 1; *De Veritate*, q. 10, a. 6; *Cont. Gent.* 2, c. 76-78; *Summa* I, q. 79, a. 4-5; *Q. de Anima*, q. 4, 5 e 16; *In De Anima* 3, lect. 10; *Comp. Theol.*, c. 86.

[239] ARISTÓTELES, c. 5 (BK 430a15).

[240] ARISTÓTELES, c. 5 (BK 430a17).

[241] ARISTÓTELES, c. 5 (BK 430a22).

[242] ARISTÓTELES, c. 5 (BK 430a14).

[243] ARISTÓTELES, c. 5 (BK 429a2).

[244] Q. 9 (ML 40, 13).

[245] Livro XIV, c. 15, n. 21 (ML 42, 1052).

[246] C. 31-32 (ML 34, 147-149).

[247] C. 5 (BK 430a12).

[248] ARISTÓTELES, c. 7 (BK 198a).

[249] C. 8, n. 20 (ML 32, 1251).

[250] AGOSTINHO, *De Libero Arbit.* 2, c. 9, n. 27 (ML 32, 1255).

[251] C. 5 (BK 430 a 13).

[252] C. 16, n. 21 (ML 42, 902).

[253] C. 15, n. 24 (ML 42, 1011).

[254] Obviamente, também caducou a doutrina da chamada "geração espontânea" ou "da putrefação pela virtude do sol". Mas tal só se deu no século XIX, graças a Louis Pasteur. (N. T.)

[255] Em *De Anima* 3, c. 5 (BK 430a13).

[256] Em *De Anima* 3, c. 5 (BK 430a15).

[257] 3, c. 5.

[258] C. 7 (BK 1177a11-18).

[259] C. 6, n. 12 (ML 32, 875).

[260] *In De Anima* 3, c. 5.

[261] *De Anima* 3, c. 5 (BK 430a20).

[262] *De Anima* 3, c. 5 (BK 430a21).

[263] ARISTÓTELES, c. 8 (BK 1049).

[264] *Inteligente*: aqui, "que intelige". (N. T.)

[265] *De Anima* 3, c. 5 (BK 430a22).

[266] *De Anima* 3, c. 5 (BK 430a23).

[267] ARISTÓTELES, c. 1 (BK 993b9).

[268] Lugares paralelos: *In Sent.* 1, d. 3, q. 4, a. 2; *Quodl.* q. 7, a. 5; *Summa* I, q. 77, a. 1; q. 79, a. 1; *Q. de Anima*, q. 12.

[269] C. 4, n. 5 (ML 42, 963).

[270] C. 13 (ML 40, 789).

[271] C. 4 (BK 429b19).

[272] C. 11, n. 18 (ML 158, 213).

[273] C. 67 (ML 158, 213).

[274] C. 8 (BK 1049b19).

[275] *Metaph.*, tract. 8, c. 6 (Van Riet, 414, 95).

[276] *De Anima* 3, c. 4 (BK 430a2).

[277] § 2 (MG 3, 284 D).
[278] C. 23, 4-C. 23, 43 (ML 42, 1090).
[279] C. 11 (ML 158, 534).
[280] C. 1 (BK 451a16).
[281] *De Anima*, tract. 5, c. 7 (Van Riet, 167, 15 ss.).
[282] *Física* 8, c. 5 (BK 256a3-258b9).
[283] C. 4 (BK 101b17).
[284] *Isagoge*, c. 4.
[285] *De Trin.* 9, c. 4, n. 7 (ML 42, 964).
[286] Aristóteles, *De Anima* 3, c. 6 (BK 430a26).

Conheça outros títulos da Coleção Medievalia

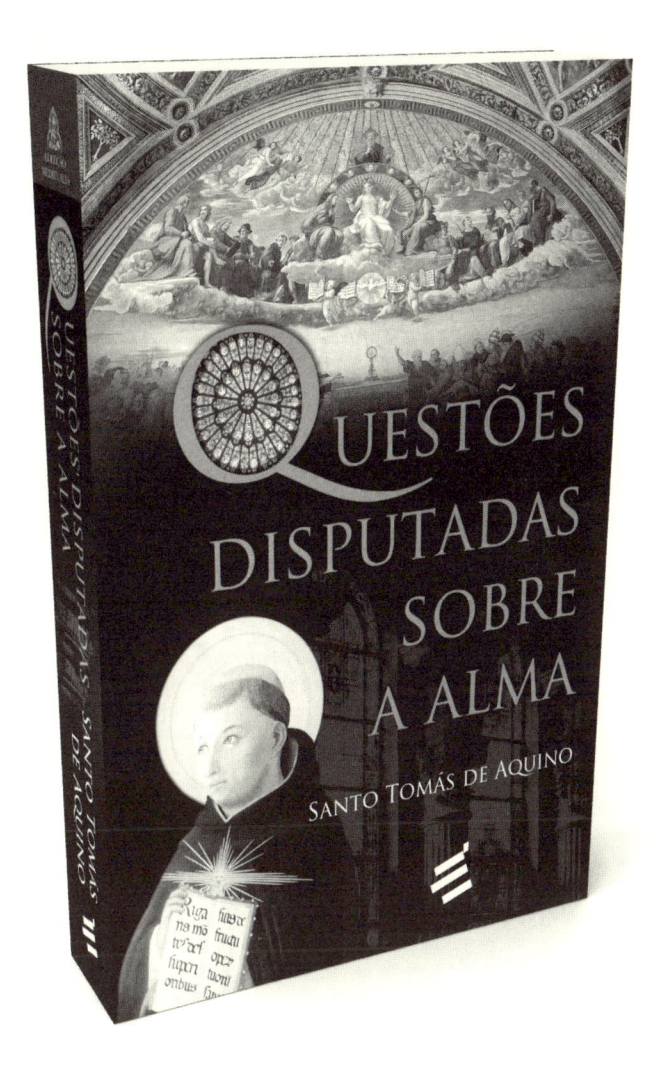

QUESTÕES DISPUTADAS SOBRE A ALMA

SANTO TOMÁS DE AQUINO

Este livro é um dos ápices da filosofia perene. Nele, Santo Tomás de Aquino, como afirma o professor Carlos Augusto Casanova, no Prólogo, funde a sabedoria platônica e a aristotélica, a reflexão filosófica e o ensino bíblico, as intuições neoplatônicas, a meditação patrística e a precisão escolástica.

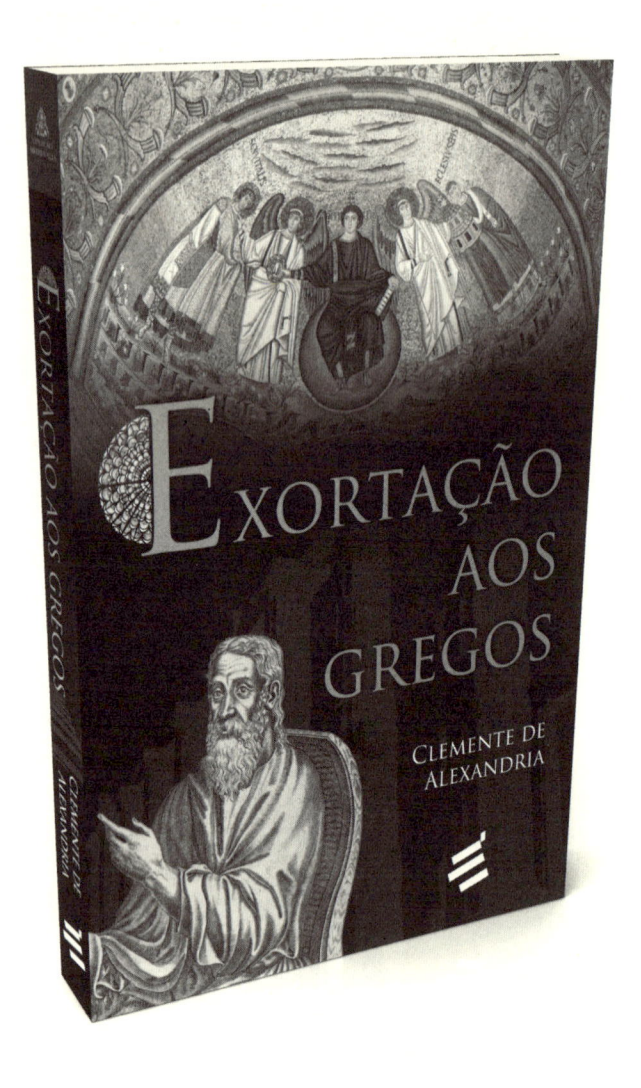

Erudição a serviço da fé. Esta frase serve perfeitamente para toda a obra de Clemente de Alexandria, mas se adapta com particular ênfase a este livro, notável chamado à conversão dirigido por um padre da Igreja aos gregos de sua época – mas também a homens de todos os tempos.

facebook.com/erealizacoeseditora
twitter.com/erealizacoes
instagram.com/erealizacoes
youtube.com/editorae
issuu.com/editora_e
erealizacoes.com.br
atendimento@erealizacoes.com.br